Das obligatorische Schiedsverfahren in der deutschen DBA-Praxis

FINANZ- UND STEUERRECHT IN DEUTSCHLAND UND EUROPA

Herausgegeben von Klaus-Dieter Drüen,
Hanno Kube und Rainer Wernsmann

Band 24

Zur Qualitätssicherung und Peer Review der vorliegenden Publikation

Die Qualität der in dieser Reihe erscheinenden Arbeiten wird vor der Publikation durch Herausgeber der Reihe geprüft.

Notes on the quality assurance and peer review of this publication

Prior to publication, the quality of the work published in this series is reviewed by editors of the series.

Matthias Diete

Das obligatorische Schiedsverfahren in der deutschen DBA-Praxis

Erweiterung des zwischenstaatlichen Rechtsschutzes bei Doppelbesteuerungskonflikten

PL ACADEMIC RESEARCH

Bibliografische Information der Deutschen Nationalbibliothek
Die Deutsche Nationalbibliothek verzeichnet diese Publikation in der Deutschen Nationalbibliografie; detaillierte bibliografische Daten sind im Internet über http://dnb.d-nb.de abrufbar.

Zugl.: Düsseldorf, Univ., Diss., 2013

Gedruckt auf alterungsbeständigem,
säurefreiem Papier.

D 61
ISSN 1863-141X
ISBN 978-3-631-64721-9 (Print)
E-ISBN 978-3-653-04334-1 (E-Book)
DOI 10.3726/978-3-653-04334-1

PL Academic Research ist ein Imprint der Peter Lang GmbH.

Peter Lang – Frankfurt am Main · Bern · Bruxelles · New York · Oxford · Warszawa · Wien

Dieses Buch erscheint in einer Herausgeberreihe bei PL Academic Research und wurde vor Erscheinen peer reviewed.

www.peterlang.com

Vorwort

Mit der stetigen Zunahme grenzüberschreitender Wirtschaftstätigkeit hat sich auch die Anzahl von Doppelbesteuerungskonflikten erhöht. In der Vielzahl der durchgeführten Verständigungsverfahren gelangen die zuständigen Behörden der Vertragsstaaten zwar zu einer Einigung, allerdings sind sie nicht verpflichtet, sich im Verständigungsverfahren zu einigen. Der Steuerpflichtige hat somit keine Gewähr, dass die abkommenswidrige Besteuerung auch tatsächlich beseitigt wird. Um diese Schwächen des Verständigungsverfahrens auszugleichen, wurden in das OECD-Musterabkommen und einige deutsche Doppelbesteuerungsabkommen obligatorische Schiedsklauseln aufgenommen. Dabei liegt der Hauptzweck dieser Regelungen darin, die zuständigen Finanzbehörden zu einer Einigung im Verständigungsverfahren zu bewegen.

In der aktuellen deutschen Abkommenspraxis ist ein Trend zur Einführung obligatorischer Schiedsklauseln zu verzeichnen. Dies wird dadurch bestätigt, dass auch das im April 2013 veröffentlichte deutsche Muster DBA in Art. 24 Abs. 5 eine obligatorische Schiedsklausel vorsieht.

Die Arbeit wurde von der juristischen Fakultät der Heinrich-Heine-Universität als Dissertation angenommen.

Letztlich möchte ich mich bei denjenigen bedanken, die mich bei der Entstehung dieser Dissertation unterstützt und begleitet haben. Dabei gilt mein Dank in erster Linie Prof. Dr. Klaus-Dieter Drüen für seine freundliche und äußerst hilfsbereite Betreuung der Arbeit. Mein Dank gebührt auch Holger Peters und Hendrik Menzel für ihre Unterstützung während der Erstellung dieser Arbeit. Ganz besonders möchte ich mich außerdem bei meinen Eltern bedanken.

München, im Februar 2014 — Matthias Diete

Inhaltsverzeichnis

Abkürzungsverzeichnis

a. A.	anderer Ansicht
a. F.	alte Fassung
a. M.	anderer Meinung
Abl. EU	Amtsblatt der Europäischen Union
Abs.	Absatz
Abschn.	Abschnitt
AEUV	Vertrag über die Arbeitsweise der europäischen Union
Alt.	Alternative
AO	Abgabenordnung
APA	Advanced Pricing Agreement
Art.	Artikel
AStG	Außensteuergesetz
Aufl.	Auflage
BB	Betriebs-Berater (Zeitschrift)
Bd.	Band
BFH	Bundesfinanzhof
BFH/NV	Sammlung amtlich nicht veröffentlichter Entscheidungen des Bundesfinanzhofs
BFIT	Bulletin for InternationalTaxation (Zeitschrift)
BGB	Bürgerliches Gesetzbuch
BGBl.	Bundesgesetzblatt
BIAC	Business and Industry Advisory Committee to the OECD
BMF	Bundesministerium für Finanzen
BStBl.	Bundessteuerblatt
BT-Drucks.	Drucksachen des Deutschen Bundestages
BVerfG	Bundesverfassungsgericht
BVerfGE	Amtliche Sammlung von Entscheidungen des Bundesverfassungsgerichts
BZSt	Bundeszentralamt für Steuern
bzw.	beziehungsweise

d. h.	das heißt
DB	Der Betrieb (Zeitschrift)
DBA	Doppelbesteuerungsabkommen
ders.	derselbe
DStBl.	Deutsches Steuerblatt
DStR	Deutsches Steuerrecht (Zeitschrift)
DStZ	Deutsche Steuerzeitung
EC	European Community
EFG	Entscheidung der Finanzgerichte
EG	Europäische Gemeinschaft
EGMR	Europäischer Gerichtshof für Menschenrechte
EGV	Vertrag zur Gründung der Europäischen Gemeinschaft
Einl.	Einleitung
ErbStG	Erbschaftsteuergesetz
EStG	Einkommensteuergesetz
EU	Europäische Union
EuG	Europäisches Gericht
EuGH	Europäischer Gerichtshof
EUR	Euro
EU-SchÜ	EU-Schiedsübereinkommen
EuZW	Europäische Zeitschrift für Wirtschaftsrecht
f., ff.	folgend, fortfolgend
FG	Finanzgericht
FGO	Finanzgerichtsordnung
FR	Finanzrundschau
FVG	Gesetz über die Finanzverwaltung
GATT	General Agreement on Tariffs and Trade
GAufzV	Gewinnabgrenzungsaufzeichnungsverordnung
GG	Grundgesetz
h. M.	herrschende Meinung
hrsg., Hrsg.	herausgegeben, Herausgeber
i. E.	im Ergebnis
i.V.m.	in Verbindung mit
IACHR	Inter American Court of Human Rights
ICC	International Chamber of Commerce
IFA	International Fiscal Association

IFF	Institut für Finanzwissenschaft und Finanzrecht (Universität St. Gallen)
IFST	Institut Finanzen und Steuern e.V.
IGH	Internationaler Gerichtshof
ILC	International Law Comission
INF	Die Information über Steuer und Wirtschaft (Zeitschrift)
ISG	Internationaler Seegerichtshof
IStGH	Internationaler Strafgerichtshof
IStR	Internationales Steuerrecht (Zeitschrift)
ITJ	International Tax Journal (Zeitschrift)
ITPJ	International Transfer Pricing Journal (Zeitschrift)
IWB	NWB Internationales Steuer- und Wirtschaftsrecht (Zeitschrift)
krit.	kritisch
KStG	Körperschaftsteuergesetz
LCIA	The London Court if International Arbitration
Lit.	Literatur
m. E.	meines Erachtens
m. w. N.	mit weiteren Nachweisen
MAP	Mutual Agreement Procedure
MK	Musterkommentar
n. F.	neue Fassung
NAFTA	North American Free Trade Agreement
NJW	Neue Juristische Wochenschrift
Nr.	Nummer
OECD	Organisation for Economic Co-operation and Development
OECD-MA	OECD-Musterabkommen
OECD-MK	OECD-Musterkommentar
ÖStZ	Österreichische Steuerzeitung
PISTB	Praxis Internationale Steuerberatung (Zeitschrift)
RIW	Recht der internationalen Wirtschaft (Zeitschrift)
Rn	Randnummer
Rs.	Rechtsache
Rspr.	Rechtsprechung
s.	siehe
S.	Satz, Seite

SAM	Steueranwaltsmagazin
SchiedsVZ	Zeitschrift für Schiedsverfahren
Slg.	Sammlung der Rechtsprechung des Gerichtshofes und des Gerichts Erster Instanz
sog.	sogenannt
Stbg.	Die Steuerberatung (Zeitschrift)
SteuerStud	Steuern und Studium (Zeitschrift)
StWK	Steuer- und Wirtschafts-Kurzpost (Zeitschrift)
SWI	Steuer und Wirtschaft International (Zeitschrift)
TNI	Tax Notes International (Zeitschrift)
TPIR	Tax Planning International Review (Zeitschrift)
Tz.	Textziffer
u.a.	unter anderem
Ubg.	Die Unternehmensbesteuerung
UN	United Nations
USD	US-Dollar
US-MA	US-Musterabkommen
v.	vom
VerfO EuGH	Verfahrensordnung des Europäischen Gerichtshofes
vgl.	vergleiche
WTO	World Trade Organization
WÜRV	Wiener Übereinkommen über das Recht der Verträge
z. B.	zum Beispiel
Ziff.	Ziffer
zit.	zitiert

Inhalt und Gang der Untersuchung

Durch den stetig anwachsenden grenzüberschreitenden Wirtschaftsverkehr hat sich die Anzahl von Doppelbesteuerungskonflikten mehr und mehr erhöht. Die Ursache solcher Konflikte besteht vor allem darin, dass die meisten Staaten neben inländischen Wirtschaftsvorgängen einerseits auch ausländische besteuern, sofern deren Ergebnisse inländischen natürlichen und juristischen Personen zugutekommen (Besteuerung nach dem Wohnsitzprinzip)[1]. Andererseits verzichtet kein Staat auf die Besteuerung von Einkünften aus den in seinem Territorium gelegenen Einkunftsquellen (Besteuerung nach dem Quellenprinzip). Folglich kann es zur Überschneidung der Besteuerungsansprüche der beteiligten Staaten und somit zur Doppelbesteuerung zu Lasten des Steuerpflichtigen kommen[2]. In dieser Situation stellt sich die Frage, wie sich der Steuerpflichtige vor dieser, ihn nachteilig treffenden, Doppelbesteuerung schützen kann. Zum einen hat er die Möglichkeit den nationalen Rechtsweg zu beschreiten. Das innerstaatliche Gericht kann aber nur eine Entscheidung hinsichtlich des inländischen Steueranspruchs treffen, es hat keinen Einfluss auf die Steuererhebung im anderen Staat. Dem Steuerpflichtigen fehlt somit eine Garantie, dass die Doppelbesteuerung durch das Finanzgericht auch wirklich aufgehoben wird. Gleichzeitig kann der Steuerpflichtige einen Antrag auf Einleitung eines zwischenstaatlichen Verständigungsverfahrens stellen. In der Vergangenheit konnten zwar viele Doppelbesteuerungskonflikte im Rahmen dieses Verfahrens gelöst werden. Die Finanzbehörden sind aber nicht verpflichtet, zu einer Einigung zu gelangen, sodass die endgültige Beilegung des Konflikts nicht hinreichend gesichert ist. Hinzu kommt, dass die Ausgestaltung des Verständigungsverfahrens als Behördenverfahren dem Steuerpflichtigen keine Parteienrechte gewährt und er somit nur eingeschränkt auf das Verfahren Einfluss nehmen kann[3]. Im ungünstigsten Fall endet das Verständigungsverfahren ohne zufriedenstellendes Ergebnis für den Steuerpflichtigen.

---

1 Dazu *Vogel* in Vogel/ Lehner, DBA, Einl. Rn 2.

2 *Frotscher*, Internationales Steuerrecht, § 1 Rn 7.

3 So BFH Urteil vom 26.5.1982, BStBl. II 1982, 583 (585); *Eilers* in Debatin/ Wassermeyer, DBA, Art. 25 OECD-MA Rn 9 (Mai 2010).

Nachdem sich fakultative Schiedsklauseln als untauglich erwiesen haben, die Schwächen der Verständigungsverfahren zu überwinden, wurden Überlegungen angestellt, das Verständigungsverfahren um obligatorische Schiedsklauseln zu erweitern. Es ist dabei Aufgabe einer Schiedskommission bei Schwierigkeiten oder Zweifeln, die bei der Auslegung und Anwendung des DBA, eine für die Vertragsstaaten verbindliche Entscheidung auszusprechen. Im Unterschied zum fakultativen Schiedsverfahren verpflichten sich die Vertragsstaaten bereits vor der Entstehung eines Besteuerungskonfliktes, im Anschluss an ein erfolgloses Verständigungsverfahren, ein Schiedsverfahren durchzuführen. Die Existenz einer solchen obligatorischen Schiedsklausel soll Druck auf die zuständigen Behörden ausüben, noch im Verständigungsverfahren zu einer Einigung zu gelangen[4]. Der Besteuerungskonflikt soll im Regelfall bereits im Verständigungsverfahren und nicht erst in einem möglichen Schiedsverfahren gelöst werden.

Erstmals wurde 1990 mit dem multilateralen Abkommen zur EU-Schiedskonvention für Verrechnungspreise ein derartiges obligatorisches Schiedsverfahren im internationalen Steuerrecht eingeführt. Bilateral wurde erstmals im Jahr 2000 zwischen Österreich und Deutschland die Aufnahme einer obligatorischen Schiedsklausel in ein DBA vereinbart. Darin wird der EuGH durch eine Schiedsvereinbarung zwischen den Vertragsstaaten Deutschland und Österreich nach Art. 273 AEUV[5] als Entscheidungsorgan ermächtigt, den Besteuerungskonflikt verbindlich zu lösen, sofern das Verständigungsverfahren ergebnislos endet[6]. Auch im DBA zwischen Deutschland und den USA haben beide Vertragsstaaten im Jahr 2006 die bisherige fakultative Schiedsklausel durch eine obligatorische ersetzt[7]. Die OECD hat Anfang 2008 in Art. 25 des OECD Musterabkommens zusätzlich einen 5. Absatz integriert. Dieser sieht nunmehr vor, dass im Anschluss an ein erfolgloses Verständigungsverfahren ein obligatorisches Schiedsverfahren durchgeführt wird.

Die Skepsis vieler Staaten gegenüber obligatorischen Schiedsverfahren zur Lösung abkommensrechtlicher Konflikte und der damit verbundenen Furcht vor einer Abgabe originärer Souveränitätsrechte im Zusammenhang mit den nationalen Steueransprüchen an eine Schiedsstelle ist aber nach wie vor sehr hoch. Durch die Einführung einer obligatorischen Schiedsklausel in das OECD Musterabkommen

4 *Verlinden/ Swenson/ Nauheim*, TNI 2008, 655 f.

5 Bis zum 1. Dezember 2009 Art. 239 EGV.

6 Siehe dazu 5.Teil.B.

7 Siehe dazu 5.Teil.A.

könnte sich allerdings ein positiver Trend abzeichnen[8]. So sind die Mitgliedstaaten bereits vereinzelt dazu übergegangen, Schiedsklauseln nach dem OECD Muster in ihre DBA zu übernehmen. So haben Deutschland und Großbritannien Anfang 2011 eine obligatorische Schiedsklausel in ihr Abkommen aufgenommen, die inhaltlich fast vollständig der OECD Schiedsklausel entspricht[9]. Auch das Ende 2011 in Deutschland ratifizierte Änderungsprotokoll zum DBA zwischen Deutschland und der Schweiz enthält eine obligatorische Schiedsklausel[10]. Gleiches gilt für das DBA mit Liechtenstein[11]. Es ist zu erwarten, dass vor allem die Mitgliedstaaten der OECD und die übrigen wirtschaftlich aufstrebenden Staaten im Sinne der Förderung der grenzüberschreitenden Wirtschaftstätigkeit diesen Trend weiter fortsetzen werden.

Diese Arbeit untersucht, ob und inwieweit die in der deutschen DBA Praxis vorhandenen obligatorischen Schiedsklauseln dazu beitragen können, eine abkommenswidrige Besteuerung zu Lasten des Steuerpflichtigen zu vermeiden. In diesem Zusammenhang wird zunächst verdeutlicht, wie eine Doppelbesteuerung entsteht, wie eine solche durch die Existenz von DBA möglichst vermieden werden soll und warum es letztlich trotz eines bestehenden Abkommens zu einer abkommenswidrigen Besteuerung kommen kann[12]. Anschließend wird analysiert, inwiefern eine abkommenswidrige Besteuerung den betroffenen Steuerpflichtigen negativ beeinträchtigen kann. Es wird dargestellt, welche Rechtschutzmöglichkeiten dem Steuerpflichtigen neben den nationalen Rechtsmitteln zur Verfügung stehen, um diese Nachteile zu beseitigen[13]. Dabei wird ausführlich das Verständigungsverfahren behandelt. Dies ist in zweifacher Hinsicht für das Verständnis des Schiedsverfahrens geboten. Zum einen sind alle abkommensrechtlichen Schiedsverfahren als unselbstständiger zweiter Verfahrensabschnitt des Verständigungsverfahrens ausgestaltet. Zum anderen ergeben sich bereits im Verständigungsverfahren zahlreiche Fragestellungen im Zusammenhang mit dem deutschen innerstaatlichen Recht, welche erneut im nachfolgenden Schiedsverfahren von Bedeutung sind. Im Anschluss daran werden die Schwächen des Verständigungsverfahrens, die unzureichenden Verfahrensrechte des Steuerpflichtigen und der fehlende Einigungszwang verdeutlicht.

---

8 Siehe dazu 4.Teil.
9 Siehe dazu 5.Teil.C.
10 Siehe dazu 5.Teil.D.
11 Siehe dazu 5.Teil.E.
12 Siehe dazu 1.Teil.
13 Siehe dazu 2.Teil.

Im folgenden Teil befasst sich die Arbeit in einer abstrakten Betrachtung mit dem Schiedsverfahren im internationalen Steuerrecht[14]. Dabei werden völkerrechtliche Aspekte des Schiedsverfahrens aufgegriffen, einschließlich der Auslegung von völkerrechtlichen Verträgen. Um die Unterschiede zwischen beiden Verfahren zu verdeutlichen, werden in einer abstrakten Betrachtung die Grundprinzipien von fakultativem und obligatorischem Schiedsverfahren aufgezeigt. Im weiteren Verlauf wird die neue Regelung des Art. 25 Abs. 5 des OECD Musterabkommens vorgestellt[15]. Aufgrund der „Leitfunktion" des Musterabkommens für bestehende und zukünftige obligatorische Schiedsklauseln in DBA erfolgt in diesem Zusammenhang auch die Untersuchung der für obligatorische Schiedsverfahren typischen, Fragestellungen. Anschließend werden die zum jetzigen Stand in deutschen DBA enthaltenen obligatorischen Schiedsklauseln dargestellt und die spezifischen Besonderheiten und Unterschiede dieser Regelungen heraus gearbeitet[16]. Da sich im Anwendungsbereich des Art. 25 Abs. 5 DBA mit Österreich die Frage einer Konkurrenz zur EU-Schiedskonvention stellt, wird deren Verfahren kurz dargestellt, beide Regelungen voneinander abgegrenzt und ein eventueller Anwendungsvorrang untersucht. Der abschließende Teil enthält eine Schlussbetrachtung, mit der Bewertung der zuvor dargestellten obligatorischen Schiedsklauseln, die Chancen und Nachteile dieser Bestimmungen aufzeigt und eventuelle Verbesserungsmöglichkeiten vorgeschlägt[17]. Abschließend folgt ein kurzer Ausblick auf mögliche Entwicklungen in der Zukunft.

---

14 Siehe dazu 3.Teil.

15 Siehe dazu 4.Teil.

16 Siehe dazu 5.Teil.

17 Siehe dazu 5.Teil.B.

1. Teil: Die Problematik der internationalen Doppelbesteuerung

A. Begriff und Ursache

Der Begriff „Doppelbesteuerung“ ist gesetzlich nicht definiert, sein genauer Inhalt im Detail daher nicht abschließend geklärt. Die Literatur hat in der Vergangenheit verschiedene Interpretationsansätze unternommen[18].

Eine internationale „juristische Doppelbesteuerung“ liegt vor, wenn derselbe Steuerpflichtige wegen desselben Steuergegenstandes gleichzeitig in verschiedenen Staaten einer gleichartigen Steuer unterliegt[19]. Wird derselbe Wirtschaftsvorgang oder Vermögenswert in zwei oder mehreren Staaten in demselben Zeitraum besteuert, fehlt es dabei jedoch im Gegensatz zu der juristischen Doppelbesteuerung an der Identität des Steuersubjekts, so spricht man von „wirtschaftlicher Doppelbesteuerung“[20]. Aufgrund der fehlenden Identität des Steuersubjekts erfassen die Staaten die doppelt besteuerten Einkünfte häufig auch in verschiedenen Einkunftsquellen[21]. Teilweise wird gefordert, den Begriff der Doppelbesteuerung zu erweitern. So müsse zusätzlich die Summe der Steuerbelastungen in den beteiligten Ländern höher sein als der Betrag, der sich ergeben würde, wenn der Steuergegenstand ausschließlich im Staat mit dem höheren Steuersatz versteuert würde. Die steuerliche Belastung des Steuerpflichtigen müsse dabei als unmittelbare Konsequenz aus der

18 Siehe dazu die Aufzählung bei *Wassermeyer* in Debatin/ Wassermeyer, DBA, Vor Art. 1 MA Rn 1 ff. (Mai 2010). Danach wird unterschieden zwischen Doppelbesteuerung im engeren, weiteren und weitesten Sinne, zwischen formaler und materieller, zwischen subjektiver und objektiver, zwischen eigentlicher und uneigentlicher, zwischen technischer und untechnischer, zwischen rechtlicher, juristischer und wirtschaftlicher, zwischen direkter und indirekter, zwischen effektiver und fiktiver, sowie zwischen horizontaler und vertikaler Doppelbesteuerung.

19 Siehe dazu Einl. zum OECD-Kommentar Ziff. 1.

20 *Vogel* in Vogel/ Lehner, DBA, Einl. Rn 4; *Wassermeyer* in Debatin/ Wassermeyer, DBA, Vor Art. 1 MA Rn 3 (Mai 2010); *Frotscher*, Internationales Steuerrecht, § 1 Rn 6; *Schaumburg*, Internationales Steuerrecht, § 12 Rn 12.3 f. Die wirtschaftliche Doppelbesteuerung ist vor allem im Zusammenhang mit der Korrektur von Verrechnungspreisen zwischen verbundenen Unternehmen von großer Bedeutung.

21 *Wassermeyer* in Debatin/ Wassermeyer, DBA, Vor Art. 1 MA Rn 3 (Mai 2010); *Frotscher*, Internationales Steuerrecht, § 1 Rn 6.

doppelten Erfassung im Vergleich zum reinen Inlandssachverhalt unangemessen hoch sein[22]. Sowohl die juristische als auch die wirtschaftliche Doppelbesteuerung ist in der Regel nachteilig für den Steuerpflichtigen, da er im Vergleich zum rein inländischen Sachverhalt mehrfach und damit höher besteuert wird.

Außerdem unterscheidet man noch zwischen effektiver und fiktiver Doppelbesteuerung. Eine effektive Doppelbesteuerung liegt dann vor, wenn der Steuerpflichtige durch zwei Staaten tatsächlich besteuert wird. Dagegen ist die Doppelbesteuerung fiktiv, wenn lediglich die Möglichkeit der doppelten Inanspruchnahme durch zwei verschiedene Staaten besteht, der Steuerpflichtige aber tatsächlich nur in einem Staat oder gar nicht besteuert wird[23].

Aufgrund seiner völkerrechtlichen Souveränität steht jedem Staat das Recht zu, alle wirtschaftlichen Werte und Vorgänge innerhalb des eigenen Territoriums zu besteuern. Nach diesem „Quellenprinzip" ist es unerheblich, ob die betroffenen natürlichen oder juristischen Personen die Staatsangehörigkeit bzw. die Staatangehörigkeit des Hoheitsstaates haben oder in diesem ansässig sind[24]. Die überwiegende Mehrzahl der Staaten besteuert zudem ausländische Wirtschaftsvorgänge nach dem Wohnsitzprinzip, wenn die besteuerte Person zu dem besteuernden Staat eine hinreichend enge Beziehung hat[25]. Diese wird dann angenommen, wenn die besteuerte Person in dem besteuernden Staat ansässig ist oder die Staatsangehörigkeit[26] dieses Staates besitzt[27]. In Deutschland wird ausschließlich an die Ansässigkeit angeknüpft. Die Ansässigkeit bestimmt sich in der Regel bei natürlichen Personen

---

22 So *Grotherr/ Herforth/ Strunk*, Internationales Steuerrecht S. 527; *Frotscher*, Internationales Steuerrecht, § 1 Rn 3; krit. zu dieser Herleitung, *Schaumburg*, Internationales Steuerrecht, § 12 Rn 12.9; *Wassermeyer* in Debatin/ Wassermeyer, DBA, Vor Art. 1 MA Rn 2 (Mai 2010). Dieser kritisiert, die Wertung „unangemessen hoch" sei objektiv nicht fassbar. Ferner würde die Steueranrechnung als Maßnahme zur Vermeidung der Doppelbesteuerung dazu führen, dass begrifflich keine Doppelbesteuerung gegeben sein könnte.

23 *Wassermeyer* in Debatin/ Wassermeyer, DBA, Vor Art. 1 MA Rn 4 (Mai 2010).

24 *Dolzer* in Graf Vitzthum, Völkerrecht, 6. Abschnitt Rn 101; *Frotscher*, Internationales Steuerrecht, § 1 Rn 7.

25 *Vogel* in Vogel/ Lehner, DBA, Einl. Rn 11; *Schaumburg*, Internationales Steuerrecht, § 12 Rn 13.1.

26 In wenigen Staaten wird eine Steuerpflicht auch, wie z.B. in den USA, Mexiko oder den Philippinen aus der Staatsangehörigkeit abgeleitet. Allerdings bildet die Staatsangehörigkeit in den USA nur eine Voraussetzung zur Begründung der unbeschränkten Steuerpflicht, *Grotherr/ Herforth/ Strunk*, Internationales Steuerrecht S. 529.

27 Bei Vorliegen einer derartigen engen Bindung ist die Besteuerung ausländischer Wirtschaftsvorgänge und Vermögenswerte völkerrechtlich nicht zu beanstanden.

nach dem Wohnsitz oder gewöhnlichen Aufenthalt bzw. bei juristischen Personen nach dem Ort der Geschäftsleitung[28]. Insofern spricht man von der Besteuerung des Welteinkommens bzw. des Weltvermögens[29] nach dem Wohnsitzprinzip[30]. Der Ansässigkeitsstaat ist zudem besonders befähigt, die steuerliche Leistungsfähigkeit des Steuerpflichtigen umfassend zu veranlagen, da er den besten Zugriff auf dessen Gesamtverhältnisse hat[31]. Das deutsche Einkommen-, Körperschaft- und Erbschaftsteuergesetz verwendet in Anknüpfung an das Wohnsitzprinzip den Begriff der „unbeschränkten Steuerpflicht" (z.B. § 1 Abs. 1 EStG)[32].

Ist der Steuerpflichtige dagegen im Ausland ansässig, bezieht jedoch im Inland Einkünfte oder besitzt Vermögen im Inland, so unterliegt er der inländischen Besteuerung aufgrund des Quellenprinzips. Danach beschränkt sich das Besteuerungsrecht auf das inländische Einkommen[33] und das Inlandsvermögen, im deutschen Steuerrecht ergibt sich hieraus die „beschränkte Steuerpflicht" (§ 1 Abs. 4 EStG)[34]. Beide Besteuerungsansätze sind völkerrechtlich anerkannt und können so zu Überschneidungen in der Besteuerung des Einzelnen führen, wenn dieser grenzüberschreitend Einkünfte erzielt[35]. Ohne bilaterale Absprachen wäre der Steuerpflichtige dann stets den Steueransprüchen zweier Staaten

---

Ausführlich dazu *Vogel* in Vogel/ Lehner, DBA, Einl. Rn 11; *Schaumburg*, Internationales Steuerrecht, § 13 Rn 13.1; *Seer* in Tipke/ Lang, Steuerrecht, § 1 Rn 88.

28 *Schaumburg*, Internationales Steuerrecht, § 13 Rn 13.1; *Grotherr/ Herforth/ Strunk*, Internationales Steuerrecht S. 529.

29 Dabei umfasst die unbeschränkte Steuerpflicht den weltweiten Vermögensanfall im Bereich von Vermögenssteuern wie der Erbschaftsteuer. *Frotscher*, Internationales Steuerrecht, § 4 Rn 100.

30 *Vogel* in Vogel/ Lehner, DBA, Einl. Rn 2. Terminologisch spricht man auch vom Welteinkommens- oder Ansässigkeitsprinzip. *Grotherr/ Herforth/ Strunk*, Internationales Steuerrecht S. 529; *Wassermeyer* in Debatin/ Wassermeyer, DBA, Vor Art. 1 MA Rn 5 (Mai 2010).

31 *Bendlinger,* Steuerwissenschaften und betriebliches Rechnungswesen, Festschrift für Herbert Kofler zum 60. Geburtstag 2009, S. 29 (37).

32 *Hey* in Tipke/ Lang, Steuerrecht, § 8 Rn 25 ff.

33 Für Deutschland ergibt sich dies aus § 49 EStG.

34 Bei der Umsatzsteuer ergibt sich in der Regel keine internationale Doppelbesteuerung, da nahezu alle Staaten einheitlich das Bestimmungslandprinzip anwenden und somit die Besteuerung auf das Staatsgebiet begrenzt wird. Hiernach wird die ausgeführte Ware nicht besteuert, eingeführte Ware aber in gleicher Höhe, wie im Inland hergestellte, belastet. Hierzu *Seer* in Tipke/ Lang, Steuerrecht, § 1 Rn 86; *Vogel*, DStZ 1997, 269, (272).

35 *Bendlinger*, Steuerwissenschaften und betriebliches Rechnungswesen, Festschrift für Herbert Kofler zum 60. Geburtstag 2009, S. 29 (34).

ausgesetzt. Würden die Staaten durchgängig nach dem Quellenprinzip nur inländische Steuergüter besteuern, so wäre eine Kollision von Steueransprüchen unterschiedlicher Staaten von vornherein ausgeschlossen. Hauptursache für die Überschneidung der Steueransprüche und somit eigentlicher Auslöser potentieller Doppelbesteuerungskonflikte sind daher die Normen, die im Bereich der Einkommen-, Körperschaft,- und Erbschaftsteuer die Besteuerung nach dem Wohnsitzprinzip begründen[36].

Zu einer Doppelbesteuerung kann es demnach dann kommen, wenn ein im Inland ansässiger Steuerpflichtiger, nach dem Wohnsitzprinzip im Wohnsitzstaat besteuert wird, obwohl er ausländische Einkünfte erzielt und somit bereits im Quellenstaat nach dem Quellenprinzip besteuert wird. Eine Doppelbesteuerung kann aber auch dann eintreten, wenn eine Person zugleich in mehreren Staaten ansässig ist und zwei oder mehrere Staaten ein und denselben Wirtschaftsvorgang oder Vermögenswert jeweils ihrem Gebiet zuordnen. Gleiches gilt in Fällen, in denen Staaten ihre Staatsangehörigen nach dem Welteinkommen besteuern, diese aber in einem anderen Staat ansässig sind[37]. Außerdem kann Doppelbesteuerung dadurch entstehen, dass die Staaten von einer unterschiedlichen Quellenzuordnung ausgehen oder einen Vorgang unterschiedlich qualifizieren[38].

Auch wenn es völkerrechtlich kein Verbot der Doppelbesteuerung gibt[39], so beeinträchtigt diese doch in erheblichem Maße den internationalen Wirtschaftsverkehr. Gerade Unternehmen mit einem hohen Maß an Auslandsaktivitäten werden in ihrer Wettbewerbsfähigkeit durch eine internationale Doppelbesteuerung empfindlich beeinträchtigt. Diese negativen Auswirkungen könnten sie zunehmend davon abhalten, grenzüberschreitend tätig zu werden oder gar dazu veranlassen, ihren Standort ins Ausland zu verlegen[40]. Neben nachteiligen Folgen für den betroffenen Steuerpflichtigen, wirkt sich dessen doppelte steuerliche

---

36 *Schaumburg*, Internationales Steuerrecht, § 13 Rn 13.3; *Wassermeyer* in Debatin/ Wassermeyer, DBA, Vor Art. 1 MA Rn 5 (Mai 2010).

37 *Vogel* in Vogel/ Lehner, DBA, Einl. Rn 2 f.; *Schaumburg*, Internationales Steuerrecht, § 13 Rn 13.4.

38 *Vogel* in Vogel/ Lehner, DBA, Einl. Rn 149 ff.

39 Vgl. BFH Urteil vom 14.2.1975, BStBl. II 1975, 497 (498); *Vogel* in Vogel/ Lehner, DBA, Einl. Rn 1; *Schaumburg*, Internationales Steuerrecht, § 13 Rn 13.1; *Haase*, Internationales und europäisches Steuerrecht, Rn 41.

40 *Graf Vitzthum*, Völkerrecht, 6. Abschn. Rn 102; So auch *Schaumburg* Internationales Steuerrecht, § 14 Rn 14.14, mit dem Verweis auf die besondere Anfälligkeit der erheblich auf den Export von Waren ausgerichteten deutschen Wirtschaft hinsichtlich einer solchen internationalen Doppelbesteuerung.

Inanspruchnahme somit auch auf den Ansässigkeitsstaat volkswirtschaftlich negativ aus. Es liegt daher im nationalen Interesse eines jeden Staates, die eigenen Steuerbürger steuerlich zu entlasten, wenn diese Auslandsaktivitäten entfalten[41]. Sinnvollerweise können derartige internationale Besteuerungskonflikte nur im gegenseitigen Einvernehmen zwischen den betroffenen Staaten gelöst werden. Diese sind daher bestrebt, bi- oder multilaterale Mittel zu schaffen, um internationale Doppelbesteuerungskonflikte zu vermeiden.

Für Deutschland ergibt sich zudem aus den verfassungsrechtlichen Grundsätzen der steuerlichen Veranlagung nach der Leistungsfähigkeit und der Gleichmäßigkeit der Besteuerung das staatliche Gebot, einer internationalen Doppelbesteuerung entgegenzuwirken[42]. Als Gleichheitsgebot sorgt das Leistungsfähigkeitsprinzip dafür, dass jede steuerrechtliche Differenzierung nach ihm zu erfolgen hat[43]. Die Normen zur Vermeidung der Doppelbesteuerung sind die Kehrseite der mit dem Leistungsfähigkeitsprinzip zu vereinbarenden Besteuerung des Welteinkommens. Sie entsprechen dabei selbst dem Gebot der Besteuerung nach der Leistungsfähigkeit[44].

Auch vor dem Hintergrund des europäischen Einigungsprozesses erscheint eine Doppelbesteuerung problematisch. So ist die Existenz einer Doppelbesteuerung nur schwerlich mit den Grundsätzen eines gemeinsamen Binnenmarktes vereinbar. Nach der Rechtsprechung des Europäischen Gerichtshofs fallen die direkten Steuern in den Zuständigkeitsbereich der Mitgliedstaaten (Ertragsteuerautonomie der Mitgliedstaaten). Die Mitgliedstaaten sind jedoch verpflichtet, ihre Steuersouveränität im Bereich der Ertragsteuern unter Wahrung des Unionsrechts auszuüben[45]. Der EuGH hat demnach nicht die Kompetenz über die Einhaltung

41 *Bächle/ Rupp/ Ott/ Knies*, Internationales Steuerrecht, S. 17; *Bendlinger*, Steuerwissenschaften und betriebliches Rechnungswesen, Festschrift für Herbert Kofler zum 60. Geburtstag 2009, S. 29 (37); *Schaumburg*, Internationales Steuerrecht, § 15 Rn 15.1. Diese sehen es grundsätzlich als Pflicht des Ansässigkeitsstaates an, seine Steuerpflichtigen vor einer internationalen Doppelbesteuerung zu schützen.

42 Diese werden aus dem Sozialstaatsprinzip des Art. 20 Abs. 1 GG, dem Gleichheitsprinzip des Art. 3 Abs. 1 GG und der Eigentumsgarantie des Art. 14 GG abgeleitet. Hierzu *Wichmann*, FR 2011, 1082; *Bächle/ Rupp/ Ott/ Knies*, Internationales Steuerrecht, S. 17; *Schaumburg*, Internationales Steuerrecht, § 14 Rn 14.8 ff.

43 *Schaumburg*, Internationales Steuerrecht, § 14 Rn 14.9.

44 *Schaumburg*, Internationales Steuerrecht, § 14 Rn 4.10.

45 EuGH Urteil vom 29.11.2001, Rs. C-17/00 – *De Coster* Rn 25, Slg. 2001, I-9445; *Beiser*, ÖStZ 2009, 211 (212); ders. in IStR 2009, 236 (237); *Lehner* IStR 2001, 329.

und Auslegung der DBA zu entscheiden, wohl aber darf er über die Einhaltung der europäischen Grundfreiheiten wachen[46].

Eine Doppelbesteuerung von Gewinnen beeinträchtigt aber Grundfreiheiten, wenn diese durch eine grenzüberschreitende Tätigkeit erwirtschaftet wurden[47]. Eine grenzüberschreitende, innerhalb der EU stattfindende Wirtschaftstätigkeit, wird dann im Vergleich zum rein inländischen Sachverhalt durch die Doppelbesteuerung schlechter gestellt[48]. Der betroffene Steuerpflichtige kann in solch einem Fall im Wege des nationalen Rechtsmittelverfahrens eine, die Grundfreiheiten verletzende, Doppelbesteuerung rügen. Sofern ein nationales Höchstgericht die Unionsrechtswidrigkeit der Doppelbesteuerung für möglich hält, hat es dem EuGH nach Art. 267 AEUV die Frage zur Entscheidung vorzulegen[49]. Ein ausdrückliches Verbot der Doppelbesteuerung ist dem AEUV aber nicht zu entnehmen. Die grenzüberschreitende Doppelbesteuerung führt zwar zu binnenmarktwidrigen Wettbewerbsnachteilen. Diese finden ihre Ursache aber in den nicht miteinander abgestimmten Steuersystemen der beteiligten Staaten. So ist das Zusammenspiel der kollisionsbegründenden Steuernormen der Ansässigkeitsstaaten und der kollisionsauflösenden Steuernormen der Quellenstaaten nicht miteinander abgestimmt[50]. Als Folge dieser parallel von beiden Staaten zu tragenden Verantwortung kann ein aus den Grundfreiheiten abgeleitetes Verbot der Doppelbesteuerung einseitig, weder dem Ansässigkeits- noch dem Quellenstaat, vorgehalten werden. Statt auf ein Verbot der Doppelbesteuerung zielen die Grundfreiheiten daher nur auf deren teilweise Beseitigung ab[51].

Vor Inkrafttreten des Vertrags von Lissabon am 1. Dezember 2009, waren die Mitgliedstaaten nach Art. 293 EGV gemeinschaftsrechtlich verpflichtet, soweit erforderlich, untereinander Verhandlungen einzuleiten, um zugunsten ihrer Staatsangehörigen die Beseitigung von Doppelbesteuerungen innerhalb der EG sicherzustellen[52]. Der

---

46 *Beiser*, ÖStZ 2009, 211 (212).

47 EuGH, Schlussanträge vom 26. 10. 2004, C-376/03, Slg. 2005, I-5821; *Kofler*, IStR 2011, 668; ders. in SWI 2006, 62, 65 ff.; *Kessler/ Obser* in Kessler/Kröner/Köhler, Konzernsteuerrecht, § 1 Rn 177; *Englisch,* Intertax 2005, 310, (323); *Obser,* IStR 2005, 799 (801).

48 *Beiser*, IStR 2009, 236 (237); ders. in ÖStZ 2009, 211 (212); ders. in IStR 2008, 587 (589); *Loukota/ Jirousek*, SWI 2007, 295 (301).

49 *Haase*, Internationales und europäisches Steuerrecht, Rn 783.

50 *Schaumburg*, Internationales Steuerrecht, § 14 Rn 14.5.

51 *Schaumburg*, Internationales Steuerrecht, § 14 Rn 14.5.

52 Vgl. zum Rechtscharakter von Art. 293 EGV, *Leible* in Streinz EUV/EGV, Art. 293 EGV Rn 2; *Kofler*, IStR 2011, 668; *Dürrschmidt*, NJW 2010, 2086 (2089).

Wortlaut des Art. 293 EGV ist nicht in das neue Vertragswerk des AEUV überführt worden[53]. Für den Unionsbürger ergeben sich dadruch aber keinerlei rechtliche Folgen, da Art. 293 EGV (vorher Art. 220 EGV) nach der Rechtsprechung des EuGH keinen unmittelbaren verpflichtenden Rechtssatz aufstellte. Die Unionsbürger konnten folglich aus Art. 293 EGV keine Rechte, zum Beispiel auf Beseitigung einer Doppelbesteuerung, ableiten[54]. Eine Verletzung des Art. 293 EGV hätte effektiv nur im Rahmen von Vertragsverletzungsverfahren nach Art. 234 EGV (jetzt Art. 267 AEUV) sanktioniert werden können[55]. Neben den Grundfreiheiten kann allenfalls noch aus dem in Art. 26 AEUV enthaltenen Binnenmarktziel die Verpflichtung der EU-Staaten abgeleitet werden, entsprechende Verhandlungen zur Beseitigung der Doppelbesteuerung durchzuführen[56].

B. Vermeidung der Doppelbesteuerung

Im Zusammenhang mit der Vermeidung[57] der Doppelbesteuerung ist zwischen den Methoden und Maßnahmen zu differenzieren. Die Art und Weise, mit der die Doppelbesteuerung technisch beseitigt werden soll, wird als Methode zur Beseitigung der Doppelbesteuerung bezeichnet[58]. Die Maßnahme zur Vermeidung der

53 Hinsichtlich der Auslegung von Art. 293 EGV bestanden mehrere Unklarheiten. So war bereits ungewiss, ob Art. 293 EGV die Mitgliedstaaten verpflichtete nur Verhandlungen über die Beseitigung von Doppelbesteuerungen aufzunehmen oder auch entsprechende Abkommen abzuschließen. Nicht genau geklärt ist deshalb, welche Folgen die Streichung des Art. 293 EGV im neuen Vetragswerk des AEUV hat. M. w. N. hierzu *Dürrschmidt*, NJW 2010, 2086 (2089).

54 EuGH Urteil vom 12.5.1998, Rs. C-336/96 – *Gilly*, Slg. 1998, I-2793.

55 *Lehner*, IStR 2005, 397 (398), der in der Streichung des Art. 293 EGV einen Rückschritt für die Beseitigung der Doppelbesteuerung innerhalb der Gemeinschaft sieht, da die Kommission künftig keine Möglichkeit mehr habe gegen Mitgliedstaaten, die die Doppelbesteuerung nicht wirksam beseitigen, ein eindeutig begründbares Vertragsverletzungsverfahren einzuleiten.

56 *Schaumburg*, Internationales Steuerrecht, § 14 Rn 14.4.

57 Der allgemein gebräuchliche Begriff der „Vermeidung“ der Doppelbesteuerung ist seinem Wortlaut nach unpräzise, da er nur diejenigen Normen erfasst, die eine Doppelbesteuerung bereits vor ihrer Entstehung verhindern. Eine wesentlich größere praktische Bedeutung haben aber solche Normen, die eine bereits eingetretene Doppelbesteuerung nachträglich beseitigen oder mildern. *Schaumburg*, Internationales Steuerrecht, § 14 Rn 14.2.

58 *Schaumburg*, Internationales Steuerrecht, § 14 Rn 14.16.

Doppelbesteuerung bildet die uni- oder bilaterale Rechtsgrundlage für die Anwendung der Methode zur Vermeidung der Doppelbesteuerung[59].

I. Methoden zur Vermeidung der Doppelbesteuerung

Als Methoden zur Beseitigung der internationalen Doppelbesteuerung haben sich vor allem die Freistellungsmethode und die Anrechnungsmethode bewährt[60]. Beide stellen eine geeignete Möglichkeit dar, die Doppelbesteuerung zu beseitigen. Die steuer- und wirtschaftspolitische Grundausrichtung des jeweiligen Staates kann für die Wahl zwischen beiden Alternativen bedeutsam sein[61].

Die Freistellungsmethode ist eine Methode zur Beseitigung der Doppelbesteuerung, die in internationalen Verträgen, vor allem in DBA Bedeutung erlangt[62]. Im Rahmen der Freistellungsmethode verzichtet der freistellende Staat auf sein Besteuerungsrecht und gewährt dem Steuerpflichtigen eine Steuerbefreiung[63]. In den DBA ist üblicherweise geregelt, dass die Freistellungsmethode vom Ansässigkeitsstaat (vgl. Art. 23 A OECD-MA) anzuwenden ist. Sie kann aber auch vom Quellenstaat[64] angewendet werden[65]. Führt der Ansässigkeitsstaat sie durch, so stellt er die Einkünfte als Ausnahme vom Prinzip der Besteuerung nach dem Welteinkommen frei[66]. In dieser Form erleichtert die Freistellungsmethode Auslandsinvestitionen inländischer Unternehmen. Die im Ausland erwirtschafteten Einkünfte unterliegen im Sinne einer steuerlichen Wettbewerbsneutralität

---

59 *Schaumburg*, Internationales Steuerrecht, § 14 Rn 14.40.

60 Daneben existieren noch die unbedeutendere Abzugs- (§ 34c Abs. 2, Abs. 3 EStG), Pauschalierungs- und Erlassmethode (beide § 34c Abs. 5 EStG).

61 Sehr anschaulich hierzu *Schaumburg*, Internationales Steuerrecht, § 14 Rn 14.19.

62 *Frotscher*, Internationales Steuerrecht, § 5 Rn 161; *Grotherr* in Becker/ Höppner/ Grotherr/ Kroppen, DBA, Grundlagen, Abschn. 1, Rn 45 f. (2003).

63 *Frotscher*, Internationales Steuerrecht, § 5 Rn 161.

64 Die Freistellung ergibt sich im Fall der Anwendung durch den Quellenstaat nicht aus Art. 23 A OECD-MA, sondern aus einzelnen Zuteilungsnormen des Abkommens, so beispielsweise aus Art. 12, 13 Abs. 4 und 21 OECD-MA.

65 *Frotscher*, Internationales Steuerrecht, § 5 Rn 161; *Schaumburg*, Internationales Steuerrecht, § 14 Rn 14.26.

66 *Haase*, Internationales und europäisches Steuerrecht, Rn 42; *Grotherr/ Herforth/ Strunk*, Internationales Steuerrecht, S. 699; *Bächle/ Rupp/ Ott/ Knies*, Internationales Steuerrecht, S. 26.

ausschließlich dem dortigen Steuerniveau[67]. Die Freistellungsmethode wird daher am effektivsten von solchen Ansässigkeitsstaaten angewendet, deren wirtschaftliche Ausrichtung in hohem Maße exportorientiert ist. Diese haben ein besonderes Interesse an der grenzüberschreitenden Wirtschaftstätigkeit ihrer inländischen Steuerpflichtigen. Die Freistellungsmethode greift in einem DBA regelmäßig bereits aufgrund einer abstrakt drohenden Doppelbesteuerung und vermeidet damit bereits die virtuelle Doppelbesteuerung. Sie birgt damit das Risiko, dass Einkünfte endgültig unbesteuert bleiben können, wenn der Quellenstaat die Einkünfte tatsächlich nicht besteuert[68]. Um diese Folge „weißer Einkünfte" zu vermeiden, hat Deutschland in vielen neueren DBA sogenannte Rückfallklauseln[69] vereinbart. Diese Klauseln sehen einen Rückfall des deutschen Besteuerungsrechts vor, wenn die betreffende inländische Person im Ausland tatsächlich nicht besteuert wird[70]. Zudem birgt die Freistellungsmethode im Ansässigkeitsstaat Risiken gegenüber Staaten mit deutlich niedrigeren Steuertarifen. Im Inland ansässige Steuerpflichtige könnten dann dazu verleitet werden, im Rahmen eines so genannten „Treaty Shoppings", Einkünfte in solche Niedrigsteuerländer oder Steueroasen umzuleiten[71]. Zugunsten des freistellenden Ansässigkeitsstaates sehen Bestimmungen in

---

67 *Schaumburg*, Internationales Steuerrecht, § 14 Rn 14.26; *Grotherr* in Becker/ Höppner/ Grotherr/ Kroppen, DBA, Grundlagen, Abschn. 1, Rn 46 (2003).

68 *Grotherr* in Becker/ Höppner/ Grotherr/ Kroppen, DBA, Grundlagen, Abschn. 1, Rn 47 (2003); *Frotscher*, Internationales Steuerrecht, § 5 Rn 162.

69 Diese Klauseln werden uneinheitlich auch als „subject-to-tax-Klauseln", „switch-over-Klauseln" oder „remittance-base-Klauseln" bezeichnet, *Frotscher*, Internationales Steuerrecht, § 6 Rn 224 ff.

70 Eine solche Rückfallklausel enthält beispielsweise das neue DBA Großbritannien in Art. 24 DBA GB 2010. Ferner wird die Freistellungsmethode zunehmend nur noch bei Erfüllung einer Aktivitätsklausel gewährt, wonach die Einkünfte aus sog. aktiven oder produktiven Tätigkeiten stammen müssen. Vgl. hierzu *Grotherr* in Becker/ Höppner/ Grotherr/ Kroppen, DBA, Grundlagen, Abschn. 1, Rn 47 (2003); *Frotscher*, Internationales Steuerrecht, § 6 Rn 224 ff.; *Schaumburg*, Internationales Steuerrecht, § 14 Rn 14.26. Denkbar ist auch, dass eine Rückfallklausel auf den Quellenstaat angewandt wird, mit der Folge, dass das Besteuerungsrecht auf diesen zurück fällt. Hierzu *Vogel* in Vogel/ Lehner, DBA, Vor Art. 6–22 Rn 19.

71 Hierzu *Bendlinger*, Steuerwissenschaften und betriebliches Rechnungswesen, Festschrift für Herbert Kofler zum 60. Geburtstag 2009, S. 29 (38); *Haase*, Internationales und europäisches Steuerrecht, Rn 43 f. Um einen solchen Missbrauch durch Treaty Shopping zu verhindern, stellt § 50d Abs. 3 EStG die Reduktion oder Befreiung von deutscher Quellensteuer bei der Zwischenschaltung ausländischer (Holding) Gesellschaften unter einen Missbrauchsvorbehalt. Dazu *Hoffmann* in Anzinger, Analysen

den DBA (vgl. Art. 23 A Abs. 3, Art. 23 B Abs. 2 OECD-MA) vor, dass die gewährte Steuerfreistellung mit einem Progressionsvorbehalt gekoppelt wird. Das inländische Einkommen wird dann dem progressiven Steuersatz unterworfen, der sich aus der Gesamtheit des Welteinkommens, unter Einbeziehung der freigestellten ausländischen Einkünfte, ergibt[72]. Sofern hingegen der Quellenstaat die Freistellungsmethode anwendet, wird seine Besteuerung durch die Besteuerung im Ansässigkeitsstaat nach dem Welteinkommensprinzip verdrängt[73].

Die Anrechnungsmethode ist unilateral in § 34c Abs. 1 EStG für natürliche Personen und § 26 Abs. 1 KStG für Körperschaften geregelt. Besteht ein DBA, bilden dessen Bestimmungen die Rechtsgrundlage für die Anrechnungsmethode. Anders als die Freistellungsmethode, greift die Anrechnungsmethode grundsätzlich nur bei der unbeschränkten Steuerpflicht ein[74]. Im Rahmen der Anrechnungsmethode wird das Besteuerungsrecht, sowohl des Quellenstaates nach dem Quellenprinzip, als auch das des Ansässigkeitsstaates, nach dem Wohnsitzprinzip, anerkannt[75]. Die im ausländischen Quellenstaat erwirtschafteten Einkünfte unterliegen dabei, sowohl im ausländischen Quellenstaat, als auch im Wohnsitzstaat, der Steuerpflicht. Allerdings gestattet der Wohnsitzstaat dem Steuerpflichtigen die Anrechnung der bereits im Quellenstaat geleisteten Steuer auf seinen Steueranspruch[76]. Dies hat den Effekt, dass ein Steuerpflichtiger, der ausländische Einkünfte erzielt, der gleichen Besteuerungsgrundlage unterliegt wie ein rein inländisch tätiger

---

und Berichte zum Wirtschafts- und Steuerrecht, S. 1 (18), abrufbar unter: http://tuprints.ulb.tu-darmstadt.de/2240 (Stand: Januar 2014).

72 *Schaumburg*, Internationales Steuerrecht, § 14 Rn 14.27; *Frotscher*, Internationales Steuerrecht, § 5 Rn 167; *Grotherr* in Becker/ Höppner/ Grotherr/ Kroppen, DBA, Grundlagen, Abschn. 1, Rn 46 (2003).

73 Dies ist häufig bei Lizenzzahlungen der Fall. Im OECD Musterabkommen bestimmen Art. 12, 13 Abs. 4 und 21 OECD-MA, dass die jeweiligen Einkünfte nur im Ansässigkeitsstaat besteuert werden können, sie vom Quellenstaat also freizustellen sind. *Frotscher*, Internationales Steuerrecht, § 5 Rn 161.

74 Eine Ausnahme hiervon enthält § 50 Abs. 3 EStG. Vgl. *Frotscher*, Internationales Steuerrecht, § 5 Rn 172.

75 Nach *Schaumburg* entspricht daher die Anrechnungsmethode anders als die Freistellungsmethode, auch dem im deutschen Steuerrecht verankerten Wohnsitz- oder Welteinkommensprinzip, Internationales Steuerrecht, § 14 Rn 14.29.

76 *Grotherr* in Becker/ Höppner/ Grotherr/ Kroppen, DBA, Grundlagen, Abschn. 1, Rn 42 (2003); *Haase*, Internationales und europäisches Steuerrecht, Rn 42; *Grotherr/ Herforth/ Strunk*, Internationales Steuerrecht, S. 699.

Steuerpflichtiger[77]. Anders als bei der Freistellungsmethode kommen ihm eventuelle Steuervergünstigungen im Quellenstaat daher nicht zugute. Unterschieden wird außerdem zwischen direkter und indirekter Steueranrechnung. Ist diejenige Person, bei der die Steuer angerechnet wird, mit der Person identisch, die die Steuer auf eigene Rechnung entrichtet hat, so versteht man darunter eine direkte Steueranrechnung[78]. Die Steueranrechnung ist hingegen indirekt, wenn der inländische Steuerpflichtige eine ausländische Steuer anrechnen kann, die ein anderes Steuersubjekt entrichtet hat[79]. Rechnet man ausländische Steuern an, die tatsächlich nicht entstanden und daher gar nicht gezahlt wurden, so spricht man von einer fiktiven Steueranrechnung[80].

II. Maßnahmen zur Vermeidung der Doppelbesteuerung

Im deutschen internationalen Steuerrecht wird die Doppelbesteuerung in der Regel im Rahmen uni- oder bilateraler, im Bereich der Europäischen Union auch multilateraler Maßnahmen beseitigt. Unilaterale Maßnahmen haben trotz der zunehmenden Anzahl von DBA eine große Bedeutung. So haben nach wie vor nicht alle Staaten untereinander DBA abgeschlossen. Aber auch in Fällen, in denen zwischen zwei Staaten ein DBA besteht, ist es denkbar, dass die Regelungen des Abkommens nicht zu einer vollständigen Beseitigung der Doppelbesteuerung führen[81]. Sofern der Steuerpflichtige nicht durch bilaterale Maßnahmen wie den DBA vor einer Doppelbesteuerung geschützt wird, kann ihm dieser Schutz auch durch in den nationalen Steuergesetzen geregelte unilaterale Maßnahmen zukommen. So wird von den gängigen Methoden zur Vermeidung der Doppelbesteuerung vor

---

77 *Tillmanns/ Mössner* in Mössner, Steuerrecht international tätiger Unternehmen, B 239; *Grotherr* in Becker/ Höppner/ Grotherr/ Kroppen, DBA, Grundlagen, Abschn. 1, Rn 42 (2003).

78 Unilateral ist die direkte Steueranrechnung in § 34c Abs. 1 EStG; § 26 Abs. 1 KStG geregelt, bilateral in den DBA, Art. 23B bzw. Art. 23A Abs. 2 OECD-MA i.V.m. § 34c Abs. 6 EStG; § 26 Abs. 6 KStG. Siehe hierzu, *Frotscher*, Internationales Steuerrecht, § 5 Rn 176.

79 *Frotscher*, Internationales Steuerrecht, § 5 Rn 176.

80 Die fiktive Anrechnung ist eine besondere Art der Förderung von Kapitalanlagen in Entwicklungsländern und ist daher in DBA mit einigen weniger entwickelten Staaten vereinbart, vgl. hierzu *Frotscher*, Internationales Steuerrecht, § 5 Rn 183.

81 *Schaumburg*, Internationales Steuerrecht, § 14 Rn 14.41; *Frotscher*, Internationales Steuerrecht, § 2 Rn 41 f.

allem die Anrechnungsmethode in den unilateralen Maßnahmen der nationalen Steuergesetze verwirklicht[82].

Zu den bilateralen Maßnahmen zur Vermeidung der Doppelbesteuerung zählen vor allem DBA. DBA sind völkerrechtliche Verträge, die in der Regel zwischen zwei Staaten[83] mit der Absicht geschlossen werden, die durch die Kollision der beiden Besteuerungsrechte hervorgerufene Doppelbesteuerung zu beseitigen oder zu mindern. Ihr völkerrechtliches Zustandekommen und ihre Geltung bestimmen sich nach den im Wiener Übereinkommen über das Recht der Verträge vom 23. Mai 1969 enthaltenen Regeln. Völkerrechtlich bindend im Außenverhältnis wird das DBA durch die Ratifikation[84]. In Deutschland wird das DBA innerstaatlich durch ein Zustimmungsgesetz nach Art. 59 Abs. 2 S. 1 GG für verbindlich erklärt[85]. Durch diese Umsetzung des Vertragsgesetzes durch den nationalen Gesetzgeber entfaltet das DBA mittelbar seine Rechtswirkung im innerstaatlichen

---

82 Im deutschen EStG steht die in §§ 34c und 34d EStG für unbeschränkt Steuerpflichtige und in § 50 Abs. 3 EStG für beschränkt Steuerpflichtige geregelte Anrechnungsmethode im Vordergrund. Hingegen ist die Freistellungsmethode zwar in § 3 Nr. 40, 41 EStG geregelt, verfolgt dort jedoch die Vermeidung der Doppelbesteuerung nur als Nebenzweck. *Schaumburg*, Internationales Steuerrecht, § 15 Rn 15.3 f.

83 Vereinzelt gibt es auch multilaterale DBA, so zum Beispiel das multilaterale DBA zwischen den nordischen Staaten. Hierzu *Vogel* in Vogel/ Lehner, DBA, Einl. Rn 57; *Schaumburg* Internationales Steuerrecht, § 16 Rn 16.2 f.

84 Die Ratifikation von Doppelbesteuerungsabkommen erfolgt durch die Unterzeichnung und den gegenseitigen Austausch der Ratifikationsurkunde. In der Ratifikationsurkunde gibt das zuständige Organ (in Deutschland der Bundespräsident) die formelle Erklärung ab, dass die verfassungsmäßigen Voraussetzungen für die Anwendung des Abkommens innerstaatlich erfüllt sind. Der Bundespräsident wird dabei erst durch das Zustimmungsgesetz nach Art. 59 Abs. 2 S. 2 GG ermächtigt, das Abkommen zu unterzeichnen. *Vogel* in Vogel/ Lehner, DBA, Einl. Rn 57.

85 Das Wesen der innerstaatlichen Umsetzung völkerrechtlicher Verträge nach Art. 59 GG wird unterschiedlich ausgelegt. Nach der früher verstärkt verbreiteten Transformationstheorie, wurde das Zustimmungsgesetz als der Erlass eines mit dem Vertragstext übereinstimmenden innerstaatlichen Gesetzes parallel zum Vertrag angesehen, so BVerfGE 1, 396 (411); 19, 342 (347 f.); 29, 348 (360); 30, 272 (284f.). Nach der mittlerweile wohl vorherrschenden Vollzugstheorie, soll das Zustimmungsgesetz aber lediglich den Vollzug des völkerrechtlichen Abkommens anordnen, *Nettesheim* in Maunz/ Dürig, GG, Art. 59 GG Rn 96 (Januar 2009); *Bernhard Kempen* in v. Mangoldt/ Klein/ Starck, GG, Art. 59 GG Rn 90; BVerfGE 90, 286 (364). In der Praxis ist der Theorienstreit von geringerer Bedeutung, da nach beiden Theorien die Bestimmungen des völkerrechtlichen Vertrages zur Anwendung im nationalen Recht des

Bereich[86]. Das DBA hat folglich eine zweifache Bedeutung. Es bindet im Außenverhältnis die beiden Vertragsstaaten an den Vertragstext und entfaltet nach Erlass des Zustimmungsgesetzes nach Art. 59 Abs. 2 S. 1 GG im innerstaatlichen Bereich Rechtswirkung gegenüber den Staatsbürgern des jeweiligen Staates[87]. Das DBA hat den Rang eines einfachen Bundesgesetzes, geht nach § 2 AO den einfachen Steuergesetzen aber als „lex specialis" vor[88]. Es kann aufgrund der normhierarchischen Gleichrangigkeit aber mit Vorbehalten versehen, aufgehoben oder geändert werden[89]. In so einem Fall bricht der betreffende Staat die im DBA übernommene Verpflichtung gegenüber dem anderen Vertragsstaat und verstößt gegen den in der Wiener Vertragskonvention kodifizierten Grundsatz des „pacta sunt servanda"[90]. Umstritten ist, ob der hierin liegende völkerrechtliche Verstoß des „Treaty Override" im Innenverhältnis des vertragsbrüchigen Staates subjektive öffentliche Rechte des Steuerpflichtigen verletzt[91]. Der BFH vertritt nunmehr die Ansicht, dass der Bruch des völkervertraglichen Grundsatzes des „pacta sunt servanda" und des allgemeinen Vorrangs des Völkervertragsrechts aus Art. 25 GG einen Verstoß gegen die verfassungsmäßige Ordnung darstellt[92]. Der Steuerpflichtige werde dadurch in

---

Zustimmungsgesetzes nach Art. 59 Abs. 2 GG bedarf. *Tillmanns/ Mössner* in Mössner, Steuerrecht international tätiger Unternehmen, B 398.

86 BFH Vorlagebeschluss vom 10.1.2012, DStR 2012, 949.

87 *Frotscher* in Steuerzentrierte Rechtsberatung, Festschrift für Harald Schaumburg zum 65. Geburtstag, S. 687 (703).

88 *Grotherr/ Herforth/ Strunk*, Internationales Steuerrecht S. 537; *Vogel*, IStR 2003, 523 (524); *Debatin*, DStR 1992, Beihefter zu Heft 23, 1 (2).

89 BFH Vorlagebeschluss vom 10.1.2012, DStR 2012, 949. Gegenstand dieses Verfahrens war ein sog. „Treaty override" durch die Vorschrift des § 50d Abs. 8 EStG. Der BFH ist dabei von der Verfassungswidrigkeit des § 50d Abs. 8 EStG ausgegangen und hat die Sache daraufhin dem Bundesverfassungsgericht zur Entscheidung im Normenkontrollverfahren vorgelegt.

90 *Frotscher* in Steuerzentrierte Rechtsberatung, Festschrift für Harald Schaumburg zum 65. Geburtstag, S. 687 (690).

91 Insoweit ablehnend die bisherige Rechtsprechung des BFH, Urteil vom 13.7.1994, BStBl. II 1995, 129 (130); BFH Beschluss vom 17.5.1995, BStBl. II 1995, 781 (782). Ebenfalls ablehnend, *Wichmann*, FR 2011, 1082; *Jansen/ Weidmann*, IStR 2010, 596; *Frotscher*, Internationales Steuerrecht, § 2 Rn 51.

92 Der BFH führt in seinem Vorlagebeschluss vom 10.1.2012, DStR 2012, 949 (Rn 18 f. und 33) weiter aus, dass ein Bruch des Völkervertragsrechts nur dann zulässig sei, wenn anders ein Verstoß gegen tragende Grundsätze der Verfassung nicht abzuwenden ist.

seinem subjektiven Grundrecht auf Einhaltung der verfassungsmäßigen Ordnung nach Art. 2 Abs. 1 i.V.m. Art. 20 Abs. 3 GG verletzt[93].

Nach Frotscher hat das DBA die Aufgabe, „Besteuerungsrechte so zu ordnen (aufrechtzuerhalten oder zurückzunehmen), dass einerseits eine Doppelbesteuerung nicht eintritt, andererseits jeder Staat angemessen an der Besteuerung des wirtschaftlichen Ergebnisses beteiligt wird“[94]. Dabei teilen die DBA den Vertragsstaaten keine Besteuerungsrechte zu. Die Vertragsstaaten sind vielmehr nach Staats- und Völkerrecht originär zuständig[95]. Diese Zuständigkeit wird den Vertragsstaaten nicht durch die DBA genommen. Sie verpflichten sich vielmehr nur, von ihrem Besteuerungsanspruch nicht oder nicht in vollem Umfang Gebrauch zu machen, sofern das Abkommen dem jeweils anderen Vertragsstaat ganz oder ausschließlich die Besteuerung vorbehält[96]. Die Vertragsstaaten vereinbaren also im Abkommen, wie zwischen ihnen die Ausübung ihrer Besteuerungshoheit verteilt wird. In der Literatur werden die DBA Regelungen daher auch als „Verteilungsnormen“ bezeichnet[97]. Ebenso ließe sich sagen, dass die DBA keine neuen Besteuerungsrechte schaffen, sondern nationale Besteuerungsrechte bloß einschränken[98]. Die Beschränkung des innerstaatlichen Steuerrechts wird dadurch vollzogen, dass jeweils einer der beiden Vertragsstaaten auf die Besteuerung verzichtet (im Rahmen der Freistellungs- oder Befreiungsmethode), oder die Steuer des anderen Staates auf seine eigene anrechnet (im Rahmen der Anrechnungsmethode). Ob und in welchem Ausmaß ein Staat von dem ihm nach dem

---

93 BFH Vorlagebeschluss vom 10.1.2012, DStR 2012, 949 (Rn 6).

94 *Frotscher*, Internationales Steuerrecht, § 6 Rn 206.

95 *Vogel* in Vogel/ Lehner, DBA, Einl. Rn 69; *Vogel*, IStR 1992, 523 (524); *Tillmanns/ Mössner* in Mössner, Steuerrecht international tätiger Unternehmen, B 400.

96 So *Vogel* in Vogel/ Lehner, DBA, Einl. Rn 70; *ders.* in DStZ 1997, 269 (279); *Frotscher*, Internationales Steuerrecht, § 2 Rn 44.

97 *Vogel* in Vogel/ Lehner, DBA, Einl. Rn 69 f.; *Haase*, Internationales und europäisches Steuerrecht, Rn 569; *Schaumburg*, Internationales Steuerrecht, § 14 Rn 14.41. Vom BFH wird die Rechtswirkung dieser Regelungen hingegen begrifflich unterschiedlich als „sachliche Steuerbefreiung“ oder „-ermäßigung (so BFH Urteil vom 11.5.1989, BStBl II 1989, 649; BFH Beschluss vom 1.10.1992, BFH-NV 1993, 156); als Verzicht der Vertragsstaaten „auf Steueransprüche“ (BFH Urteil vom 28.6.1972, BStBl 785, 789), oder als das untereinander Aufteilen der Steuerquellen, bzw. des „Steuerguts“ (BFH Urteil vom 5.2.1965, BStBl 1965, 352, 353) bezeichnet.

98 *Bendlinger*, Steuerwissenschaften und betriebliches Rechnungswesen, Festschrift für Herbert Kofler zum 60. Geburtstag 2009, S. 29 (42); *Debatin*, DStR 1992, Beihefter 23/92, 3.

DBA belassenen Besteuerungsrecht Gebrauch macht, richtet sich ausschließlich nach seinem innerstaatlichen Recht[99].

Im Bereich der EU gibt es vereinzelt multilaterale Maßnahmen zur Vermeidung der Doppelbesteuerung. Von besonderer Bedeutung im Bereich der Doppelbesteuerung bei der Gewinnberichtigung zwischen verbundenen Unternehmen ist dabei das EU-Schiedsübereinkommen[100]. Das Schiedsübereinkommen wurde als multilateraler völkerrechtlicher Vertrag zwischen den Mitgliedstaaten der EG ausgestaltet. Es sollte die Forderung des Art. 293 EGV (Einsatz der EG-Staaten für eine Beseitigung der Doppelbesteuerung im Gemeinschaftsgebiet) im Bereich der Konzernverrechnungspreise verwirklichen[101]. Das Schiedsübereinkommen gilt heute im Gebiet aller EU-Mitgliedstaaten mit Ausnahme von Kroatien, das bisher noch nicht beigetreten ist[102].

C. Verbleibende Doppelbesteuerung trotz eines DBA

I. Allgemeines zur Auslegung völkerrechtlicher Verträge

Das innerstaatliche Steuerrecht der beiden Vertragsstaaten und das DBA-Recht sind drei jeweils in sich geschlossene Rechtskreise, die ihre eigenen Abgrenzungen und Begriffsbestimmungen enthalten. Diese Eigenständigkeit verleiht den DBA die gegen das innerstaatliche Steuerrecht gerichtete Schrankenwirkung[103]. DBA enthalten daher im Verhältnis zum innerstaatlichen Steuerrecht eigenständige Ausdrücke und Definitionen[104]. Dennoch sind viele Begriffe im DBA selbst nicht definiert und bedürfen einer Interpretation. Wie bei der Auslegung anderer völkerrechtlicher Verträge, gelten auch bei der Auslegung von DBA die

99 *Vogel* in Vogel/ Lehner, DBA, Einl. Rn 72.

100 Abl. EU, 20.08.1990, 10–24.

101 *Schaumburg*, Internationales Steuerrecht, § 14 Rn 14.4.

102 Ausführlich zum EU-Schiedsübereinkommen, 5.Teil.B.VI.1.

103 *Schaumburg*, Internationales Steuerrecht, § 16 Rn 16.49; *Tillmanns/ Mössner* in Mössner, Steuerrecht international tätiger Unternehmen, B 401; *Haase*, Internationales und europäisches Steuerrecht, Rn 569; *Wassermeyer* in Debatin/ Wassermeyer, DBA, Art. 3 MA Rn 71a (Oktober 2009).

104 *Wassermeyer* in Debatin/ Wassermeyer, DBA, Art. 3 MA Rn 71a (Oktober 2009); *Bendlinger*, Steuerwissenschaften und betriebliches Rechnungswesen, Festschrift für Herbert Kofler zum 60. Geburtstag 2009, S. 29 (43).

völkerrechtlichen Auslegungsgrundsätze des WÜRV[105]. Dieses wurde zwar nicht von allen Staaten ratifiziert, entspricht aber weitgehend dem Völkergewohnheitsrecht[106]. Nach Art. 31 Abs. 1 WÜRV ist ein Vertrag nach Treu und Glauben in Übereinstimmung mit der gewöhnlichen, seinen Bestimmungen in ihrem Zusammenhang zukommenden Bedeutung und im Lichte seines Ziels und Zweckes auszulegen. Der BFH drückt diesen Inhalt des Art. 31 Abs. 1 WÜRV so aus: „Der Begriff ist nach allgemeinen völkerrechtlichen Regeln, d.h. anhand des Wortlauts, aus seinem Sinn und Zweck und aus seinem systematischen Zusammenhang heraus auszulegen“[107]. Vor dem Hintergrund des Art. 31 Abs. 1 WÜRV haben sich drei Orientierungsmaßstäbe bei der Auslegung von DBA in folgender Reihenfolge entwickelt:

a) Autonome Auslegung nach dem Wortlaut entsprechend den Definitionen des DBA,
b) Auslegung entsprechend dem Sinnzusammenhang des Abkommens,
c) Auslegung nach dem innerstaatlichen Recht[108].

II. Konflikte bei der Anwendung und Auslegung von DBA

Ein bestehendes DBA bietet dennoch nicht immer eine vollständige Sicherheit für die Vermeidung einer Doppelbesteuerung. So können sich Fälle ergeben, in denen der Steuerpflichtige abkommenswidrig besteuert wird. Eine abkommenswidrige Besteuerung liegt dann vor, wenn der Steuerpflichtige einer Besteuerung unterzogen wird, die sich bei richtiger Auslegung und Anwendung des Abkommens auf den richtig festgestellten Sachverhalt so nicht ergibt[109]. Eine dem Abkommen widersprechende Besteuerung kann sich aus verschiedenen Gründen ergeben.

105 Zit. in BGBl 1985 II, 926

106 *Vogel* in Vogel/ Lehner, DBA, Einl. Rn 105.

107 BFH Urteil vom 16.12.1998, BStBl. II 1999, 207.

108 *Schaumburg*, Internationales Steuerrecht, § 16 Rn 16.56; *Bendlinger*, Steuerwissenschaften und betriebliches Rechnungswesen, Festschrift für Herbert Kofler zum 60. Geburtstag 2009, S. 29 (43); *Wassermeyer* in Debatin/ Wassermeyer, DBA, Art. 3 MA Rn 78 (Oktober 2009); *Vogel* in Vogel/ Lehner, DBA, Einl. Rn 106; *Kopf*, Praxis des Internationalen Steuerrechts 2005, Festschrift für Helmut Loukota zum 65. Geburtstag, S. 253 (255f.); *Krabbe*, StWK 2008, Heft 12 Gruppe 13, 23 (25).

109 *Lehner* in Vogel/ Lehner, DBA, Art. 25 OECD-MA Rn 30; *Schaumburg*, Internationales Steuerrecht, § 16 Rn 16.94.

Die Finanzbehörden der beiden Vertragsstaaten können die Vorschriften des DBA unterschiedlich interpretieren. Kommen die Vertragsstaaten dabei zu einem unterschiedlichen Abkommensverständnis, dann resultiert der Besteuerungskonflikt daraus, dass zumindest einer der beiden Vertragsstaaten fehlerhaft unter den Abkommenstext subsumiert hat[110]. Außerdem kann es zu Meinungsverschiedenheiten kommen, weil mindestens einer der Vertragsstaaten einen falschen Sachverhalt zugrunde legt. Beide Fallgruppen zeichnen sich dadurch aus, dass mindestens einer der beteiligten Vertragsstaaten fehlerhaft handelt – entweder durch eine falsche Sachverhaltsermittlung oder eine falsche Abkommensauslegung – und es deshalb zu einer Meinungsverschiedenheit über die Zuweisung des Besteuerungsrechts kommt. Das eigentliche Ziel der DBA, das in der Vermeidung der Doppelbesteuerung liegt, wird durch derartige Konflikte vereitelt. Beide Konflikte lassen sich in der Regel dadurch lösen, dass die Fehlerquellen durch entsprechende Maßnahmen in dem Vertragsstaat behoben werden, dessen fehlerhaftes Handeln den Konflikt hervorgerufen hat. Daher sind auch beide Auslegungskonflikte der klassische Ausgangspunkt für die Einleitung des Verständigungsverfahrens nach Art. 25 Abs. 1 und 2 OECD-MA[111].

Eine fehlende Entscheidungsharmonie kann zusätzlich daraus resultieren, dass ein Abkommen Ausdrücke verwendet, die aus dem nationalen Recht der Vertragsstaaten stammen, dort aber eine unterschiedliche Bedeutung haben oder unterschiedliche Rechtsfolgen auslösen. Ferner können unterschiedliche Ergebnisse dadurch entstehen, dass DBA ausdrücklich oder implizit auf das innerstaatliche Recht der Vertragsstaaten verweisen, dieses aber nicht einheitlich ist. Beide Fallgruppen werden häufig als „Qualifikationskonflikt" bezeichnet, wobei innerhalb der Literatur umstritten ist, was man unter diesem Begriff versteht[112].

---

110 *Vogel* in Vogel/ Lehner, DBA, Einl. Rn 149; *Gündisch*, IStR 2005, 829 (834 f.). Letzterer verwendet hierfür den Begriff „Subsumtionskonflikt".

111 Ziff. 32.5 des OECD-Musterkommentars zu Art. 23 OECD-MA; *Vogel* in Vogel/ Lehner, DBA, Einl. Rn 149; *Gündisch*, IStR 2005, 829 (834 f.).

112 Ziff. 32.3 des OECD-Musterkommentars zu Art. 23 OECD-MA; Nach *Gündisch*, Personengesellschaften im DBA-Recht, S. 47, ist der Begriff des „Qualifikationskonfliktes" mit dem des Internationalen Privatrechts vergleichbar. Auch dort weise der Begriff auf eine Sonderform der Subsumtion hin, bei der ein materiell rechtlich geprägter Begriff auf Grundlage von mehreren Rechtsordnungen ausgelegt wird. Dabei könne die Bedeutung des auszulegenden Begriffes je nach zugrunde liegender Rechtsordnung variieren. *Ders.* teilt in IStR 2005, 829 (835), die Konflikte bei der Auslegung des Abkommens und der Sachverhaltermittlung der Gruppe der „Auslegungskonflikte im engeren Sinne" zu und bezeichnet die restlichen Konflikttypen als

Zudem kann sich eine wirtschaftliche Doppelbesteuerung ergeben, wenn steuerliche Tatbestandsmerkmale nach dem Recht eines Staates einer bestimmten Person zugerechnet werden und bei dieser Steuerfolgen auslösen, das Recht im zweiten Staat aber die Steuerpflicht einer anderen Person vorsieht. Dabei handelt es sich um einen so genannten „Zurechnungskonflikt“[113]. Ein solcher liegt beispielsweise dann vor, wenn eine Personengesellschaft im Staat A ansässig ist, ihre Gesellschafter aber in Staat B ansässig sind und allein die Gesellschaft nach dem Recht in Staat A als „intransparent“ besteuert wird. Staat B betrachtet nach seinem innerstaatlichen Recht die Gesellschaft hingegen als „transparentes“ Gebilde und besteuert deshalb die Gesellschafter. Die Ursache dieser Differenzen liegt nicht in der möglicherweise fehlerhaften Interpretation des Abkommenstextes sondern vielmehr in der unterschiedlichen Beschaffenheit des jeweiligen innerstaatlichen Steuerrechts der beteiligten Vertragsstaaten. Zurechnungskonflikte können unabhängig davon entstehen, ob ein DBA besteht. Aus diesem Grund müssen sie von den Qualifikationskonflikten unterschieden werden[114]. Zurechnungs- und Qualifikationskonflikte haben aber gemeinsam, dass sie anders als bei den Auslegungskonflikten nicht durch ein fehlerhaftes Abkommensverständnis der Vertragsstaaten

---

Qualifikationskonflikte. Diese unterteilt er in die sog. „Objekt- und Subjektdivergenzkonflikte“ und die „Modaldivergenzkonflikte“. *Vogel* bezeichnet die erste Fallgruppe als „Qualifikationskonflikt im engeren Sinne“ und die zweite Fallgruppe als „Qualifikationsbegriff im weiteren Sinne“, in Vogel/ Lehner, DBA, Einl. Rn 149. Ebenso zum Qualifikationskonflikt, ohne Unterscheidung zwischen „engem“ und „weitem“, *Wassermeyer* in Debatin/ Wassermeyer, DBA, Art. 3 MA Rn 86 (Oktober 2009); *Lang*, IStR 2010, 114 ff. Der Begriff „Qualifikationskonflikt“ wird aber uneinheitlich verwendet und ist daher im Schrifttum des internationalen Steuerrechts nach wie vor sehr umstritten. Ein Teil der Lehre bezeichnet ganz generell alle Auslegungskonflikte im Zusammenhang mit DBA, also auch die Meinungsverschiedenheiten über den Sachverhalt und die Auslegung einer Vertragsvorschrift als Qualifikationskonflikte. So z.B. *Benecke/ Schnitger*, RIW 2002, 439 ff.; *Menck* in Becker/ Höppner/ Grotherr/ Kroppen, DBA, Grundlagen Abschn. 6, Rn 9 ff.; *Frotscher* in Internationales Steuerrecht, § 20 Rn 760, sieht allein in der unterschiedlichen Auslegung der DBA Vorschriften einen Qualifikationskonflikt.

113 So *Vogel* in Vogel/ Lehner, DBA, Einl. Rn 181a ff.; *Lang*, IStR 2010, 114 (115).

114 Auch der Fiskalausschuss der OECD grenzt die Qualifikationskonflikte von den Zurechnungskonflikten ab, vgl. OECD-Partnership-Report, Rn 124. Hinsichtlich der Zurechnungskonflikte unterscheidet der Report dabei zwischen der DBA-rechtlichen Beurteilung für Zwecke der Vermeidung der Doppelbesteuerung. Die dem Partnership-Report zugrundeliegenden Prinzipien werden dabei anhand von Fallbeispielen erörtert (OECD-Partnership-Report, Rn 25). Hierzu auch *Gündisch*, Personengesellschaften im DBA-Recht, S. 47; *Lang*, IStR 2010, 114 (115).

hervorgerufen werden. Eine Fehlerkorrektur durch die Vertragsstaaten ist daher grundsätzlich nicht möglich[115]. Zurechnungs- und Qualifikationskonflikte können daher nicht in einem Verständigungsverfahren nach Art. 25 Abs. 1 und 2 OECD-MA beigelegt werden[116]. Die Finanzverwaltung und die Finanzgerichte der Vertragsstaaten werden zudem im Rahmen der Vorgaben der eigenen Rechtsordnung argumentieren und eine entsprechende Entscheidung treffen. Daher werden innerstaatliche Rechtsmittel zur Lösung derartiger Doppelbesteuerungen wenig Aussicht auf Erfolg haben.

Zur Vermeidung von Zurechnungs- bzw. Qualifikationsprozessen sind aber verschiedene andere Lösungsansätze entwickelt worden. Denkbar ist, Qualifikationskonflikte bereits im Voraus durch das Abkommen selbst zu vermeiden, indem es die in Frage stehenden Begriffe ausdrücklich definiert. Problematisch ist dabei allerdings, dass die ausdrückliche Begriffsdefinition wiederum undefinierte Begriffe verwendet, die einer Qualifikation bedürfen[117]. Eine andere Lösungsmöglichkeit stellt der Kommentar zum OECD-MA bereit. Im Falle eines Qualifikationskonfliktes soll es dem Ansässigkeitsstaat obliegen, die Doppelbesteuerung zu vermeiden. Danach sollen die Einkünfte nach dem Recht des Quellenstaates qualifiziert werden und der Ansässigkeitsstaat hat diesem Verständnis zu folgen[118]. Zudem könnten beide Vertragsstaaten den Versuch unternehmen, eine übereinstimmende Qualifikation im Wege der „autonomen Auslegung“, aus dem Sinnzusammenhang des Abkommens zu erreichen[119]. Die genannten Lösungsansätze sind allerdings nur auf Qualifikationskonflikte, nicht hingegen auf Zurechnungskonflikte anwendbar. Zusätzlich wird vereinzelt vorgeschlagen, Zurechnungskonflikte durch die analoge Anwendung bestehender DBA zu lösen[120].

---

115 *Gündisch*, IStR 2005, 829 (835); *Debatin*, DStR 1992, Beihefter zu Heft 23, 7.

116 *Vogel* in Vogel/ Lehner, DBA, Einl. Rn 149.

117 *Vogel* in Vogel/ Lehner, DBA, Einl. Rn 155.

118 MA Kommentar zum Art. 23 OECD-MA Ziff. 32.3. Siehe auch *Vogel* in Vogel/ Lehner, DBA, Einl. 176 ff. Allerdings gilt dies nach Ziff. 32.5 des Kommentars nicht, wenn der Quellenstaat das Abkommen bereits fehlerhaft ausgelegt hat, da dann bereits kein Qualifikationskonflikt vorliegen würde. Ferner können diese Grundsätze nach dem Wortlaut des Art. 23 Abs. 1 OECD-MA („können … besteuert werden“) nicht auf Fälle angewendet werden, in denen der Qualifikationskonflikt einen Ausdruck einer Verteilungsnorm mit abschließender Rechtsfolge betrifft (allerdings seltener Fall).

119 *Knebel/ Heidemann*, EuZW 2008, 681 (683); *Djanani/ Brähler/ Hartmann*, IStR 2004, 481 (482).

120 *Gündisch*, IStR 2005, 829 (832 ff.); *ders.* in Personengesellschaften im DBA-Recht, S. 357 ff., wobei dieser die Zurechnungskonflikte als „Subjektdivergenzkonflikte“ bezeichnet.

Andererseits können die Freistellungen oder Steuerermäßigungen im Abkommen auch dazu führen, dass bestimmte Einkünfte oder Vermögenswerte nicht oder nur unverhältnismäßig besteuert werden, wenn der andere Staat von seinem Besteuerungsrecht keinen Gebrauch macht[121]. Eine solche doppelte Nichtbesteuerung wird dann möglich, wenn durch Steuerfreistellungen die virtuelle Doppelbesteuerung vermieden wird. Sie kann aber auch durch Qualifikations- und Zurechnungskonflikte entstehen[122]. Um diesen unerwünschten Effekt zu vermeiden, enthalten viele neuere deutsche DBA die bereits genannten Rückfallklauseln[123]. Danach wird im Falle einer tatsächlichen Nichtbesteuerung der Einkünfte im Quellenstaat, eine Doppelfreistellung dadurch vermieden, dass die Freistellungsmethode durch die Anrechnungsmethode ersetzt wird und somit das Besteuerungsrecht an den Ansässigkeitsstaat zurück fällt[124].

---

121 Freistellungen und Ermäßigungen fallen überwiegend durch die Anwendung der Freistellungsmethode an, können aber auch dann entstehen, wenn DBA-Bestimmungen zur Vermeidung der Doppelbesteuerung die Anrechnungsmethode (Art. 23 B OECD-MA) verwenden. *Vogel* in Vogel/ Lehner, DBA, Vor. 6-22 Rn 16; Siehe zur Problematik 1.Teil.B.I.

122 *Schaumburg*, Internationales Steuerrecht, § 12 Rn 12.10.

123 Vgl. dazu 1.Teil.B.I.

124 *Jirousek*, Praxis des Internationalen Steuerrechts 2005, Festschrift für Helmut Loukota, S. 175 (191).

2. Teil: Das Verständigungsverfahren

Der Hauptzweck eines DBA liegt darin – innerhalb seines persönlichen und sachlichen Anwendungsbereichs nach Maßgabe der Verteilungsnormen – Doppelbesteuerung zu vermeiden[125]. Die Vertragsstaaten vereinbaren daher in einem DBA, dass jeweils eine Seite im Falle einer Kollision ihr Besteuerungsrecht nicht voll ausübt[126]. Wie bereits dargelegt, kann es dennoch trotz eines bestehenden DBA in Einzelfällen zu einer abkommenswidrigen Besteuerung kommen. Beispielsweise können die Vertragsstaaten Abkommensbestimmungen unterschiedlich auslegen. Damit ein DBA weiterhin den Auftrag erfüllen kann, Doppelbesteuerung zu verhindern, sind bei derartigen bilateralen Unstimmigkeiten geeignete Verfahren erforderlich, um die aufgetretene abkommenswidrige Besteuerung im Nachhinein beseitigen zu können[127].

Wenn ein Steuerpflichtiger durch die Maßnahmen zweier Vertragsstaaten abkommenswidrig besteuert wurde, steht es ihm zunächst offen, hiergegen innerstaatliche Rechtsmittel einzulegen. Dabei kann ein deutscher Steuerpflichtiger geltend machen, dass er durch eine Maßnahme der deutschen Finanzbehörde abkommenswidrig besteuert worden ist. Das deutsche Finanzgericht prüft dann, ob eine unrechtmäßige Besteuerungsmaßnahme der deutschen Finanzbehörde für die abkommenswidrige Besteuerung ursächlich war. Sofern dies der Fall ist, berichtigt das deutsche Finanzgericht die abkommenswidrige Maßnahme der deutschen Finanzbehörde. Eine Besteuerungsmaßnahme des anderen Staates kann das deutsche Finanzgericht jedoch nicht überprüfen, da es naturgemäß rechtlich nur

---

125 *Lehner*, IStR 2011, 733 (735) der zudem deutlich macht, dass die Vermeidung einer Doppelnichtbesteuerung keine Zielsetzung darstellt, die bei der Auslegung und Anwendung des Abkommens als eigenständig verbindliche Vorgabe zu beachten ist. Etwas anderes gelte freilich, wenn das Abkommen spezielle Vorkehrungen gegen Doppelnichtbesteuerung enthalte; *Lang*, Doppelte Nichtbesteuerung, IFA Generalbericht CDFI 89a, 2004, S. 21 (26 ff.); *Bertolini*, „Mandatory Arbitration Provisions within the Modern Tax Treaty Structure - Policy Implications of Confidentiality and the Rights of the Public to Arbitration Outcomes“, 5, verfügbar bei: http://works.bepress.com/michelle_bertolini/1 (Stand: Januar 2014).

126 *Lindencrona/ Mattson*, Arbitration in Taxation, S. 17.

127 *Lindencrona/ Mattson*, Arbitration in Taxation, S. 17 und 63.

in der Lage ist, rein innerstaatliche Maßnahmen und Sachverhalte zu überprüfen. Innerstaatliche Rechtsmittel können somit, wenn überhaupt, nur einen Teil des Problems der abkommenswidrigen Besteuerung beseitigen.

In den meisten Fällen ist es daher sinnvoller, derartige internationale Besteuerungskonflikte in zwischenstaatlichen Verfahren zu lösen. Lange Zeit sahen die bilateralen DBA Verständigungsverfahren im engeren Sinne als einzige zwischenstaatliche Verfahren vor, um solche Doppelbesteuerungskonflikte im Nachhinein zu beseitigen. Zusätzlich dazu hat sich mittlerweile im Bereich der Verrechnungspreise das APA als wirkungsvolles präventives Verfahren erwiesen. Durch gemeinsame Absprachen zwischen den zuständigen Finanzbehörden und dem betroffenen verbundenen Unternehmen werden möglichst im Voraus abkommenswidrige Verrechnungspreisanpassungen verhindert. Auch das APA ist eine besondere Form des Verständigungsverfahrens nach Art. 25 Abs. 1 und 2 OECD-MA[128]. Seit einigen Jahren enthalten einige DBA zudem Schiedsklauseln, die im Anschluss an ein erfolgloses Verständigungsverfahren auf freiwilliger oder verpflichtender Basis die Durchführung eines Schiedsverfahrens vorsehen. Alle vorhandenen DBA Schiedsverfahren haben gemeinsam, dass sie als unselbstständiger zweiter Verfahrensabschnitt des Verständigungsverfahrens ausgestaltet sind[129]. Aufgrund dieser Verzahnung beider Verfahren ist es für das Verständnis der anschließenden Bewertung der verschiedenen DBA Schiedsverfahren notwendig, das abkommensrechtliche Verständigungsverfahren genauer darzustellen.

A. Allgemeine Qualifikation des Verständigungsverfahrens

Das abkommensrechtliche Verständigungsverfahren ist ein spezielles, zwischenstaatliches Verwaltungsverfahren. Es dient dazu, eine bereits eingetretene Doppelbesteuerung durch zwischenstaatliche Verhandlungen im Nachhinein zu beseitigen. Nach dem Muster des Art. 25 OECD-MA wurde das Verständigungsverfahren in die meisten der weltweit zwischen den Vertragsstaaten abgeschlossenen DBA

---

128 *Schaumburg*, Internationales Steuerrecht, § 16 Rn 16.89 und 16.105; *Lehner* in Vogel/ Lehner, DBA, Art. 25 OECD-MA Rn 326; *Bödefeld/ Kuntschik*, IStR 2009, 449 (450).

129 *Eilers* in Debatin/ Wassermeyer, DBA, Art. 25 OECD-MA Rn 72 (Mai 2008); *Lehner* in Vogel/ Lehner, DBA, Art. 25 OECD-MA Rn 209.

aufgenommen[130]. Diese Verständigungsklauseln bilden die Rechtsgrundlage für die Durchführung des Verständigungsverfahrens[131]. Die deutschen DBA enthalten fast ausnahmslos derartige Verständigungsklauseln. Die Verständigungsklauseln bieten den Finanzbehörden der Vertragsstaaten die Möglichkeit, Schwierigkeiten bei der Auslegung oder Anwendung des DBA im Einzelfall auf Antrag des Steuerpflichtigen oder in Fällen ohne konkreten Einzelfallbezug im gegenseitigen Einvernehmen zu beseitigen[132]. Diese Schwierigkeiten können allein zwischen den zuständigen Behörden der Vertragsstaaten, aber auch im Verhältnis zwischen einem Steuerpflichtigen und den Steuerbehörden der Vertragsstaaten entstehen[133]. Die Verständigungsklauseln enthalten einerseits Bestimmungen, die einzelfallbezogen darauf gerichtet sind, eine durch einen oder beide Vertragsstaaten verursachte abkommenswidrige Besteuerung zu vermeiden oder aufzuheben (Verständigungsverfahren im engeren Sinne nach Art. 25 Abs. 1 und 2 OECD-MA). Dagegen werden im Rahmen der so genannten Konsultationsverfahren (Art. 25 Abs. 3 OECD-MA), allgemein oder in Einzelfällen, Schwierigkeiten oder Zweifel bei der Auslegung oder Anwendung des Abkommens beseitigt oder Vertragslücken geschlossen[134]. Nach dem Musterkommentar zu Art. 25 OECD-MA findet das Verständigungsverfahren „weitaus überwiegend auf Fälle Anwendung, in denen die betreffende Maßnahme zu einer Doppelbesteuerung führt, die gerade durch das Abkommen vermieden werden soll“[135]. Das Verständigungsverfahren

---

130 *Lehner* in Festschrift für Wolfram Reiss zum 65. Geburtstag 2008, S. 665 (666); *Keerl*, Internationale Verrechnungspreise in der globalisierten Wirtschaft, S. 197.

131 *Mühlhausen*, Das Verständigungsverfahren im deutschen Internationalen Steuerrecht, S. 113, der die entsprechende Klausel in den DBA als Konsultationsklausel bezeichnet; *Carl/ Klos*, RIW 1995, 493.

132 *Lehner* in Vogel/ Lehner, DBA, Art. 25 OECD-MA Rn 2; *Eilers* in Debatin/ Wassermeyer, DBA, Art. 25 OECD-MA Rn 1 (Mai 2008); *Schaumburg*, Internationales Steuerrecht, § 16 Rn 16.89.

133 *Eilers* in Debatin/ Wassermeyer, DBA, Art. 25 OECD-MA Rn 1 (Mai 2008).

134 *Eilers* in Debatin/ Wassermeyer, DBA, Art. 25 OECD-MA Rn 4 ff. (Mai 2008); *Schaumburg*, Internationales Steuerrecht, § 16 Rn 16.89; *Rosenbach*, PISTB 2002, 148; *Carl/ Klos*, RIW 1995, 493.

135 Ziff. 8 des OECD-Musterkommentars zu Art. 25. Der Kommentar zählt dabei 4 der häufigsten Fallgruppen auf, die in einem Verständigungsverfahren behandelt werden. Genannt werden: 1) „Fragen im Zusammenhang mit der Belastung einer Betriebsstätte durch einen Teil der Geschäfts- und allgemeinen Verwaltungskosten des Unternehmens nach Artikel 7 Absatz 3“; 2) „Besteuerung des übersteigenden Teils der Zinsen und Lizenzgebühren nach Artikel 9, Artikel 11 Absatz 6 und Artikel 12 Absatz 4 im Staat des Schuldners bei Bestehen besonderer Beziehungen zwischen Schuldner

findet dabei gleichermaßen zur Lösung von Fällen der juristischen und wirtschaftlichen Doppelbesteuerung Anwendung[136]. In Art. 25 Abs. 4 OECD-MA sind Bestimmungen für die Durchführung aller drei Verfahrensarten geregelt. Den zuständigen Behörden wird es danach ermöglicht, unmittelbar miteinander zu verkehren.

Das Verständigungsverfahren unterliegt nicht den Förmlichkeiten des diplomatischen Protokolls, wodurch seine Durchführung in der Praxis weitestgehend flexibel gestaltet werden kann[137]. Art. 25 OECD-MA steht im Zusammenhang mit den Verfahrensvorschriften der Art. 26 OECD-MA über den Informationsaustausch und über die in Art. 27 OECD-MA geregelte Amtshilfe bei der Vollstreckung von Steueransprüchen. Dies ergibt sich daraus, dass ein Verständigungsverfahren im Einzelfall mit dem Austausch steuerlicher Auskünfte oder der Vollstreckung von Steueransprüchen verbunden sein kann. Beide Maßnahmen sind dann aber jeweils nur nach Art. 26 oder 27 OECD-MA gestattet[138].

Als Bestandteil der DBA werden die Verständigungsklauseln durch die Zustimmungsgesetze nach Art. 59 Abs. 2 GG für Deutschland im innerstaatlichen Bereich für verbindlich erklärt[139]. Obwohl das Verständigungsverfahren ein Verwaltungsverfahren im Sinne der Abgabenordnung ist, verleiht es dem Steuerpflichtigen aufgrund seiner Ausgestaltung als völkerrechtliches, bilaterales

---

und Gläubiger“; 3) „Anwendungsfälle gesetzlicher Regelungen gegen die Unterkapitalisierung, bei denen im Staat einer Schuldnergesellschaft Zinsen als Dividenden behandelt wurden, hinsichtlich der Frage, wie weit dies Abkommensklauseln wie z. B. Artikel 9 oder Artikel 11 Absatz 6 entspricht“; und 4) „Fälle, in denen ein Mangel an Information über die tatsächliche Lage des Steuerpflichtigen zur unrichtigen Anwendung des Abkommens geführt hat, insbesondere bezüglich der Bestimmung des Wohnsitzes (Artikel 4 Absatz 2), des Bestehens einer Betriebsstätte (Artikel 5) oder über die Kurzfristigkeit der Ausübung einer unselbstständigen Arbeit (Artikel 15 Absatz 2)“. Zudem enthält Ziff. 9 des OECD-Musterkommentars die Aussage, dass das Verständigungsverfahren auch im Bereich von Verrechnungspreisfällen Anwendung findet.

136 Dies ergibt sich aus Ziff. 9 des OECD-Musterkommentars zu Art. 25.

137 *Lehner* in Vogel/ Lehner, DBA, Art. 25 OECD-MA Rn 41; *Schaumburg*, Internationales Steuerrecht, § 16 Rn 16.90; *Carl/ Klos*, RIW 1995, 493; Näheres zu den Begrifflichkeiten der einzelnen Verfahren in *Gloria*, Das steuerliche Verständigungsverfahren und das Recht auf diplomatischen Schutz, S. 150 ff.

138 *Engelschalk* in Vogel/ Lehner, DBA, Art. 26 OECD-MA Rn 9; *Lehner* in Festschrift für Wolfram Reiss zum 65. Geburtstag 2008, S. 665 (666).

139 Vgl. zum Rechtscharakter des Zustimmungsgesetzes nach Art. 59 Abs. 2 GG oben 1.B.II.

Streiterledigungsmittel nicht die Stellung eines Beteiligten[140]. Das Verfahren kann deshalb auch gegen den Willen des Steuerpflichtigen fortgesetzt werden[141]. Die innerhalb des Verfahrens erzielte Verständigung ist rechtlich als Verwaltungsabkommen zu qualifizieren, welches zwar die Finanzverwaltung, nicht aber die Gerichte bindet[142].

B. Historische Entwicklung des Verständigungsverfahrens

Erste Versuche der internationalen Staatengemeinschaft, Streitbeilegungsverfahren im internationalen Steuerrecht zu entwickeln, gehen auf das Jahr 1927 zurück. Der Völkerbund schlug damals für Fälle der Doppelbesteuerung eine Schlichtungsinstanz in Gestalt des Völkerbundrates vor. Der Völkerbundrat hatte danach ein unverbindliches Vorschlagsrecht zur Streitschlichtung. Zudem war vorgesehen, den betroffenen Staaten, sofern sie den Vorschlag des Völkerbundrates nicht annehmen wollten, die Möglichkeit einzuräumen, den Ständigen Internationalen Gerichtshof anzurufen[143]. Der Entwurf des Völkerbundes zu einem Amtshilfeabkommen in Steuersachen aus dem Jahre 1929 beinhaltete erstmals eine Regelung über einen

---

140 *Schaumburg*, Internationales Steuerrecht, § 16 Rn 16.91; *Eilers* in Debatin/ Wassermeyer, DBA, Art. 25 OECD-MA Rn 9 (Mai 2008); *Carl/ Klos*, RIW 1995, 493.

141 In der Praxis wird dies allerdings wenig wahrscheinlich sein. Siehe dazu *Runge* Der Fachanwalt für Steuerrecht im Rechtswesen 1999, (Festschrift für 50 Jahre Arbeitsgemeinschaft der Fachanwälte für Steuerrecht/ 50 Jahre steuerrechtliche Jahresarbeitstagung) S. 139 (144); *Randenborgh/ Seidenfus*, INF 1996, 481 (485).

142 So BFH Urteil vom 2.9. 2009, BStBl. 2010 II, 387 (389); BFH Urteil vom 2.9. 2009, BStBl. 2010 II, 394 (396 f.); BFH Urteil vom 10.7.1996, BStBl. 1997 II, 15; BFH Urteil vom 1.2.1989, BStBl. 1990, 4; *Merz/ Sajogo*, PISTB 2010, 44 (48); *Rosenbach*, PISTB 2002, 148 (150). Aus innerstaatlicher Sicht handelt es sich bei der nicht transformierten Verständigungsvereinbarung lediglich um ein Verwaltungsabkommen und damit der Rechtsnatur nach um eine Verwaltungsvorschrift. Diese beruht nicht auf einer ihrerseits demokratisch legitimierten Rechtsverordnung im Sinne von Art. 80 Abs. 1 GG und ist deswegen nicht geeignet, positives Recht in verbindlicher Weise zu verändern. Eine Bindung der Gerichte kann nur erreicht werden, wenn die Verständigungsvereinbarung durch Zustimmungsgesetz nach Art. 59 Abs. 2 S. 2 GG in das nationale Recht übersetzt wird. Siehe hierzu unten 2.Teil.C.II.4.

143 *Lehner* in Vogel/ Lehner, DBA, Art. 25 OECD-MA Rn 4; *ders.* in Festschrift für Wolfram Reiss zum 65. Geburtstag 2008, S. 665 (666); *Albert*, DBA-Verständigungsverfahren, S. 7.

unmittelbaren Behördenverkehr in Steuersachen, sowie die Befugnis zur Vereinbarung bestimmter Verfahrensvorschriften. Ein weiterer Entwurf aus dem gleichen Jahr enthielt eine mit dem heutigen Verständigungsverfahren vergleichbare Regelung[144]. Die OECD verabschiedete im Jahre 1963 ein Musterabkommen[145] zur Vermeidung der Doppelbesteuerung des Einkommens und Vermögens. Bereits zum damaligen Zeitpunkt war in Art. 25 OECD-MA die Durchführung eines Verständigungsverfahrens geregelt. Seit diesem Zeitpunkt hat die deutsche Vertragspolitik nahezu einheitlich die im Musterabkommen enthaltene Konzeption des Verständigungsverfahrens übernommen[146]. Der wesentliche Inhalt des Art. 25 OECD-MA ist in der Folgezeit nur geringfügig ergänzt worden[147]. Erst im Jahre 2008 wurde ein fünfter Absatz in die schon bestehenden Regelungen des Art. 25 OECD-MA integriert. Dieser sieht erstmals die Durchführung eines obligatorischen Schiedsverfahren im Anschluss an ein erfolgloses Verständigungsverfahren vor.

C. Die Verfahrensarten des Art. 25 OECD-MA[148]

I. Die Konsultationsverfahren des Art. 25 Abs. 3 OECD-MA

Art. 25 Abs. 3 OECD-MA enthält zwei Arten von Konsultationsverfahren. Im Unterschied zum Verständigungsverfahren im engeren Sinn nach Art. 25 Abs. 1 und 2 OECD-MA, finden die Beratungen im Konsultationsverfahren nach Art. 25 Abs. 3 OECD-MA losgelöst von einem konkreten Einzelfall statt und sind somit allgemeiner Natur[149]. Vor allem im Konsultationsverfahren nach

144 *Lehner* in Vogel/ Lehner, DBA, Art. 25 OECD-MA Rn 4; *ders.* in Festschrift für Wolfram Reiss zum 65. Geburtstag 2008, S. 665 (667).

145 Zur rechtlichen Qualität des Musterabkommens siehe 4.Teil.A.

146 *Gloria*, Das steuerliche Verständigungsverfahren und das Recht auf diplomatischen Schutz, S. 131.

147 *Lüthi* in Becker/ Höppner/ Grotherr/ Kroppen, DBA, Art 25 OECD-MA, B. Erläuterungen Rn 8 (2008).

148 Das OECD-MA wird hier beispielhaft für alle bestehenden Verständigungsklauseln in DBA angeführt. Die meisten Verständigungsverfahren in DBA entsprechen aber inhaltlich und größtenteils auch dem Wortlaut nach dem Art. 25 OECD-MA.

149 *Eilers* in Debatin/ Wassermeyer, DBA, Art. 25 OECD-MA Rn 5 (Mai 2008); *Lüthi* in Becker/ Höppner/ Grotherr/ Kroppen, DBA, Art 25 OECD-MA, B. Erläuterungen Rn 85 (2008); *Schaumburg*, Internationales Steuerrecht, § 16 Rn 16.108.

Art. 25 Abs. 3 S. 1 OECD-MA sollen Anwendungs- und Auslegungshilfen herbei geführt werden, die für eine unbestimmte Vielzahl von Fällen Geltung haben[150]. Es besteht aber die Möglichkeit, dass beide Konsultationsverfahren sich mit dem Verständigungsverfahren im engeren Sinne nach Art. 25 Abs. 1 und Abs. 2 OECD-MA überschneiden. Dies ist dann denkbar, wenn ein Einzelfall Anlass zu Vereinbarungen gibt, die für eine größere Anzahl von Fällen bedeutsam sind[151].

Das Verfahren nach Art. 25 Abs. 3 S. 1 OECD-MA ist darauf gerichtet, Schwierigkeiten oder Zweifel, die bei der Auslegung oder Anwendung der Abkommen entstehen, im gegenseitigen Einvernehmen zu beseitigen[152]. Es hat den Zweck, eine gleichmäßige Anwendung und Auslegung der DBA in beiden Vertragsstaaten zu gewährleisten und somit Regelungshomogenität herzustellen[153]. Anwendungsfragen zeichnen sich dadurch aus, dass zwar bei der Abkommensauslegung Einigkeit besteht, es aber zu Unstimmigkeiten bei der praktischen Umsetzung von Abkommensbestimmungen kommt. Dabei kann es sich sowohl um Rechtsfragen (Subsumtionsfragen) als auch um Fragen im Bereich der Sachverhaltsermittlung oder um verwaltungstechnische Fragen handeln[154].

Hinsichtlich der Bindungswirkung derartiger zwischenstaatlicher Auslegungsvereinbarungen muss zwischen der völkerrechtlichen Bindung gegenüber dem anderen Vertragsstaat, der Bindung der innerstaatlichen Gerichte und der Selbstbindung der, die Vereinbarung abschließenden und der ihnen nachgeordneten, Behörden unterschieden werden[155]. Nach der ständigen Rechtsprechung des BFH

---

150 *Gloria*, Das steuerliche Verständigungsverfahren und das Recht auf diplomatischen Schutz, S. 158.

151 *Lehner* in Vogel/ Lehner, DBA, Art. 25 OECD-MA Rn 3, 151; *ders.* in Festschrift für Wolfram Reiss zum 65. Geburtstag 2008, S. 665 (668 und 670); *Hummel*, IStR 2011, 397 (398); *Albert*, DBA-Verständigungsverfahren, S. 32.

152 *Gloria* bezeichnet das Verfahren nach Art. 25 Abs. 3 S.1 OECD-MA als „konkretes" Konsultationsverfahren und das Verfahren nach Art. 25 Abs. 3 S. 2 OECD-MA als „abstraktes" Konsultationsverfahren, Das steuerliche Verständigungsverfahren und das Recht auf diplomatischen Schutz, S. 158 ff.; ebenso *Schaumburg*, Internationales Steuerrecht, § 16 Rn 16.108.

153 *Drüen* in Tipke/ Kruse, AO, § 2 AO Rn 43c (Mai 2011); *Kopf*, Praxis des Internationalen Steuerrechts, Festschrift für Helmut Lokouta zum 65. Geburtstag 2005, S. 175 (255); *Schaumburg*, Internationales Steuerrecht, § 16 Rn 16.108.

154 *Drüen* in Tipke/ Kruse, AO, § 2 AO Rn 43c (Mai 2011); *Lehner* in Vogel/ Lehner, DBA, Art. 25 OECD-MA Rn 153; *Lüthi* in Becker/ Höppner/ Grotherr/ Kroppen, DBA, Art 25 OECD-MA, B. Erläuterungen Rn 91 (2008).

155 BFH Urteil v. 2.9.2009, BStBl. 2010 II, 387 (389); BFH Urteil v. 2.9.2009, BStBl. 2010 II, 394 (396); *Drüen* in Tipke/ Kruse, AO, § 2 AO Rn 43a (Mai 2011); *Lehner* in

handelt es sich aus innerstaatlicher Sicht bei der nicht transformierten Verständigungsvereinbarung der beteiligten Finanzverwaltungen lediglich um ein Verwaltungsabkommen. Es liege damit der Rechtsnatur nach eine Verwaltungsvorschrift vor, die nicht auf ihrerseits demokratisch legitimierten Rechtsverordnungen i.S. von Art. 80 Abs. 1 GG beruht. Diese sei nicht geeignet, positives Recht in verbindlicher Weise zu verändern[156]. Der BFH verneint daher mit Hinweis auf den Gesetzesvorbehalt des Art. 20 Abs. 3 GG die Bindungswirkung entsprechender Auslegungsvereinbarungen für die nationalen Gerichte. Für diese bleibe einzig die nach Art. 59 Abs. 2 S. 1 GG in nationales Recht transformierte Fassung des DBA maßgeblich[157]. Der Gesetzgeber hat auf diese verfassungsrechtlichen Einwände aus der Rechtsprechung mit der Ergänzung des § 2 AO um einen Absatz 2 reagiert. Danach wird das Bundesfinanzministerium ermächtigt die Auslegungsvereinbarung mit Hilfe einer Rechtsverordnung in innerstaatliches Recht zu

---

Vogel/ Lehner, DBA, Art. 25 OECD-MA Rn 154; *Lüthi* in Becker/ Höppner/ Grotherr/ Kroppen, DBA, Art 25 OECD-MA, B. Erläuterungen Rn 94 (2008).

156 BFH Urteil v. 2.9.2009, BStBl. 2010 II, 387 (389); BFH Urteil v. 2.9.2009, BStBl. 2010 II, 394 (397); BFH Urteil vom 1.2.1989, BStBl. 1990 II, 4 (5). In der letztgenannten Entscheidung legt der BFH dar, dass Art. 16 DBA-Italien keine Ermächtigungsgrundlage i.S. des Art. 80 GG für eine das DBA ändernde Rechtsverordnung (im Wege der Verständigungsvereinbarung) darstellt. Art. 31 Abs. 3 a) WÜRV sage zwar aus, dass außer dem Zusammenhang in gleicher Weise jede spätere Übereinkunft zwischen den Vertragsparteien über die Auslegung des Vertrages oder die Anwendung seiner Bestimmungen zu berücksichtigen sei. Allerdings könne dieses Völkergewohnheitsrecht die Bestimmung des Art. 59 Abs. 2 S. 1 GG nicht außer Kraft setzen. Auch das BVerfG habe in diversen Entscheidungen (BVerfGE Beschluss vom 26.3.1957 2 BvG 1/55, BVerfGE 6, 309, 363; Beschluss des BVerfG vom 7. April 1965 2 BvR 227/64, BVerfGE 18, 441/ 448) den Vorrang des GG vor den allgemeinen Regeln des Völkerrechts bejaht. So auch *Portner*, IStR 2008, 584 (586); *Eilers* in Debatin/ Wassermeyer, DBA, Art. 25 OECD-MA, Rn 61 (Mai 2008); *Lehner* in Festschrift für Wolfram Reiß zum 65. Geburtstag 2008, S. 665 (670); *Schaumburg*, Internationales Steuerrecht, § 16 Rn 16.109.

157 BFH Urteil v. 2.9.2009, BStBl. 2010 II, 387 (389); BFH Urteil v. 2.9.2009, BStBl. 2010 II, 394 (396 f.). So auch die h.M. in der Literatur, *Drüen* in Tipke/ Kruse, AO, § 2 AO Rn 43a (Mai 2011); *Eilers* in Debatin/ Wassermeyer, DBA, Art. 25 OECD-MA Rn 61 (Mai 2008); *Lüthi* in Becker/ Höppner/ Grotherr/ Kroppen, DBA, Art 25 OECD-MA, B. Erläuterungen Rn 94 f. (2008); *Schaumburg*, Internationales Steuerrecht, § 16 Rn 16.109; *Lehner*, IStR 2011, 733 (736); *Ismer*, IStR 2009, 366 (368 f.). Die Finanzverwaltung geht hingegen von einer Bindungswirkung für die innerstaatliche Rechtsprechung aus, BT-Drucks. 17/2249, 86; BMF Schreiben vom 13.4. 2010, BStBl 2010 I, 353; Ebenso *Schröder*, IStR 2009, 48 (50).

transformieren[158]. Drüen weist zutreffend darauf hin, dass Umsetzungsverordnungen, die auf der Grundlage des § 2 Abs. 2 AO erlassen wurden, zwar verfassungsrechtlich zulässig sind, als Rechtsverordnungen in der Normenhierarchie aber im Rangverhältnis unterhalb von Parlamentsgesetzen stehen. Aufgrund des Vorrangs des Gesetzes sei eine Bindung der Judikative abzulehnen[159].

Art. 25 Abs. 3 S. 2 OECD-MA sieht ein Verfahren vor, in dem den Finanzbehörden der Vertragsstaaten die Möglichkeit eröffnet wird, gemeinsam darüber zu beraten, wie eine Doppelbesteuerung in Fällen vermieden werden kann, die im Abkommen nicht geregelt sind. Dabei ermöglicht die Vorschrift den Finanzbehörden Regelungslücken in DBA über dieses Verfahren zu schließen und somit das DBA faktisch zu ergänzen[160]. Dies läuft auf eine Erweiterung des Anwendungsbereiches des jeweiligen DBA hinaus. Um Bestandteil der innerstaatlichen Rechtsordnung zu werden, bedarf daher auch die den Abkommenstext verändernde Verständigungsvereinbarung eines innerstaatlichen Zustimmungsgesetzes nach Art. 59 Abs. 2 S.1 GG. Das Zustimmungsgesetz kann nur durch den innerstaatlichen Gesetzgeber erlassen werden[161]. Die Regelung des § 2 Abs. 2 AO kann folglich im Anwendungsbereich des Verfahrens nach Art. 25 Abs. 3 S. 2 OECD-MA keine Anwendung finden[162].

---

158 Siehe hierzu *Wichmann*, FR 2011, 1082 (1086).

159 *Drüen* in Tipke/ Kruse, AO, § 2 AO Rn 43 g (Mai 2011); *Lehner* zieht in IStR 2011, 733 (739) hingegen bereits die Verfassungsmäßigkeit des § 2 Abs. 2 AO in Zweifel. So habe der § 2 Abs. 2 S. 1 AO „eine gravierende Unbestimmtheit“ hinsichtlich seiner pauschalen Zielsetzung (im Wortlaut der Norm) auf die Vermeidung einer doppelten Nichtbesteuerung. Dies stünde nicht nur im Widerspruch zu der Zielsetzung des Abkommens, sondern auch zu den verfassungsrechtlichen Anforderungen des Bestimmtheitsgebotes nach Art. 80 Abs. 1 GG. Außerdem wirke die Beseitigung einer Doppelnichtbesteuerung steuerverschärfend. Die „Blankoermächtigung“ des Art. 80 Abs. 1 GG sei deshalb eine steuerverschärfende Analogie zu Lasten des Steuerpflichtigen. *Hummel* spricht sich hingegen in IStR 2011, 397 (403) dafür aus, den Bestimmtheitsmangel des § 2 Abs. 2 AO im Wege einer „einengenden Auslegung“ zu überwinden. Dabei solle an das betreffende DBA angeknüpft und dessen Regelungsgehalt als äußere Grenzlinie aufgenommen werden.

160 *Lehner* in Vogel/ Lehner, DBA, Art. 25 OECD-MA Rn 157; *Lüthi* in Becker/ Höppner/ Grotherr/ Kroppen, DBA, Art 25 OECD-MA, B. Erläuterungen Rn 92 (2008); *Eilers* in Debatin/ Wassermeyer, DBA, Art. 25 OECD-MA Rn 61 (Mai 2008); *Gloria*, Das steuerliche Verständigungsverfahren und das Recht auf diplomatischen Schutz, S. 160.

161 Siehe dazu bereits 2.Teil.C.II.4.

162 *Drüen* in Tipke/ Kruse, AO, § 2 AO Rn 43c (Mai 2011); *Benecke/ Schnitger*, IStR 2010, 432 (439).

II. Das Verständigungsverfahren im engeren Sinne nach Art. 25 Abs. 1 und Abs. 2 OECD-MA

1. Regelungsinhalt

Das Verständigungsverfahren im engeren Sinne nach Art. 25 Abs. 1 und Abs. 2 OECD-MA soll eine, durch Maßnahmen eines oder beider Vertragsstaaten verursachte abkommenswidrige Besteuerung im Einzelfall vermeiden oder beseitigen[163]. Es ist ein antragsgebundenes Verfahren, dass den Anspruch des Abkommensberechtigten auf eine abkommensgemäße Besteuerung innerhalb der Rechtsordnungen der beiden Vertragsstaaten verwirklichen soll[164]. Die Bestimmungen des Art. 25 Abs. 1 und 2 OECD-MA haben dabei anders als bei den Konsultationsverfahren nach Art. 25 Abs. 3 OECD-MA eine doppelte Funktion. Sie beziehen sich neben der Auslegung und Anwendung des Abkommens durch die Vertragsstaaten vor allem auf den Schutz des Einzelnen vor einer abkommenswidrigen Besteuerung[165]. Art. 25 Abs. 1 OECD-MA regelt Fragen der Zulässigkeit des Antrags auf Einleitung des Verständigungsverfahrens im engeren Sinne. Art. 25 Abs. 2 OECD-MA betrifft hingegen die verfahrensrechtliche Einleitung und Durchführung des Verfahrens.

2. Verfahrensvoraussetzungen

Die Einleitung des Verständigungsverfahrens im engeren Sinne nach Art. 25 Abs. 1 und Abs. 2 OECD-MA setzt einen Antrag des Steuerpflichtigen voraus[166].

---

163 *Eilers* in Debatin/ Wassermeyer, DBA, Art. 25 OECD-MA Rn 4 (Mai 2008); *Lehner* in Festschrift für Wolfram Reiß zum 65. Geburtstag 2008, S. 665 (672); *Decker*, PISTB 2002, 193 (194); *Mühlhausen*, Das Verständigungsverfahren im deutschen Internationalen Steuerrecht, S. 32; In der Regel wird in den DBA (wie auch in Art. 25 Abs. 1 und Abs. 2 OECD-MA) entsprechend der „weiteren Fassung" zur Einleitung eines Verständigungsverfahrens im engeren Sinne eine abkommenswidrige Besteuerung vorausgesetzt, ohne dass diese zwangsläufig zu einer Doppelbesteuerung des Steuerpflichtigen führen muss. Manche DBA fordern jedoch im Rahmen einer „engeren Fassung", dass eine Doppelbesteuerung vorliegen muss. Hierzu *Frotscher*, Internationales Steuerrecht, § 20 Rn 761.

164 Rn 1.3.1 BMF-Merkblatt zum internationalen Verständigungs- und Schiedsverfahren vom 13.7.2006, BStBl. I 2006, 462 (463).

165 *Eilers* in Debatin/ Wassermeyer, DBA, Art. 25 OECD-MA Rn 4 (Mai 2008).

166 Rn 2.1.1 BMF-Merkblatt zum internationalen Verständigungs- und Schiedsverfahren vom 13.7.2006, BStBl. I 2006, 461 (463). Es gibt jedoch auch einige Staaten, die,

Um einen Antrag auf Einleitung eines Verständigungsverfahrens im engeren Sinne stellen zu können, muss der Steuerpflichtige antragsberechtigt sein. Antragsberechtigt ist eine Person, wenn sie in einem der beiden Vertragsstaaten ansässig[167] und somit entsprechend Art. 1 OECD-MA abkommensberechtigt ist[168]. In der deutschen Vertragspraxis sind ausnahmsweise auch nicht abkommensberechtigte Personen befähigt einen Antrag zu stellen. Dies ist möglich, wenn auch sie, wie zum Beispiel in Haftungsfällen, von einer abkommenswidrigen Besteuerung betroffen sind[169]. Im Ausnahmefall der Verletzung des Gebots der Gleichbehandlung nach Art. 24 Abs. 1 OECD-MA, wird nicht ansässigen Personen ein Antragsrecht gewährt, wenn diese die Staatsangehörigkeit eines der Vertragsstaaten besitzen und eine Ungleichbehandlung nach Art. 24 OECD-MA rügen[170].

Der Steuerpflichtige muss mit seinem Antrag geltend machen, dass durch Maßnahmen[171] eines oder beider Vertragsstaaten eine abkommenswidrige

---

wenn über den Einzelfall hinaus eine allgemeine Regelung angestrebt wird, vom Antragserfordernis absehen und das Verfahren von Amts wegen einleiten. Hierzu *Lehner* in Vogel/ Lehner, DBA, Art. 25 OECD-MA, Rn 21.

167 Zur Ansässigkeit siehe oben 1.Teil.A.

168 Das Ansässigkeitserfordernis ergibt sich dabei mittelbar aus der Bezugnahme im Wortlaut des Art. 25 Abs. 1 OECD-MA auf die Antragsbehörde. *Lehner* in Festschrift für Wolfram Reiß zum 65. Geburtstag 2008, S. 665 (672); *ders.* in Vogel/ Lehner, DBA, Art. 25 OECD-MA Rn 25; *Lüthi* in Becker/ Höppner/ Grotherr/ Kroppen, DBA, Art 25 OECD-MA, B. Erläuterungen Rn 23 (2008); *Eilers* in Debatin/ Wassermeyer, DBA, Art. 25 OECD-MA Rn 25 (Mai 2008).

169 Rn 2.1.2 BMF-Merkblatt zum internationalen Verständigungs- und Schiedsverfahren vom 13.7.2006, BStBl. I 2006, 461 (463). So zum Beispiel der Berater, der im Falle einer abkommenswidrigen Besteuerung gegenüber dem Abkommensberechtigten haften würde. Gleiches gilt für Personen, die gegenüber dem Finanzamt für eine Steuerschuld des Abkommensberechtigten haften (z.B. nach § 48 AO). Hierzu auch *Lehner* in Vogel/ Lehner, DBA, Art. 25 OECD-MA Rn 25.

170 *Eilers* in Debatin/ Wassermeyer, DBA, Art. 25 OECD-MA Rn 25 (Mai 2008); *Lüthi* in Becker/ Höppner/ Grotherr/ Kroppen, DBA, Art 25 OECD-MA, B. Erläuterungen Rn 26 (2008).

171 Die Maßnahme der Finanzbehörde der Vertragsstaaten kann sowohl in einem aktiven Tun als auch in einem Unterlassen liegen. Sie muss dabei ursächlich für die abkommenswidrige Besteuerung sein. *Merz/ Sajogo*, PISTB 2010, 185 (186); *Eilers* in Debatin/ Wassermeyer, DBA, Art. 25 OECD-MA Rn 28 (Mai 2008); *Lüthi* in Becker/ Höppner/ Grotherr/ Kroppen, DBA, Art 25 OECD-MA, B. Erläuterungen Rn 29 (2008).

Besteuerung droht oder bereits eingetreten ist[172]. Ob eine abkommenswidrige Besteuerung durch Maßnahmen der Vertragsstaaten droht, muss aus der Sicht des Steuerpflichtigen beurteilt werden. Der Steuerpflichtige hat eine bevorstehende oder bereits eingetretene abkommenswidrige Besteuerung nicht zu beweisen. Seine Rechtsauffassung muss allerdings vertretbar und auf glaubhaft gemachte Tatsachen gestützt sein[173]. Der Steuerpflichtige kann den Antrag auf Einleitung des Verständigungsverfahrens bereits bei einer bloß drohenden abkommenswidrigen Besteuerung stellen. Ihm wird somit zugestanden, das Verfahren bereits vor dem tatsächlichen Eintritt der abkommenswidrigen Besteuerung einzuleiten[174].

Neben einer juristischen Doppelbesteuerung kann eine abkommenswidrige Besteuerung auch eine bloß virtuelle oder eine wirtschaftliche Doppelbesteuerung zur Folge haben[175]. Bei der wirtschaftlichen Doppelbesteuerung stellt die Gewinnabgrenzung bei verbundenen Unternehmen in der Praxis den häufigsten Anwendungsfall des Verständigungsverfahrens im engeren Sinne dar[176]. Entsprechend der Regelung des Art. 9 Abs. 2 OECD-MA kann bei Verrechungspreiskorrekturen auch das nicht unmittelbar von der Preiskorrektur betroffene, verbundene Unternehmen den Antrag auf Einleitung des Verständigungsverfahrens stellen[177].

---

172 Rn 2.3.1 BMF-Merkblatt zum internationalen Verständigungs- und Schiedsverfahren vom 13.7.2006, BStBl. I 2006, 461 (464); Ziff. 12 Kommentar zu Art. 25 OECD-MA.

173 Ziff. 12 des Kommentars zu Art. 25 OECD-MA; BFH Urteil vom 20.1.1978, BStBl. 1978 II, 338 (339 f.); Rn 2.3.1. BMF-Merkblatt zum internationalen Verständigungs- und Schiedsverfahren vom 13.7.2006, BStBl. I 2006, 461 (466), Der Steuerpflichtige muss die abkommenswidrige Besteuerung nur nachweisen, wenn dies explizit im Abkommenstext gefordert wird. So auch *Schmidt*, SteuerStud 2010, 60 (62).

174 Ziff. 12 des Kommentars zu Art. 25 OECD-MA; *Lehner* in Vogel/ Lehner, DBA, Art. 25 OECD-MA Rn 29; *Eilers* in Debatin/ Wassermeyer, DBA, Art. 25 OECD-MA Rn 31 (Mai 2008).

175 *Runge*, Der Fachanwalt für Steuerrecht im Rechtswesen 1999, (Festschrift für 50 Jahre Arbeitsgemeinschaft der Fachanwälte für Steuerrecht/ 50 Jahre steuerrechtliche Jahresarbeitstagung) S. 139 (141).

176 *Engler* in Vögele/ Borstell/ Engler, Verrechnungspreise, F Rn 233 ff.; *Eilers* in Debatin/ Wassermeyer, DBA, Art. 25 OECD-MA Rn 31 (Mai 2008). Siehe zum Thema Verrechnungspreise 2.Teil.C.III.1.

177 Nach Rn 2.1.2 BMF-Merkblatt zum internationalen Verständigungs- und Schiedsverfahren vom 13.7.2006, BStBl. I 2006, 461 (463) ist jeder von einer abkommenswidrigen Besteuerung Betroffene antragsberechtigt. *Schaumburg*, Internationales Steuerrecht, § 16 Rn 16.95; *Lüthi* in Becker/ Höppner/ Grotherr/ Kroppen, DBA,

Auch wenn das Verständigungsverfahren in der Praxis in den weitaus meisten Fällen zur Abwendung einer (juristischen oder wirtschaftlichen) Doppelbesteuerung durchgeführt wird, ist es nicht zwingend notwendig, dass eine Doppelbesteuerung auch eintritt[178]. Eine abkommenswidrige Besteuerung kann bereits dann vorliegen, wenn aufgrund einer unrichtigen Anwendung des Progressionsvorbehalts ein zu hoher Steuersatz zur Anwendung kommt. Der Steuerpflichtige kann sogar in solchen Fällen ein Verständigungsverfahren beantragen, in denen sich eine eigentlich von den Vertragsstaaten nicht gewünschte doppelte Nichtbesteuerung aus dem Abkommenstext ergibt und er entgegen dieser Abkommensbestimmungen dennoch besteuert wird[179].

Nach Art. 25 Abs. 1 OECD-MA hat der Steuerpflichtige den Antrag auf Einleitung des Verständigungsverfahrens bei der zuständigen Behörde seines Wohnsitzstaates zu stellen. Zuständig für die Durchführung des Verständigungsverfahrens im engeren Sinne ist in Deutschland das Bundeszentralamt für Steuern[180]. Daneben kann der Steuerpflichtige den Antrag aber auch bei dem für ihn zuständigen Finanzamt stellen[181]. Dieses leitet den Antrag auf dem Dienstweg an das BZSt weiter.

Der Antrag auf Einleitung des Verständigungsverfahrens bedarf keiner besonderen Form. Allerdings empfiehlt es sich für den Antragsteller, den Antrag näher zu begründen. Da er kein Verfahrensbeteiligter ist, stellt eine ausführliche Antragsbegründung oftmals die einzige Möglichkeit für ihn dar, den Finanzbehörden der Vertragsstaaten seine Rechtsansicht zu verdeutlichen[182]. Nach Art. 25 Abs. 1 S. 2

Art 25 OECD-MA, B. Erläuterungen Rn 28 (2008); *Mühlhausen*, Das Verständigungsverfahren im deutschen Internationalen Steuerrecht, S. 162 f.

178 *Eilers* in Debatin/ Wassermeyer, DBA, Art. 25 OECD-MA Rn 31 (Mai 2008); *Lehner* in Vogel/ Lehner, DBA, Art. 25 OECD-MA Rn 31; ders. in IStR 2011, 733 (735).

179 *Lehner* in Vogel/ Lehner, DBA, Art. 25 OECD-MA Rn 31; ders. in IStR 2011, 733 (736). Zur doppelten Nichtbesteuerung siehe 1.Teil.C.II.

180 Die Zuständigkeit des BZSt bei der Durchführung von Verständigungs- und Schiedsverfahren ergibt sich aus § 5 Abs. 1 Nr. 5 FVG i.V.m. dem BMF-Erlass vom 29.04.2004, BStBl. I 2004, 1144.

181 Rn 2.1.4 BMF-Merkblatt zum internationalen Verständigungs- und Schiedsverfahren vom 13.7.2006, BStBl. I 2006, 461 (464).

182 *Flore*, Handbuch der internationalen Steuerplanung 2003, S.1725 (1728 f.); *Decker* PISTB 2002, 193 (195 f.). Letztere führt hierzu aus, dass der Steuerpflichtige genau darlegen sollte, durch welche Maßnahmen er sich beschwert fühlt, schon um eine Verzögerung des Verfahrens durch eventuelle Nachfragen der Behörde zu vermeiden. Außerdem habe die deutsche Behörde keine Möglichkeit im anderen Vertragsstaat zu ermitteln. Es sei daher sinnvoll, sie über den Auslandssachverhalt möglichst detailliert

OECD-MA ergibt sich eine 3-jährige Antragsfrist[183]. Diese beginnt mit der ersten Mitteilung[184] der Maßnahme, die zu einer abkommenswidrigen Besteuerung führt oder führen kann. Die Frist wird durch die Einlegung eines innerstaatlichen Rechtsmittels nicht gehemmt[185]. Dafür erfolgt die Berechnung der Antragsfrist im Gegenzug auch unabhängig von den innerstaatlichen Rechtsmittelfristen[186]. Das liegt daran, dass das Verständigungsverfahren, wie sich bereits aus Art. 25 Abs. 1 S. 1 OECD-MA ergibt, parallel neben den innerstaatlichen Rechtsmitteln beantragt werden

---

zu informieren. So auch *Runge*, Der Fachanwalt für Steuerrecht im Rechtswesen 1999, (Festschrift für 50 Jahre Arbeitsgemeinschaft der Fachanwälte für Steuerrecht/ 50 Jahre steuerrechtliche Jahresarbeitstagung) S. 139 (140).

183 Einzelne deutsche DBA können auch kürzere oder längere Fristen vorsehen. So enthält beispielsweise Art. 25 Abs. 1 DBA USA eine 4-jährige Antragsfrist (siehe dazu unten 5.Teil.A.). Der Eröffnung eines Verständigungsverfahrens stimmt die deutsche Finanzverwaltung nicht mehr zu, wenn keine Antragsfrist im DBA geregelt ist und der Steuerpflichtige seit der Bekanntgabe der abkommenswidrigen Maßnahme eine Zeit von mehr als vier Jahren hat verstreichen lassen. Dies ergibt sich aus Rn 2.2.3 BMF-Merkblatt zum internationalen Verständigungs- und Schiedsverfahren vom 13.7.2006, BStBl. I 2006, 461 (464). Diese Ansicht teilen auch *Lüthi* in Becker/ Höppner/ Grotherr/ Kroppen, DBA, Art 25 OECD-MA, B. Erläuterungen Rn 48 (2008); *Lehner* in Vogel/ Lehner, DBA, Art. 25 OECD-MA Rn 38; *Krabbe*, IStR 2002, 548 (549).

184 Die erste Mitteilung kann beispielsweise mit der Zustellung des Steuerbescheides oder einer amtlichen Zahlungsaufforderung erfolgen. Fehlt es wie im Beispiel der Quellenbesteuerung an einem förmlichen Mitteilungsakt, so soll es unabhängig von der tatsächlichen Kenntniserlangung darauf ankommen, wann der Steuerpflichtige bei gewöhnlichem Verlauf der Dinge Kenntnis erlangt hätte. Sofern der Steuerpflichtige abkommenswidrig von beiden Vertragsstaaten besteuert wurde, löst erst die zeitlich letzte Mitteilung der Maßnahme den Fristlauf in Gang. *Lehner* in Vogel/ Lehner, DBA, Art. 25 OECD-MA Rn 38; *Lüthi* in Becker/ Höppner/ Grotherr/ Kroppen, DBA, Art 25 OECD-MA, B. Erläuterungen Rn 49 (2008).

185 Darunter versteht man sämtliche außergerichtliche und gerichtliche Verfahren, die das innerstaatliche Recht zur Überprüfung von Maßnahmen der Finanzverwaltung bereit hält. *Lehner* in Vogel/ Lehner, DBA, Art. 25 OECD-MA Rn 34.

186 *Runge*, Der Fachanwalt für Steuerrecht im Rechtswesen 1999, (Festschrift für 50 Jahre Arbeitsgemeinschaft der Fachanwälte für Steuerrecht/ 50 Jahre steuerrechtliche Jahresarbeitstagung) 139 (145); *Schaumburg*, Internationales Steuerrecht, § 16 Rn 16.102. Nach Rn 4.1 BMF-Merkblatt zum internationalen Verständigungs- und Schiedsverfahren vom 13.7.2006, BStBl. I 2006, 461 (466) hemmt der Antrag auf Einleitung eines Verständigungsverfahrens bei einer inländischen Finanzbehörde jedoch den Ablauf Festsetzungsfrist nach Maßgabe des § 171 Abs. 3 AO, wenn damit gleichzeitig die Änderung des Steuerbescheids beantragt wird.

kann[187]. Nicht notwendig für die Zulässigkeit des Antrags ist daher, dass der Antragsteller vorher auf die Einlegung innerstaatlicher Rechtsmittel verzichtet oder diese zurück genommen hat. Allerdings wird in der Praxis häufig versucht, beide Verfahren miteinander abzustimmen. Dabei wird das Verständigungsverfahren dem innerstaatlichen Rechtsbehelfsverfahren grundsätzlich vorgeschaltet[188]. Um sich widersprechende Entscheidungen zu vermeiden, sieht die Praxis der deutschen Finanzverwaltung vor, die gemeinsam mit der Finanzbehörde des anderen Vertragsstaates erarbeitete Verständigungsvereinbarung unter einen Vorbehalt zu stellen. Danach soll der Antragsteller der Verständigungsvereinbarung zustimmen. Gleichzeitig sollen anhängige Rechtsbehelfsverfahren ihre Erledigung finden und der Steuerpflichtige nach Bekanntgabe des, die Verständigungsvereinbarung umsetzenden, Steuerbescheides auf die Einlegung weiterer Rechtsbehelfe in der Sache verzichten[189].

Für den Steuerpflichtigen wäre es mit Nachteilen verbunden, wenn die Finanzbehörden der Vertragsstaaten die Steuerbescheide, die Gegenstand des Verständigungsverfahrens sind, bereits vor dem Ende des Verständigungsverfahrens vollstrecken würden. Der Steuerpflichtige müsste dann bereits mit der Stellung des Antrags die festgesetzte Steuer entrichten. Er könnte daraufhin den Zeitwert (für den Zeitraum bis zur nachträglichen Änderung des Steuerbescheides) des Differenzbetrages, zwischen der ursprünglich festgesetzten Steuer und der im Anschluss des Verständigungsverfahrens korrigierten Steuer, verlieren. Dies wäre der Fall, wenn der betreffende Vertragsstaat den entgangenen Zinsschaden nicht ausgleicht[190]. Der Antrag auf Einleitung des Verständigungsverfahrens im engeren

187 BFH Urteil vom 1.2.1967, BStBl. III 1967, 495 (497); BFH Urteil vom 12.10.1978, BStBl. II 1979, 64 (65); BFH Urteil vom 26.5.1982, BStBl. 583 (585); Rn 2.1.5 BMF-Merkblatt zum internationalen Verständigungs- und Schiedsverfahren vom 13.7.2006, BStBl. I 2006, 461 (464). Danach ist die Einleitung des Verständigungsverfahrens von der Erschöpfung des Rechtsweges durch den Steuerpflichtigen nicht abhängig und dieser ist auch nicht an der Geltendmachung seiner gesetzlichen Rechtsmittel gehindert. *Krabbe*, IStR 2002, 548 (549); *Lehner* in Festschrift für Wolfram Reiß zum 65. Geburtstag, S. 665 (669); *Engler* in Vögele/ Borstell/ Engler, Handbuch der Verrechnungspreise, F Rn 236.

188 *Eilers* in Debatin/ Wassermeyer, DBA, Art. 25 OECD-MA Rn 34 (Mai 2008).

189 Vgl. dazu 1.F.II.4; Rn 3.4 und 4.2 BMF-Merkblatt zum internationalen Verständigungs- und Schiedsverfahren vom 13.7.2006, BStBl. I 2006, 461 (466). Wobei der Verzicht auch voraussetzt, dass der Steuerbescheid den Inhalt der Verständigungsvereinbarung auch zutreffend umsetzt.

190 Ziff. 31.6 des Kommentars zu Art. 25 OECD-MA; *Krämer*, IWB, Fach 3, Gruppe 2, 1331, (1343); *Bödefeld/ Kuntschik*, IStR 2009, 268 (270):

Sinne entfaltet in Deutschland keine aufschiebende Wirkung. Dennoch entspricht es der Praxis der deutschen Finanzverwaltung, während der Dauer des Verständigungsverfahrens den Vollzug des streitigen Steuerbescheides nach § 361 AO, § 69 FGO auszusetzen[191].

Im Zusammenhang mit der Aussetzung der Vollziehung können sich jedoch zwei wesentliche Nachteile für den Steuerpflichtigen ergeben. So besteht die Möglichkeit, dass der Steuerpflichtige in beiden Vertragsstaaten verpflichtet wird eine Sicherheitsleistung für den ausgesetzten Zahlungsbetrag zu entrichten (in Deutschland nach § 241 AO)[192]. Außerdem könnte der deutsche Steuerpflichtige, der ein Verständigungsverfahren beantragt hat, aufgrund der daraufhin erfolgten Aussetzung des Verfahrens verpflichtet werden, Aussetzungszinsen nach § 237 AO an die deutsche Finanzbehörde zu entrichten. So kann es aufgrund einer im Verständigungsverfahren erzielten Einigung zwischen den zuständigen Behörden, auf Seiten der ausländischen Finanzbehörde zu einer korrespondierenden Berücksichtigung einer deutschen Verrechnungspreisanpassung kommen[193]. Da der deutsche Steuerbescheid unverändert bliebe, müsste das deutsche verbundene Unternehmen nach § 237 AO Aussetzungszinsen zahlen[194]. Dabei würden sich für die verbundenen Unternehmen Nachteile ergeben, wenn der andere Vertragsstaat für die von ihm gewährte Steuererstattung keine Zinsen zahlt. Selbst wenn dem verbundenen Unternehmen im anderen Vertragsstaat neben dem zuviel gezahlten Steuerbetrag auch die Zinsen ersetzt werden, können sich für die verbundenen Unternehmen insgesamt Nachteile ergeben. So können die in Deutschland zu entrichtenden Zinsen höher sein oder es kann sich ein anderer Zinslauf ergeben als bei den von dem anderen verbundenen Unternehmen empfangenen ausländischen Zinsen[195]. Mit dem Normzweck des § 237 AO wäre ein solches Ergebnis nur schwerlich zu vereinbaren. Dieser liegt darin, unbegründete Aussetzungsanträge

---

191 *Eilers* in Debatin/ Wassermeyer, DBA, Art. 25 OECD-MA Rn 35 (Mai 2008); *Schaumburg*, Internationales Steuerrecht, § 16 Rn 16.102. Dieses Vorgehen entspricht auch der Zielvorstellung der OECD. Siehe dazu Ziff. 31.6 des Kommentars zu Art. 25 OECD-MA; *Keerl*, Internationale Verrechnungspreise in der globalisierten Wirtschaft, S. 229 f.

192 *Eilers* in Debatin/ Wassermeyer, DBA, Art. 25 OECD-MA Rn 35 (Mai 2008); Vogel/ Lehner, DBA, Art. 25 OECD-MA Rn 42; *Keerl*, Internationale Verrechnungspreise in der globalisierten Wirtschaft, S. 230.

193 Zur Verrechnungspreisanpassung siehe 2.Teil.C.III.1.

194 *Eilers* in Debatin/ Wassermeyer, DBA, Art. 25 OECD-MA Rn 36 (Mai 2008).

195 *Bödefeld/ Kuntschik*, IStR 2010, 474 (478).

und Einsprüche zu vermeiden[196]. Der deutsche Steuerbescheid bleibt infolge des Verständigungsverfahrens zwar unverändert, die grenzüberschreitende Gesamtbelastung wird durch die Korrekturmaßnahme im anderen Vertragsstaat aber insgesamt aufgehoben. Folglich hat der deutsche Steuerbescheid durch das Verständigungsverfahren und die daraufhin erfolgte Steuererstattung im anderen Staat seine belastende Wirkung für den Gesamtkonzern verloren[197]. Das Verständigungsverfahren war insgesamt für den Steuerpflichtigen (Gesamtkonzern) erfolgreich und sein Antrag damit nicht unbegründet. Ein solches für den Steuerpflichtigen günstiges „Gesamtergebnis" ist aber aufgrund der unterbliebenen Änderung des deutschen Steuerbescheides nicht vom Regelungsgehalt des § 237 AO umfasst. Um diese zweckwidrige Schlechterstellung im Vergleich zum rein innerstaatlichen Rechtsmittelverfahren aufzulösen, wird vorgeschlagen, den § 237 AO in den besagten Fallkonstellationen teleologisch zu reduzieren und entsprechend nicht anzuwenden[198].

Ansonsten bliebe dem Steuerpflichtigen nur die Möglichkeit gegenüber der Finanzbehörde einen Billigkeitserlass nach § 227 AO geltend zu machen, sofern die Verständigungsvereinbarung für ihn zu effektiven Zinsnachteilen führt[199].

3. Durchführung des Verfahrens

Das Verständigungsverfahren im engeren Sinne kann in drei Phasen unterteilt werden[200]:

- Das Vorprüfungs- und Abhilfeverfahren,
- das eigentliche Verständigungsverfahren zwischen den Vertragsstaaten
- sowie das Verfahren zur Umsetzung der zwischenstaatlichen Verständigungsentscheidung.

---

196 *Loose* in Tipke/ Kruse, AO, § 237 AO Rn 1 (Oktober 2010); *Bödefeld/ Kuntschik*, IStR 2010, 474 (478).

197 *Eilers* in Debatin/ Wassermeyer, DBA, Art. 25 OECD-MA Rn 36 (Mai 2008).

198 *Eilers* in Debatin/ Wassermeyer, DBA, Art. 25 OECD-MA Rn 36 (Mai 2008). Sich auf diesen berufend, *Bödefeld/ Kuntschik*, IStR 2010, 474 (478).

199 *Bödefeld/ Kuntschik*, IStR 2010, 474 (478).

200 FG Hamburg Urteil vom 13.7.2000, EFG 2001, 27; *Engler* in Vögele/ Borstell/ Engler, Handbuch der Verrechnungspreise, F Rn 253; *Eilers* in Debatin/ Wassermeyer, DBA, Art. 25 OECD-MA Rn 45 ff. (Mai 2008); *Schaumburg*, Internationales Steuerrecht, § 16 Rn 16.102; *Decker*, PISTB 2002, 193 (197).

Nachdem der Antrag auf Einleitung des Verständigungsverfahrens bei der zuständigen Finanzbehörde des Ansässigkeitsstaates eingegangen ist, ist diese im Vorprüfungsverfahren verpflichtet über die Begründetheit der Einwendungen des Steuerpflichtigen zu entscheiden[201]. Wenn sie die Einwendungen des Steuerpflichtigen für begründet hält, entscheidet die Behörde im Abhilfeverfahren, ob sie in der Lage ist, eigenständig durch unilaterale Maßnahmen die abkommenswidrige Besteuerung zu beseitigen. Sofern die Behörde von sich aus die abkommenswidrige Besteuerung beseitigt, erledigt sich auch der Antrag und das Verständigungsverfahren wird nicht mehr eingeleitet. Allerdings kann die angerufene Behörde nur über Besteuerungsmaßnahmen innerhalb ihres innerstaatlichen Zuständigkeitsbereichs entscheiden. Folglich muss ausschließlich eine fehlerhafte Maßnahme einer innerstaatlichen Behörde die abkommenswidrige Besteuerung verursacht haben[202].

Hilft die Behörde den Einwendungen des Steuerpflichtigen nicht ab, hat sie im nächsten Schritt darüber zu entscheiden, ob sie das Verständigungsverfahren einleitet. Sofern die Behörde das Verständigungsverfahren nicht einleitet, kann der Steuerpflichtige nach deutschem Recht gegen die ablehnende Entscheidung vor dem Finanzgericht in erster Instanz nach §§ 33 Abs. 1 Nr. 1 und Abs. 2, 35 FGO

---

201 FG Hamburg Urteil vom 13.7.2000, EFG 2001, 27 (28). Das FG Hamburg sieht die Begründetheits- und Abhilfeprüfung der Behörde zutreffend als gerichtlich voll überprüfbare Tatbestandsvoraussetzung des Art. 25 Abs. 2 OECD-MA an. Diese sei streng zu unterscheiden von der Ermessensentscheidung der Behörde hinsichtlich der Einleitung des Verständigungsverfahrens. Ausführlich zum Inhalt der Begründetheitsprüfung, *Leising*, IStR 2002, 114 (117); *Lehner* in Vogel/ Lehner, DBA, Art. 25 OECD-MA Rn 76; *Runge*, Der Fachanwalt für Steuerrecht im Rechtswesen 1999, (Festschrift für 50 Jahre Arbeitsgemeinschaft der Fachanwälte für Steuerrecht/ 50 Jahre steuerrechtliche Jahresarbeitstagung) S. 139 (142 f.); *Engler* in Vögele/ Borstell/ Engler, Handbuch der Verrechnungspreise, F Rn 254. Dabei muss die Behörde den Sachverhalt in ausreichendem Maße aufklären. Der Steuerpflichtige hat der Behörde im Rahmen seiner Auskunftspflicht bei Auslandssachverhalten nach § 90 Abs. 3 AO den Sachverhalt offen zu legen. Zusätzlich kann die Behörde zur Sachverhaltsaufklärung auch die zuständige Behörde des anderen Vertragsstaates um Amtshilfe nach Art. 26 OECD-MA ersuchen.

202 *Merz/ Sajogo*, PISTB 2010, 185 (187); *Krabbe*, IStR 2002, 548 (550), der dem Abhilfeverfahren gerade bei der Korrektur von Verrechnungspreisen bei verbundenen Unternehmen besondere Bedeutung beimisst. *Flore*, Handbuch der internationalen Steuerplanung 2003, S.1725 (1729); *Eilers* in Debatin/ Wassermeyer, DBA, Art. 25 OECD-MA, Rn 51 (Mai 2008); *Lüthi* in Becker/ Höppner/ Grotherr/ Kroppen, DBA, Art 25 OECD-MA, B. Erläuterungen Rn 57 (2008).

klagen[203]. Der BFH, die deutsche Finanzverwaltung und die überwiegende Meinung im Schrifttum vertreten die Ansicht, der Steuerpflichtige habe hinsichtlich der Einleitung des Verständigungsverfahrens lediglich einen Anspruch auf eine ermessensfehlerfreie Entscheidung der zuständigen Behörde[204]. Dies ergebe sich bereits aus dem Wortlaut des Art. 25 Abs. 2 S. 1 OECD-MA („... wird sie sich bemühen...“)[205]. In seinem Urteil vom 26. Mai 1982 führte der BFH zudem an, dass einer zum Handeln

---

203 Der BFH führt im Urteil vom 26.5.1982, BStBl. Teil II 1982, 583 (585) sinngemäß folgendes aus: Obwohl das Verständigungsverfahren ein Verfahren eigener Art sei, an dem der Steuerpflichtige nicht beteiligt sei und daher auch keinen Einfluss auf die zwischen den Vertragsstaaten getroffenen Verständigungsvereinbarung habe, könne er sich gegen eine Ablehnung seines Antrags auf Einleitung des Verständigungsverfahrens durch die zuständige Behörde im Rahmen einer gerichtlichen Nachprüfung zur Wehr setzen. Die Organe der Bundesrepublik seien nämlich aufgrund des verfassungsrechtlichen Gebotes des diplomatischen Schutzes dazu verpflichtet, deutsche Staatsbürger und deren Interessen gegenüber fremden Staaten zu schützen. Der Steuerpflichtige könne dabei nach § 38 Abs. 2 FGO am örtlich zuständigen Finanzgericht seines Wohnsitzes klagen. Umstritten ist, ob die Entscheidung über die Einleitung des Verständigungsverfahrens als Verwaltungsakt zu qualifizieren ist und somit nicht die Leistungs-, sondern die Verpflichtungsklage statthaft ist. Der BFH hat dies in der zit. Entscheidung offen gelassen. Mehrere Stimmen in der Literatur wie *Leising*, IStR 2002, 114 (115); *Engler* in Vögele/ Borstell/ Engler, Handbuch der Verrechnungspreise F Rn 263 oder *Albert*, DBA-Verständigungsverfahren, S. 28 ff., stufen die ablehnende Behördenentscheidung als Verwaltungsakt ein und nehmen daher eine Verpflichtungsklage als statthafte Klageart an. Unabhängig davon, ob die Klage als Leistungs- oder Verpflichtungsklage zu qualifizieren ist, ist das Einspruchsverfahren nach § 348 Nr. 3 AO nicht statthaft, da nach § 63 Abs. 1 Nr. 2 FGO das BZSt als oberste Finanzbehörde des Bundes Beklagter ist.

204 BFH Urteil vom 26.5.1982, BStBl. Teil II 1982, 583 (585 f.); FG Hamburg Urteil vom 13.7. 2000, EFG 2001, 27 ff.; *Lehner* in Vogel/ Lehner, DBA, Art. 25 OECD-MA Rn 90; *Lüthi* in Becker/ Höppner/ Grotherr/ Kroppen, DBA, Art. 25 OECD-MA, B. Erläuterungen Rn 59 ff. (2008); *Engler* in Vögele/ Borstell/ Engler, Handbuch der Verrechnungspreise F Rn 263; *Frotscher*, Internationales Steuerrecht, § 20 Rn 763; *Merz/ Sajogo,* PISTB 2010, 185 (187); *Ismer,* IStR 2003, 394; *Krabbe*, IStR 2002, 548 (550); *Decker*, PISTB 2002, 193 (198); *Valentin*, EFG 2001, 29 (30); *Runge* Der Fachanwalt für Steuerrecht im Rechtswesen 1999, (Festschrift für 50 Jahre Arbeitsgemeinschaft der Fachanwälte für Steuerrecht/ 50 Jahre steuerrechtliche Jahresarbeitstagung), 139 (141 f.); *Randenborgh/ Seidenfus*, INF 1996, 481 (484).

205 So noch deutlich Rn 2.4.3 BMF-Merkblatt zum internationalen Verständigungs- und Schiedsverfahren, BStBl. I 1997, 717 ff.; *Lehner* in Vogel/ Lehner, DBA, Art. 25 OECD-MA, Rn 90; *Flore*, Handbuch der internationalen Steuerplanung 2003, S. 1725 (1730).

im zwischenstaatlichen Bereich berufenen Behörde naturgemäß ein weiter Ermessensspielraum eingeräumt werden müsse. Auch Zweckmäßigkeitserwägungen könnten das Handeln der zuständigen Behörde bestimmen. Diese müsse sich zum Wohle der Allgemeinheit im Sinne der internationalen Rücksichtnahme gegenüber der Behörde des anderen Vertragsstaates in Zurückhaltung üben, auf deren Begehren eingehen und zu Zugeständnissen bereit sein[206].

Die Gegenmeinung geht von einem gebundenen Anspruch des Steuerpflichtigen auf Einleitung des Verständigungsverfahrens aus[207]. Die Befürworter dieser Ansicht begründen dies ihrerseits mit dem Wortlaut der Verständigungsklauseln[208], mit der Verpflichtung Deutschlands dem Steuerpflichtigen diplomatischen Schutz zu gewähren, mit dem verfassungsrechtlichen Prinzip der Besteuerung nach der Leistungsfähigkeit[209] und dem europarechtlichen Gebot[210] Doppelbesteuerung im Binnenmarkt zu beseitigen[211].

Der Wortlaut der Verständigungsklauseln und die Besonderheiten des Verständigungsverfahrens als zwischenstaatliches Behördenverfahren, nach denen die deutsche Finanzbehörde auch die Interessen des anderen Vertragsstaates zu berücksichtigen hat, sprechen im Sinne der h.M. dafür, dem BZSt bei der Entscheidung auf Einleitung des Verständigungsverfahrens einen Ermessensspielraum einzuräumen. Allerdings bezieht sich die Mehrzahl der Stimmen der h.M. auf die Zeit vor der Einführung obligatorischer Schiedsklauseln nach dem Muster des Art. 25 Abs. 5 OECD-MA. Sofern nun das betreffende DBA über eine entsprechend Art. 25 Abs. 5 OECD-MA dem Verständigungsverfahren nachgeschaltete obligatorische Schiedsklausel verfügt, erscheint es konsequent, dem Steuerpflichtigen einen Anspruch auf Einleitung des Verständigungsverfahrens

---

206 BFH Urteil vom 26.5.1982, BStBl. Teil II 1982, 583 (585 f.); So auch FG Hamburg Urteil vom 13.7.2000, EFG 2001, 27 (29).

207 *Schaumburg*, Internationales Steuerrecht, § 16 Rn 16.101; *Mühlhausen*, Das Verständigungsverfahren im deutschen Internationalen Steuerrecht, S. 152 f.; *Gloria*, Das steuerliche Verständigungsverfahren und das Recht auf diplomatischen Schutz, S. 147 ff.; *Carl/ Klos*, RIW 1995, 493 (497).

208 *Mühlhausen*, Das Verständigungsverfahren im deutschen Internationalen Steuerrecht, S. 152 f.; *Gloria*, Das steuerliche Verständigungsverfahren und das Recht auf diplomatischen Schutz, S. 147 ff. Beide legen dar, dass die Abkommen im anglo-amerikanischen Rechtskreis schon ihrem Wortlaut nach dem Steuerpflichtigen regelmäßig einen Rechtsanspruch auf Durchführung des Verständigungsverfahrens gewähren

209 *Schaumburg*, Internationales Steuerrecht, § 16 Rn 16.101.

210 Siehe hierzu oben 1.Teil.A.

211 Ausführlich *Schaumburg*, Internationales Steuerrecht, § 16 Rn 16.101.

zuzugestehen[212]. Stünde dem Steuerpflichtigen hingegen nur ein Anspruch auf ermessensfehlerfreie Entscheidung zu, so würde dies dem eigentlichen Normzweck des Art. 25 Abs. 5 OECD-MA zuwiderlaufen. So soll die obligatorische Schiedsklauel dem Steuerpflichtigen nunmehr die Sicherheit vermitteln, dass die ihn betreffende abkommenswidrige Besteuerung in jedem Fall beseitigt wird. Dies wäre jedoch nicht mehr effektiv zu gewährleisten, wenn das BZSt im eigenen Ermessen über die Einleitung des Verständigungsverfahrens entscheiden würde. Auf diese Weise könnte das BZSt bereits im Voraus ein späteres Schiedsverfahren verhindern[213].

In der Praxis lehnt die deutsche Finanzverwaltung die Einleitung des Verständigungsverfahrens häufig ab, wenn der Steuerpflichtige seiner Mitwirkungspflicht zur Sachverhaltsaufklärung nach § 90 Abs. 2 AO nicht in ausreichendem Maße nachgekommen ist. Ein weiterer Ablehnungsgrund liegt vor, wenn in früheren vergleichbaren Fällen eine Einigung mit der Behörde des anderen Vertragsstaates nicht erzielt werden konnte und es daher als wahrscheinlich gilt, dass die Verhandlungen erneut scheitern[214]. Gleiches soll in Fällen gelten, in denen das Verhalten des Steuerpflichtigen, das zu der abkommenswidrigen Besteuerung geführt hat, als Rechtsmissbrauch anzusehen ist[215]. Zudem soll die Einleitung eines Verständigungsverfahrens dann nicht mehr verlangt werden

---

212 So auch *Lehner* in Vogel/ Lehner, DBA, Art. 25 OECD-MA Rn 90 und 208.

213 Siehe hierzu unten 2.Teil.C.II.3.

214 FG Hamburg Urteil vom 13.7. 2000, EFG 2001, 27 (29). Das FG Hamburg ging in dieser Entscheidung von einer Ermessensreduzierung der Behörde aus, wodurch diese verpflichtet sei, den Antrag auf Einleitung des Verständigungsverfahrens abzulehnen. Dies würde sich dadurch ergeben, dass bereits durch frühere Verständigungsverfahren ausreichend geklärt sei, dass beide Abkommensstaaten (Deutschland und Zypern) endgültig konträre Rechtsansichten hinsichtlich der Auslegung des Art. 15 Abs. 3 DBA Zypern hätten und ein Verständigungsverfahren damit aussichtslos sei. Kritisch zur Ablehnung des Antrags aus diesem alleinigen Grund, *Ismer*, IStR 2003, 394 (395 f.) und *Engler* in Vögele/ Borstell/ Engler, Handbuch der Verrechnungspreise F Rn 253; *Lüthi* mit einer Auflistung von weiteren Ablehnungsgründen in Becker/ Höppner/ Grotherr/ Kroppen, DBA, Art 25 OECD-MA, B. Erläuterungen Rn 60 (2008); *Lehner* in Vogel/ Lehner, DBA, Art. 25 OECD-MA Rn 91.

215 BFH Urteil vom 26.5.1982, BStBl. Teil II 1982, 583. Der damaligen BFH Entscheidung lag der Fall zugrunde, dass der den Antrag stellende Steuerpflichtige im Wege des Rechtsmissbrauchs Vermögensgegenstände auf eine von ihm in der Schweiz gegründete Basisgesellschaft übertragen hatte. Siehe auch *Frotscher*, Internationales Steuerrecht, § 20 Rn 763.

können, wenn in der Sache bereits eine bestands- oder rechtskräftige innerstaatliche Entscheidung ergangen ist[216].

Nachdem die zuständige Behörde entschieden hat, das Verständigungsverfahren einzuleiten, setzt sie sich auf der zweiten Stufe im Rahmen des eigentlichen Verständigungsverfahrens mit der zuständigen Behörde des anderen Vertragsstaates in Verbindung. Dabei versuchen die Behörden Sachinformationen und Rechtsansichten in schriftlicher oder mündlicher Verhandlung auszutauschen, um im gegenseitigen Einvernehmen Lösungen zu finden, welche die abkommenswidrige Besteuerung beseitigen[217]. Die zuständigen Behörden sind jedoch nur verpflichtet miteinander zu verhandeln. Sie sind hingegen nicht verpflichtet, die abkommenswidrige Besteuerung durch eine gemeinsame Verständigungsvereinbarung zu beseitigen[218]. Andererseits steht es auch nicht gänzlich im freien Ermessen der Behörden, auf welche Weise sie die Besteuerungskonflikte lösen. Sie müssen sich vielmehr bei der Entscheidungsfindung an die Vorgaben der abkommensrechtlichen Bestimmungen und des innerstaatlichen Rechts halten[219]. Es ist gerade das Ziel des Verständigungsverfahrens, eine abkommenswidrige Besteuerung zu vermeiden und somit einen drohenden oder bereits eingetretenen Rechtsverstoß zu verhindern bzw. zu beseitigen. Die von den zuständigen Behörden in der Verständigungsvereinbarung zu treffenden Maßnahmen müssen sich daher wie bei rein innerstaatlichen Maßnahmen im gesetzlichen Rahmen halten[220]. In Deutschland werden die Gerichte und der Steuerpflichtige durch eine abkommenswidrige Verständigungsvereinbarung rechtlich nicht gebunden[221].

---

216 *Lehner* in Vogel/ Lehner, DBA, Art. 25 OECD-MA Rn 91; *Lüthi* in Becker/ Höppner/ Grotherr/ Kroppen, DBA, Art 25 OECD-MA, B. Erläuterungen Rn 60 (2008).

217 Nach Ziff. 39 des Kommentars zu Art. 25 OECD-MA sollen die zuständigen Behörden der Vertragsstaaten dabei unmittelbar miteinander verkehren, ohne dabei den Umweg diplomatischer Konsultationen beschreiten zu müssen; *Flore*, Handbuch der internationalen Steuerplanung 2003, S. 1725 (1732).

218 Ziff. 26 des Kommentars zu Art. 25 OECD-MA; *Lehner* in Vogel/ Lehner, DBA, Art. 25 OECD-MA Rn 89; *Frotscher*, Internationales Steuerrecht, § 20 Rn 764. Der Steuerpflichtige hat auch keine Möglichkeit die Behörden der Vertragsstaaten zu verpflichten, eine Einigung zu erzielen; *Randenborgh/ Seidenfus*, INF 1996, 481, (484 f.); *Engler* in Vögele/ Borstell/ Engler, Handbuch der Verrechnungspreise F Rn 255.

219 Ziff. 27 des Kommentars zu Art. 25 OECD-MA; *Lüthi* in Becker/ Höppner/ Grotherr/ Kroppen, DBA, Art 25 OECD-MA, B. Erläuterungen Rn 68 (2008).

220 *Lehner* in Vogel/ Lehner, DBA, Art. 25 OECD-MA Rn 72 ff. und 127 ff.

221 FG Köln Urteil vom 28.1.1999, EFG 1999, 707 (709).

Stehen diese Vorschriften einer Einigung im Wege, können ausnahmsweise innerstaatliche Billigkeitsmaßnahmen ergriffen werden, um die abkommenswidrige Besteuerung zu beseitigen. Eine solche Maßnahme kann jedoch nur in dem Staat erfolgen, durch dessen Besteuerung und Steuersystem eine sachliche Härte für den Steuerpflichtigen verursacht worden ist[222]. Das deutsche Recht sieht hierfür nach § 163 AO eine niedrigere Steuerfestsetzung sowie die Nichtberücksichtigung einzelner Besteuerungsgrundlagen bei der Festsetzung der Steuer vor. Daneben können nach § 227 AO Ansprüche aus dem Steuerschuldverhältnis bei der Erhebung der Steuer erlassen werden. Beide Maßnahmen müssen aus Gründen der Billigkeit geboten erscheinen[223].

Das Verständigungsverfahren ist ein verwaltungsinternes Verfahren zwischen den Behörden. Dem Steuerpflichtigen kommt daher keine Parteienstellung zu[224]. Der Steuerpflichtige hat daher nur beschränkte Verfahrens- und Mitwirkungsrechte. Zwar ist er berechtigt Anträge zu stellen, zur Sach- und Rechtslage Stellung zu nehmen und sich durch einen Rechtsbeistand vertreten zu lassen. Er kann aber nicht direkt am Verfahren teilnehmen, Einsicht in die Verständigungsunterlagen der Behörden nehmen oder einen Anspruch auf rechtliches Gehör geltend machen[225]. In der Praxis der deutschen Finanzverwaltung unterrichtet das BZSt aber in der Regel den Steuerpflichtigen über den Gang des laufenden

---

222 So BFH Urteil vom 25.2.1970, BStBl. 1970 II, 392 (394); *Albert*, DBA-Verständigungsverfahren, S. 26; *Lehner* in Vogel/ Lehner, DBA, Art. 25 OECD-MA Rn 79; *Flore*, Handbuch der internationalen Steuerplanung 2003, S. 1725 (1731).

223 *Seer* in Tipke/ Lang, Steuerrecht, § 21 Rn 329 ff.; *Rüsken* in Klein, AO, § 163 AO Rn 1 ff.; *Schaumburg*, Internationales Steuerrecht, § 16 Rn 16.103.

224 BFH Urteil vom 26.5.1982, BStBl. 1982 II, 583 (585); FG Hamburg Urteil vom 13.7.2000, EFG 2001, 27 (29); Rn 1.1 und 3.3.1 BMF-Merkblatt zum internationalen Verständigungs- und Schiedsverfahren vom 13.7.2006, BStBl. I 2006, 462 (466); *Eilers* in Debatin/ Wassermeyer, DBA, Art. 25 OECD-MA Rn 9 (Mai 2008); *Lüthi* in Becker/ Höppner/ Grotherr/ Kroppen, DBA, Art 25 OECD-MA, B. Erläuterungen Rn 69 (2008); *Frotscher*, Internationales Steuerrecht, § 20 Rn 764; *Engler* in Vögele/ Borstell/ Engler, Handbuch der Verrechnungspreise F Rn 263; *Krabbe*, IStR 2002, 548 (550).

225 Diese Rechte fordert *Lehner* in Vogel/ Lehner, DBA, Art. 25 OECD-MA Rn 116 für den Steuerpflichtigen. Zur verfahrensrechtlichen Stellung des Steuerpflichtigen im Verständigungsverfahren siehe auch *Eilers* in Debatin/ Wassermeyer, DBA, Art. 25 OECD-MA Rn 9 (Mai 2008); *Lüthi* in Becker/ Höppner/ Grotherr/ Kroppen, DBA, Art 25 OECD-MA, B. Erläuterungen Rn 69 (2008); *Engler* in Vögele/ Borstell/ Engler, Handbuch der Verrechnungspreise F Rn 265; *Randenborgh/ Seidenfus*, INF 1996, 481 (484).

Verfahrens. Außerdem bietet es ihm teilweise die Möglichkeit, an den gemeinsamen Sitzungen der Behörden teilzunehmen[226].

Die Dauer ist abhängig von der Komplexität des Verfahrens. Einfache Verfahren können bereits nach etwa sechs Monaten beendet werden. Komplizierte Verfahren dauern dagegen oftmals mehrere Jahre an. Zudem hängt die Verfahrensdauer auch maßgeblich von der Haltung der ausländischen Behörde ab[227]. Die Kosten des Verständigungsverfahrens werden mit Ausnahme der Kosten, die dem Steuerpflichtigen entstanden sind, von den Vertragsstaaten getragen[228].

Sind die Behörden der beiden Vertragsstaaten nicht in der Lage sich zu einigen und eine Verständigungsvereinbarung abzuschließen, endet das Verständigungsverfahren ergebnislos. Sofern das DBA eine obligatorische Schiedsklausel nach Maßgabe des Art. 25 Abs. 5 OECD-MA enthält, hat der Steuerpflichtige im Anschluss an das Verständigungsverfahren die Möglichkeit, einen Antrag auf Einleitung des Schiedsverfahrens zu stellen[229]. Durch den Übergang in ein Schiedsverfahren wird das Verständigungsverfahren nicht beendet, das Schiedsverfahren ist vielmehr als unselbstständiger Bestandteil des Verständigungsverfahrens ausgestaltet[230].

4. Umsetzung der Verständigungsvereinbarung

Sofern sich die Vertragsstaaten einigen und eine Verständigungsregelung vereinbaren, sind sie verpflichtet, diese nach innerstaatlichem Recht umzusetzen. Die Verständigung wird im Allgemeinen schriftlich verfasst und steht in Deutschland üblicherweise unter dem Vorbehalt, dass sich der Steuerpflichtige mit ihr einverstanden erklärt und auf innerstaatliche Rechtsmittel verzichtet, oder bereits eingelegte Rechtsmittel zurück nimmt[231]. Um diese Rechtsfolge zu ermöglichen, sind im deutschen Recht die §§ 354 Abs. 1a, 362 Abs. 1a AO sowie die §§ 50 Abs. 1a,

---

226 Rn 3.3.1 BMF-Merkblatt zum internationalen Verständigungs- und Schiedsverfahren vom 13.7.2006, BStBl. I 2006, 462 (466).

227 *Randenborgh/ Seidenfus*, INF 1996, 481, (485).

228 Rn 9 BMF-Merkblatt zum internationalen Verständigungs- und Schiedsverfahren vom 13.7.2006, BStBl. I 2006, 462 (468).

229 Hierzu siehe unten 4.Teil.B.I.3.

230 *Lehner* in Vogel/ Lehner, DBA, Art. 25 OECD-MA Rn 97.

231 Siehe dazu bereits 2.Teil.C.II.2.; Rn 3.4 und 4.2 BMF-Merkblatt zum internationalen Verständigungs- und Schiedsverfahren vom 13.7.2006, BStBl. I 2006, 462 (466); *Lüthi* in Becker/ Höppner/ Grotherr/ Kroppen, DBA, Art. 25 OECD-MA, B. Erläuterungen Rn 74 f. (2008); *Lehner* in Vogel/ Lehner, DBA, Art. 25 OECD-MA Rn 101.

72 Abs. 1a FGO geschaffen worden. Diese Regelungen sehen die Möglichkeit eines teilweisen Einspruchsverzichts (§ 354 Abs. 1a AO) und einer teilweisen Rücknahme des Einspruchs (§ 362 Abs. 1a AO) bzw. eines teilweisen Klageverzichts und einer teilweisen Klagerücknahme hinsichtlich der Besteuerungsgrundlage, über die im Verständigungs- oder Schiedsverfahren eine Entscheidung getroffen wird, vor[232]. Die Finanzbehörden der Vertragsstaaten sind dann nach Art. 25 Abs. 2 S. 2 OECD-MA verpflichtet, die getroffene Verständigungsvereinbarung „ungeachtet der Fristen des innerstaatlichen Rechts" im innerstaatlichen Verwaltungsverfahren umzusetzen. Die nationale Finanzbehörde muss dabei die Steuern nach Maßgabe der Verständigungsvereinbarung festsetzen. Problemlos möglich ist dies in den Fällen, in denen die betreffende Finanzbehörde die Steuer noch gar nicht festgesetzt hat. Sie wird dann erstmalig einen Steuerbescheid erlassen[233]. Wenn allerdings zu dem betreffenden Besteuerungssachverhalt ein bereits bestandskräftiger Steuerbescheid ergangen ist, wird die Finanzbehörde diesen Steuerbescheid ändern oder aufheben müssen, um die Verständigungsvereinbarung umzusetzen. In Deutschland verleiht die Korrekturregelung des § 175a S. 1 AO der deutschen Finanzbehörde die entsprechende Befugnis und verpflichtet sie gleichzeitig, Verständigungsvereinbarungen und Schiedssprüche[234], die auf völkerrechtlichen Vereinbarungen beruhen, durch Erlass, Aufhebung oder Änderung des Steuerbescheides unabhängig von dessen Bestandskraft innerstaatlich umzusetzen[235]. § 175a S. 1 AO stellt somit sicher, dass die deutsche Finanzverwaltung ihre

---

232 *Brandis* in Tipke/ Kruse, AO, § 354 AO Rn 6 (Oktober 2010); § 362 AO Rn 7 (Februar 2011); *Schmidt,* SteuerStud 2010, 60 (64).

233 Da der Steuerpflichtige bereits bei einer bloß drohenden abkommenswidrigen Besteuerung das Verständigungsverfahren beantragen kann, ist es theoretisch auch möglich, dass die zuständige deutsche Finanzbehörde noch gar keinen Steuerbescheid erlassen hat. In der Praxis wird dieser Fall jedoch selten sein.

234 § 175a S. 1 AO gilt ebenso auch für Entscheidungen des Beratenden Ausschusses nach der EU-Schiedskonvention. *Loose* in Tipke/ Kruse, AO, § 175a AO Rn 3 (Mai 2009).

235 Rn 4.1 BMF-Merkblatt zum internationalen Verständigungs- und Schiedsverfahren vom 13.7.2006, BStBl. I 2006, 462 (466); *Loose* in Tipke/ Kruse, AO, § 175a AO Rn 1, 2 und 4 (Mai 2009); *Frotscher* in Schwarz, AO, § 175a AO Rn 1 (2010). Vor der Einführung des § 175a S. 1 AO im Jahr 1994, hat die Finanzverwaltung die DBA Regelung selbst (Art. 25 Abs. S. 2 OECD-MA) als eigenständige Rechtsgrundlage für die Umsetzung der Verständigungsvereinbarung verwendet und so auch bereits bestandskräftige Steuerbescheide aufgehoben und geändert. An dieser Auslegung wurde kritisiert, dass Art. 25 OECD-MA aufgrund seiner mangelnden Bestimmtheit allein keine ausreichende Rechtsgrundlage für eine Durchbrechung der Bestands- und

gegenüber dem anderen Vertragsstaat eingegangene völkerrechtliche Verpflichtung zur innerstaatlichen Umsetzung einer Verständigungsvereinbarung oder eines Schiedsspruchs erfüllen kann. Inhalt der Verständigungsvereinbarung oder des Schiedsspruchs ist die vereinbarte bzw. beschlossene Abänderung des nationalen Steueranspruchs. Dieser steht im Widerspruch zum bereits bestandskräftig gewordenen innerstaatlichen Steuerbescheid[236]. Die Bestandskraft des Steuerbescheides wird durch § 175a S. 1 AO durchbrochen und umgeändert, soweit dies zur Umsetzung der Verständigungsvereinbarung oder des Schiedsspruchs notwendig ist[237]. Auch bei der Änderung des Steuerbescheides nach § 175a AO sind die Regelungen der §§ 176, 177 AO zu beachten. In der Regel wird der Steuerbescheid dann für das betroffene Veranlagungsjahr berichtigt[238].

Mit der Einleitung des Verständigungsverfahrens durch den Steuerpflichtigen bei der deutschen Finanzbehörde wird der Ablauf der Festsetzungsfrist[239] nach Maßgabe des § 171 Abs. 3 AO gehemmt[240]. Die Festsetzungsfrist endet nach § 175a S. 2 AO nicht vor Ablauf eines Jahres nach dem Wirksamwerden der Verständigungsvereinbarung oder des Schiedsspruchs. Dabei handelt es sich um eine Ablaufhemmung. Diese soll sicherstellen, dass im Zusammenhang mit der Durchführung von Verständigungs- und Schiedsverfahren die Festsetzungsverjährung insofern nicht eintreten soll, bevor in dem betreffenden Verfahren eine Lösung des Besteuerungskonfliktes erreicht worden ist[241].

Umstritten ist allerdings, ob die Berichtigung des Steuerbescheides nach § 175a S. 1 AO auch noch zulässig ist, wenn der Antrag auf Einleitung des

---

Rechtskraft rechtfertigen würde. Diese ungeklärte Rechtslage wurde mit Einführung des § 175a S. 1 AO beseitigt.

236 *v. Groll* in Hübschmann/ Hepp/ Spitaler, AO/FGO, § 175a AO Rn 77 (November 2004).

237 *v. Groll* in Hübschmann/ Hepp/ Spitaler, AO/FGO, § 175a AO Rn 77 (November 2004); *von Wedelstädt* in Beermann/ Gosch, AO, § 175a AO Rn 16 (Juli 2009).

238 *Lehner* in Vogel/ Lehner, DBA, Art. 25 OECD-MA Rn 103.

239 Nach § 169 Abs. 2 AO beträgt die Festsetzungsfrist für Steuern vom Einkommen und Vermögen vier Jahre.

240 *Lehner* in Vogel/ Lehner, DBA, Art. 25 OECD-MA Rn 135; *v. Groll* in Hübschmann/ Hepp/ Spitaler, AO/FGO, § 175a AO Rn 100 (Juli 2009); *Frotscher* in Schwarz, AO, § 175a AO Rn 23 (2010); *Lühn*, BB 2009, 412. Entgegen der Ansicht der Finanzverwaltung in Rn 4.1 BMF-Merkblatt zum internationalen Verständigungs- und Schiedsverfahren vom 13.7.2006, BStBl. I 2006, 462 (466), muss der Steuerpflichtige nicht gleichzeitig mit seinem Antrag auf Einleitung des Verständigungs- und Schiedsverfahrens die Änderung des Steuerbescheides beantragen.

241 *Loose* in Tipke/ Kruse, AO, § 175a AO Rn 8 (Mai 2009).

Verständigungsverfahrens vom Steuerpflichtigen erst nach Ablauf der Festsetzungsfrist (§ 169 AO) gestellt wird. Zwar regelt Art. 25 Abs. 2 S. 2 OECD-MA i.V.m. § 2 AO, dass die Verständigungsvereinbarung ungeachtet der Fristen des innerstaatlichen Rechts durchgeführt werden soll, allerdings haben die DBA als völkerrechtliche Verträge nach ihrer Transformation in innerstaatliches Recht nach Art. 59 Abs. 2 GG nur den Rang eines einfachen Bundesgesetzes. § 2 AO räumt den Abkommen insofern nur eine lex specialis Wirkung gegenüber den allgemeinen Steuergesetzen ein. Daher wird die Abkommensnorm des Art. 25 Abs. 2 S. 2 OECD-MA durch die insofern zeitlich nachfolgende Regelung des § 175a AO verdrängt[242].

In der Rechtsprechung wurde diese Problematik bisher noch nicht thematisiert. Die überwiegenden Stimmen in der Literatur vertreten die Ansicht, dass zum Zeitpunkt der Einleitung des Verständigungsverfahrens die Festsetzungsfrist noch nicht abgelaufen sein darf. § 175a S. 2 AO enthalte keine Anlauf-, sondern eine Ablaufhemmung, die insofern nur eingreifen könne, wenn die Festsetzungsfrist noch nicht abgelaufen sei. Eine bereits abgelaufene Frist könne aber nicht mehr gehemmt werden[243]. In § 169 Abs. 1 AO sei eindeutig geregelt, dass eine Aufhebung oder Änderung der Steuerfestsetzung nach Ablauf der Festsetzungsfrist nicht mehr möglich ist[244]. Außerdem sei die Einleitung des Verständigungsverfahrens in der Regel noch möglich, da die in den deutschen DBA geregelten Fristen für das Verständigungsverfahren üblicherweise kürzer seien als die vierjährige Festsetzungsfrist des § 169 Abs. 2 Nr. 2 AO[245].

Die Gegenmeinung in der Literatur vertritt die Ansicht, dass die Umsetzung der Verständigungsvereinbarung nach § 175a S. 1 AO in allen Fällen ermöglicht werden müsse, in denen der Steuerpflichtige den Antrag auf Einleitung des Verständigungsverfahrens noch innerhalb der im DBA vorgesehenen Frist[246] gestellt hat. Dies solle selbst dann gelten, wenn zum Zeitpunkt der Antragstellung die

---

242 *Loh/ Steinert*, BB 2008, 2383 (2384). Siehe dazu bereits 2.Teil.C.II.

243 *Loose* in Tipke/ Kruse, AO, § 175a AO Rn 8 (Mai 2009); *Lehner* in Vogel/ Lehner, DBA, Art. 25 OECD-MA Rn 135; *v. Groll* in Hübschmann/ Hepp/ Spitaler, AO/FGO, § 75a AO Rn 100 (November 2004); *Balmes* in Kühn/ von Wedelstädt, Abgabenordnung und Finanzgerichtsordnung, § 175a Rn 7; *Koenig* in Pahlke/ Koenig, AO, § 175a Rn 10.

244 *Lehner* in Vogel/ Lehner, DBA, Art. 25 OECD-MA Rn 135; *Koenig* in Pahlke/ Koenig, AO, § 175a Rn 10.

245 *Lehner* in Vogel/ Lehner, DBA, Art. 25 OECD-MA Rn 135.

246 Im Falle des Art. 25 Abs. 1 S. 2 OECD-MA beträgt die Frist 3 Jahre seit der ersten Mitteilung der betreffenden Besteuerungsmaßnahme.

Festsetzungsfrist bereits abgelaufen ist[247]. Solange dies nicht der Fall ist, müsse der Ablauf der Festsetzungsfrist auflösend bedingt sein. Andernfalls wäre die völkerrechtlich verbindliche Umsetzung von Verständigungsvereinbarungen in innerstaatliches Recht nicht sichergestellt[248]. Außerdem würden Betriebsprüfungen im Ausland unterschiedlich lange dauern, sodass der Steuerpflichtige in manchen Fällen erst nach Ablauf der im deutschen Recht vorgesehenen Festsetzungsfrist von einer möglichen Doppelbesteuerung erfahren würde. Dem Steuerpflichtigen wäre in einem solchen Fall die Möglichkeit verwehrt, einen Antrag auf Einleitung eines Verständigungsverfahrens zu stellen[249].

Im Regelfall führt der Ansatz der h.M. zu überzeugenderen Ergebnissen. Der Normzweck der § 169 ff. AO liegt darin, nach Ablauf eines bestimmten Zeitraums (Festsetzungsfrist) für Rechtsfrieden zu sorgen. Dieser Absicht des Gesetzgebers würde es zuwiderlaufen, wenn die gegen den Steuerpflichtigen ergangene Steuerfestsetzung auch noch nach Fristablauf geändert werden könnte.

Eine andere Sachlage ergibt sich hingegen, wenn die Maßnahme, die zur Doppelbesteuerung führt, von der Finanzbehörde im anderen Vertragsstaat ausgeht und der Steuerpflichtige hiervon erst nach Ablauf der deutschen Festsetzungsfrist Kenntnis erlangt. Folgt man der h.M., so hätte der Steuerpflichtige keine Gelegenheit mehr, das Verständigungsverfahren einzuleiten. Nach der Gegenmeinung wäre der Steuerpflichtige hingegen weiter in der Lage, dies zu tun. In Hinblick auf den Rechtsschutz des Steuerpflichtigen und den Normzweck des Art. 25 OECD-MA führt die Gegenmeinung in dieser Fallvariante somit zu sachgerechteren Ergebnissen.

Frotscher schlägt in einer vermittelnden Stellungnahme vor, in diesem Ausnahmefall der Gegenmeinung den Vorzug zu geben und ansonsten aus Gründen der Rechtssicherheit und des Rechtsfriedens der h.M. zu folgen[250]. Das Spannungsverhältnis zwischen dem Normzweck des Art. 25 OECD-MA (Gewährleistung des zwischenstaatlichen Rechtsschutzes vor abkommenswidriger Besteuerung) und dem Normzweck der nationalen Regelungen zur Festsetzungsverjährung nach §§ 169 ff. AO (Schaffung von Rechtssicherheit und Rechtsfrieden) kann dadurch am wirkungsvollsten aufgelöst werden. Der in Deutschland ansässige Steuerpflichtige ist bei einer Besteuerungsmaßnahme durch den anderen Vertragsstaat

---

247 *von Wedelstädt* in Beermann/ Gosch, AO, § 175a Rn 17 (Juli 2009); *Rüsken* in Klein, AO, § 175a Rn 2; *Loh/ Steinert*, BB 2008, 2383 (2385).

248 *Rüsken* in Klein, AO, § 175a Rn 2; *Loh/ Steinert* in BB 2008, 2383 (2385).

249 *Loh/ Steinert*, BB 2008, 2383 (2385).

250 *Frotscher* in Schwarz, AO, § 175a AO Rn 15 (2010).

verpflichtet, den Antrag auf Einleitung des Verständigungsverfahrens bei der deutschen Finanzbehörde – als Behörde des Ansässigkeitsstaates – zu stellen. Da er häufig aber erst nach Ablauf der Festsetzungsfrist von der abkommenswidrigen Maßnahme durch die ausländische Finanzbehörde erfahren würde, hätte er nach der h.M. gar nicht mehr die Möglichkeit das Verständigungsverfahren einzuleiten. Im Verhältnis zu einem inländischen Steuerpflichtigen, der durch eine Maßnahme der deutschen Finanzbehörde abkommenswidrig besteuert wird, hätte ein inländischer Steuerpflichtiger, der von einer abkommenswidrigen Maßnahme der ausländischen Behörde betroffen ist, weniger Rechtsschutzmöglichkeiten und würde somit ungleich behandelt. Zudem wäre durch diesen vermittelnden Lösungsansatz das Bedürfnis nach Rechtsfrieden und Rechtssicherheit nicht unverhältnismäßig gefährdet. Der Steuerpflichtige könnte den Antrag auf Einleitung des Verständigungsverfahrens nämlich nicht unbegrenzt, sondern nur innerhalb der dreijährigen Frist des Art. 25 Abs. 1 S. 2 OECD-MA, stellen. Die vermittelnde Ansicht führt somit zu den sachgerechtesten Ergebnissen. In der beschriebenen Fallkonstellation sollte der Ablauf der Festsetzungsfrist daher solange auflösend bedingt sein, wie die Frist auf Einleitung des Verständigungsverfahrens noch läuft. Die §§ 169 ff. AO sollten daher im Rahmen dieser Fallkonstellation im Anwendungsbereich des Art. 25 OECD-MA teleologisch reduziert werden.

Die Verständigungsvereinbarung kann nach der hier vertretenen Ansicht in Deutschland innerstaatlich nicht umgesetzt werden, wenn die Frage der abkommenswidrigen Besteuerung bereits Streitgegenstand einer vorausgegangenen gerichtlichen Entscheidung war. Die Rechtskraft der finanzgerichtlichen Entscheidung steht dem Inhalt der Verständigungsvereinbarung dann entgegen, wodurch eine Korrektur des Steuerbescheides nach § 175a AO rechtlich unmöglich wird[251]. Derartige Kollisionen werden in der Praxis allerdings dadurch

---

251 Eine Abweichung von einem rechtskräftigen Urteil ist nur im Ausnahmefall des § 100 Abs. 1 S. 1, Halbs. 2 FGO in den Fällen möglich, in denen neue Tatsachen und Beweismittel bekannt geworden sind oder soweit es um Fragen geht, die nicht Streitgegenstand des finanzgerichtlichen Verfahrens waren. Vgl. hierzu *von Wedelstädt* in Beermann/ Gosch, AO, § 175a Rn 16 (Juli 2009); *von Groll* in Hübschmann/ Hepp/ Spitaler, AO/FGO, § 175a AO Rn 79 (November 2004); *Lehner* Vogel/ Lehner, DBA, Art. 25 OECD-MA Rn 132 ff.; *Seer* in Tipke/ Kruse, AO, § 110 FGO Rn 35 (Januar 2010); *Schmidt,* SteuerStud 2010, 60 (64); *Merz/ Sajogo*, PISTB 2010, 185 (188); a.A. *Wichmann*, FR 2011, 1082 (1086); *Krabbe*, IStR 2002, 548 (550); *Mühlhausen*, Das Verständigungsverfahren im deutschen Internationalen Steuerrecht, S. 130. So auch die Finanzverwaltung in Ziff. 13.1.4 des BMF-Merkblatts zum internationalen Verständigungs- und Schiedsverfahren vom 13.7.2006, BStBl. I 2006, 462 (471).

vermieden, dass der Steuerpflichtige das Verständigungsverfahren nur einleiten kann, wenn er vorher dokumentiert hat, dass hinsichtlich des Streitgegenstandes keine entgegenstehenden inländischen Gerichtsentscheidungen existieren und er bereits eingelegte inländische Rechtsmittel für die Dauer des Verständigungsverfahrens aussetzt[252].

Steht die Korrektur des Steuerbescheides durch die deutsche Finanzbehörde im Widerspruch zum Inhalt der Verständigungsvereinbarung und ist der Steuerpflichtige dadurch beschwert, so kann er nach einem erfolglosen Einspruchsverfahren gegen den fehlerhaften Steuerbescheid Anfechtungsklage nach §§ 40 Abs. 1 Alt. 1, 100 FGO erheben[253]. Sofern es die deutsche Finanzbehörde entgegen der gesetzlichen Verpflichtung aus § 175a S. 1 AO gänzlich unterlässt, den Steuerbescheid entsprechend der Vorgabe der Verständigungsvereinbarung zu erlassen, aufzuheben oder zu ändern, kann der Steuerpflichtige nach einem erfolglosen Einspruchsverfahren nach §§ 40 Abs. 1 Alt. 2, 101 FGO Verpflichtungsklage gegen die Finanzbehörde erheben[254]. Führt das Verständigungs- oder Schiedsverfahren zu keiner Änderung der Steuerfestsetzung, tritt insofern endgültige Bestandskraft ein[255].

5. Schwächen des Verständigungsverfahrens im engeren Sinne

Das Verständigungsverfahren hat sich zwar dahingehend bewährt, dass die Vertragsstaaten die meisten Fälle einvernehmlich gelöst haben[256]. Durch die fortschreitende Globalisierung haben jedoch grenzüberschreitende Besteuerungskonflikte und deren Komplexität deutlich zugenommen und zu einem Anstieg ungelöster Fälle geführt[257]. Vor allem aus der Sicht des Steuerpflichtigen weist das Verständigungsverfahren wesentliche Schwächen auf. So steht dem Steuerpflichtigen nach Ansicht der Rechtsprechung und der h.M. kein klagbarer Anspruch

---

252 *von Groll* in Hübschmann/ Hepp/ Spitaler, AO/FGO, § 175a AO Rn 80 (November 2004); §§ 354 Abs. 1a, 362 Abs. 1a AO bzw. §§ 50 Abs. 1a, 72 Abs. 1a FGO stehen dem nicht entgegen.

253 *Schmidt*, SteuerStud 2010, 60 (64); *Krabbe*, IStR 2002, 548, 551; *Randenborgh/ Seidenfus*, INF 1996, 481 (485); *Frotscher* in Schwarz, AO, § 175a AO Rn 24 (2010).

254 *von Groll* in Hübschmann/ Hepp/ Spitaler, AO/FGO, § 175a AO Rn 110 (November 2004).

255 *Frotscher* in Schwarz, AO, § 175a AO Rn 25 (2010).

256 *Lüthi* in Becker/ Höppner/ Grotherr/ Kroppen, DBA, Art 25 MA, B. Erläuterungen Rn 14 (2008); *Becker* in Haase, Außensteuergesetz, Doppelbesteuerungsabkommen, Art. 25 MA II Rn 3; *Baumgartner/ Schelling*, IFF 2008, 159 (161); *Owens*, IStR 2007, 472.

257 *Owens*, IStR 2007, 472.

auf Einleitung des Verständigungsverfahrens zu[258]. Es liegt danach im Ermessen der zuständigen Behörde, ob sie das Verständigungsverfahren einleitet oder den Antrag ablehnt. Im Verständigungsverfahren ist der Steuerpflichtige dann nicht Verfahrensbeteiligter und hat nur eingeschränkte Mitwirkungsrechte. Zudem sind die zuständigen Behörden der Vertragsstaaten zwar verpflichtet, miteinander in Verhandlungen einzutreten, unterliegen dabei aber nicht dem Zwang, sich im Verständigungsverfahren zu einigen. Es besteht somit jederzeit die Möglichkeit, dass das Verständigungsverfahren erfolglos abgebrochen wird. Der Steuerpflichtige hat damit keine Gewähr, dass die abkommenswidrige Besteuerung auch tatsächlich beseitigt wird. Auch die lange Verfahrensdauer und die fehlende Flexibilität des Verständigungsverfahrens wirken sich negativ auf den Steuerpflichtigen aus. Von der Entstehung einer abkommenswidrigen Besteuerung als Folge einer Betriebsprüfung bis zur Lösung des Falles durch eine Verständigungsvereinbarung können, abhängig von der Komplexität, der Verfahrenssprache, der Kooperationsbereitschaft und den Ressourcen der beiden zuständigen Behörden der Vertragsstaaten, fünf oder mehr Jahre vergehen[259]. Das Verständigungsverfahren kann folglich mehrere Jahre andauern, ohne dass der Steuerpflichtige die Gewissheit besitzt, dass die zuständigen Behörden eine Einigung erzielen werden und falls doch, welchen konkreten Inhalt diese haben wird[260]. Teile der Literatur kritisieren zudem, dass die zuständigen Behörden zweier Vertragsstaaten im Rahmen so genannter „package deals“ oder „horse tradings“ mehrere Fälle gleichzeitig verhandeln. Dabei bestehe das Risiko, dass bei einer Verständigung, die mehrere Fälle gleichzeitig abhandelt, jeder einzelne Fall nur noch unzureichend gewürdigt werden kann[261]. Diese These könnte die Finanzverwaltung am ehesten durch die Veröffentlichung der Verständigungsergebnisse entkräften. In der Praxis geschieht dies allerdings nur teilweise[262]. Wenn die Veröffentlichung unterbleibt, kann der Steuerpflichtige nicht nachvollziehen, ob die zuständigen Behörden im Rahmen eines vermeintlichen „package deals“, die in seinem Fall gebotenen Sachgründe noch in ausreichendem Maße gewürdigt haben[263].

258 Vgl. hierzu bereits 2.Teil.C.II.3.

259 *Eilers* in Debatin/ Wassermeyer, DBA, Art. 25 OECD-MA Rn 19 (Mai 2008); *Ribes Ribes*, European Taxation 2002, 400.

260 Turner, TNI 2005, 1223 (1229).

261 *Park/ Tillinghast*, Income Tax Treaty Arbitration, S. 20; *Ault*, Florida Tax Review 2005, 138 (139); *Altman*, Dispute Resolution under tax treaties, S. 88; *Morgan*, TNI 2006, 77 (83); *Turner*, TNI 2005, 1223 (1229).

262 *Lehner* Vogel/ Lehner, DBA, Art. 25 OECD-MA Rn 119.

263 *Turner*, TNI 2005, 1223 (1229).

Auch aus der Sicht der Finanzbehörde kann das Verständigungsverfahren einen unbefriedigenden Verlauf nehmen. So ist es möglich, dass die Behörde des anderen Vertragsstaates keinerlei Bereitschaft zeigt, auf selbst offensichtlich berechtigte Anliegen einzugehen[264]. Aufgrund dieser Mängel des Verständigungsverfahrens werden seit einiger Zeit alternative Verfahren zur Beilegung entsprechender Besteuerungskonflikte diskutiert.

III. Advance Pricing Agreements (APA)

1. Verrechnungspreise

Die Preise, die sich konzernangehörige Unternehmen (verbundene Unternehmen) für gegenseitig erbrachte Leistungen und Lieferungen in Rechnung stellen, werden allgemein als Verrechnungspreise (Transfer Prices) bezeichnet[265]. Wenn die verbundenen Unternehmen in verschiedenen Staaten ansässig und somit verschiedenen Steuerrechtsordnungen unterworfen sind, bietet sich für den Gesamtkonzern die Möglichkeit, durch eine entsprechende Gestaltung der Verrechnungspreise zwischen den Konzernunternehmen das internationale Steuergefälle zu seinen Gunsten auszunutzen[266]. Der Gesamtkonzern wird bestrebt sein, durch die Bestimmung der Verrechnungspreise den Gewinn der Konzernunternehmen so zu verlagern, dass er hierdurch insgesamt steuerlich begünstigt wird. Anders als bei Leistungen und Lieferungen zwischen unabhängigen Dritten fehlt bei verbundenen Unternehmen der zwischen Käufer und

---

264 *Baumgartner/ Schelling*, IFF 2008, 159 (161). Um den Steuerpflichtigen in solchen Fällen vor einer drohenden oder eingetretenen Doppelbesteuerung zu schützen, müsste die kompromissbereite Finanzbehörde einseitig auf Teile ihres Steuersubstrats verzichten.

265 *Frotscher*, Internationales Steuerrecht, § 16 Rn 550; *Vögele/ Fischer* in Vögele/ Borstell/ Engler, Handbuch der Verrechnungspreise, A Rn 10; *Jacobs*, Internationale Unternehmensbesteuerung, S. 551; *Baumhoff* in Mössner, Steuerrecht international tätiger Unternehmen, C 224.

266 Die verbundenen Unternehmen sind eigene Steuersubjekte (in der Regel in Form einer Kapitalgesellschaft) und werden somit gesondert zur Einkünfteermittlung herangezogen (§ 8 Abs. 1 KStG i.V.m. §§ 4 Abs. 1; 5 Abs. 1 EStG). Nach diesem Trennungsprinzip ist für jedes international verbundene Unternehmen nach den Gewinnermittlungsvorschriften seines Ansässigkeitsstaates die steuerliche Bemessungsgrundlage zu ermitteln. *Schaumburg*, Internationales Steuerrecht, § 18 Rn 18.80; *Baumhoff* in Mössner, Steuerrecht international tätiger Unternehmen, C 227.

Verkäufer übliche natürliche Interessengegensatz. Dieser liefert unter normalen Umständen die Gewähr für die Angemessenheit des Marktpreises[267]. Die Gestaltung der Verrechnungspreise zwischen den konzernangehörigen Unternehmen hat hingegen keine Auswirkungen auf den Gesamtgewinn des Konzerns. Der Verrechnungspreis bestimmt nur, welches konzernangehörige Unternehmen welchen Gewinn ausweist und verteilt somit innerhalb des Konzerns nur den Gewinn, ohne aber eine Gewinnentstehungsfunktion zu haben[268]. Wenn der Gewinn eines konzernangehörigen Unternehmens durch eine unangemessene Verrechnungspreisgestaltung gemindert wird, kann dies aufgrund des verursachten Steuerausfalls nicht im Interesse des Ansässigkeitsstaates liegen. Eine Preisgestaltung ist unangemessen, wenn in zwei unterschiedlichen Staaten ansässige verbundene Unternehmen im Rahmen ihrer Geschäftsbeziehungen Bedingungen vereinbart haben, die von denen abweichen, die voneinander unabhängige Dritte unter gleichen oder ähnlichen Verhältnissen vereinbart hätten (Fremdvergleichsgrundsatz oder arm`s-length-Prinzip)[269].

Viele nationale Steuerrechtsordnungen besitzen gesetzliche Bestimmungen, um unangemessene Verrechnungspreisgestaltungen nachträglich zu beheben und den steuerlichen Gewinn entsprechend dem Fremdvergleichsniveau nach oben zu korrigieren[270]. Das deutsche Steuerrecht enthält hierfür die Rechtsinstitute der

---

267 *Schaumburg*, Internationales Steuerrecht, § 18 Rn 18.80; *Kraft*, AStG, § 1 AStG Rn 10; *Jacobs*, Internationale Unternehmensbesteuerung, S. 551; *Vögele/ Fischer* in Vögele/ Borstell/ Engler, Handbuch der Verrechnungspreise, A Rn 11; *Baumhoff* in Mössner, Steuerrecht international tätiger Unternehmen, C 227.

268 *Frotscher*, Internationales Steuerrecht, § 16 Rn 551; *Jacobs*, Internationale Unternehmensbesteuerung, S. 551; *Baumhoff* in Mössner, Steuerrecht international tätiger Unternehmen, C 227.

269 *Wassermeyer* in Debatin/ Wassermeyer, DBA, Art. 9 OECD-MA Rn 67 (Mai 2004); *Schaumburg*, Internationales Steuerrecht, § 16 Rn 16.300; *Frotscher*, Internationales Steuerrecht, § 16 Rn 561; *Kraft*, AStG, § 1 AStG, Rn 10; *Rodemer,* Advance Pricing Agreements im US-amerikanischen und im deutschen Steuerrecht, S. 37 ff.

270 Die Beurteilung, ob die vereinbarten Verrechnungspreise dem Drittvergleich entsprechen, stellt sich in der Praxis als schwierig dar, da die Ermittlung eines solchen Wertes von vielen Faktoren abhängt. Die Bestimmung eines einzigen Wertes ist daher in den meisten Fällen nicht möglich, vielmehr ergibt sich üblicherweise eine Bandbreite von Werten, innerhalb der der Verrechnungspreis liegen sollte, um als angemessen zu gelten. *Heinrich/ Schmitt,* DB 2006, 2428 (2429). Zu den einzelnen Methoden zur Ermittlung der Angemessenheit des Verrechnungspreises, *Grotherr*, BB 2005, 855 (856).

verdeckten Gewinnausschüttung (§ 8 Abs. 3 S. 2 KStG)[271] und der verdeckten Einlage (§ 4 Abs. 1 EStG, § 8 Abs. 3 S. 3 KStG). Diese gelten gleichermaßen für nationale und grenzüberschreitende Sachverhalte. Außerdem existiert mit § 1 AStG eine Vorschrift, die nur für grenzüberschreitende Lieferungs- und Leistungsbeziehungen gilt, dann aber gleichermaßen für Gesellschafter und abhängige Gesellschaft[272]. Der Gesamtkonzern ist dann von einer wirtschaftlichen Doppelbesteuerung betroffen, wenn der eine Staat bei dem, in seinem Gebiet ansässigen verbundenen Unternehmen, eine dem Fremdvergleichsniveau entsprechende Ergebniskorrektur nach oben vornimmt. Dabei unterlässt es der andere Staat gleichzeitig, bei dem in seinem Gebiet ansässigen verbundenen Unternehmen, eine spiegelbildlich notwendige Ergebniskorrektur nach unten durchzuführen[273].

2. APA-Verfahren

Im Bereich der Verrechnungspreise gibt es seit einiger Zeit auch ein präventives Vorabverständigungsverfahren (Advance Pricing Agreements). Ein APA ist eine im Voraus getroffene Absprache zwischen einem oder zwei Steuerpflichtigen und der oder den betroffenen Steuerbehörden über die Gestaltung der Verrechnungspreise[274]. Bevor die Transaktionen zwischen den verbundenen Unternehmen tatsächlich verwirklicht werden, können die betroffenen Steuerpflichtigen die Durchführung eines APA bei der zuständigen Behörde ihres Ansässigkeitsstaates

---

271 Bezieht beispielsweise eine Tochtergesellschaft von der Muttergesellschaft Lieferungen und Leistungen und entrichtet diesbezüglich einen über dem Marktpreis liegenden Verrechnungspreis, so überträgt sie hinsichtlich der Zahlung des überhöhten Teils des Preises Vermögensbestandteile auf die Muttergesellschaft. Denkbar ist auch, dass die Tochtergesellschaft Lieferungen und Leistungen an die Muttergesellschaft erbringt und als Entgelt hierfür ein unter dem Marktpreis liegender Verrechnungspreis vereinbart wird. In beiden Fällen liegt nach der ständigen Rechtsprechung des BFH eine verdeckte Gewinnausschüttung vor, da in beiden Fällen die Vermögensminderung aus gesellschaftsrechtlichen Gründen veranlasst wurde. So BFH Urteil vom 22.2.1989, BStBl. 1989 Teil II, 475 (476 f.).

272 Anders als bei der verdeckten Gewinnausschüttung die bei ihren Gesellschaftern zu Einkünften führt, erfolgt durch § 1 Abs. 1 AStG lediglich eine Hinzurechnung beim Einkommen der benachteiligten Gesellschaft, *Frotscher*, Internationales Steuerrecht, § 16 Rn 567.

273 *Frotscher*, Internationales Steuerrecht, § 1 Rn 6.

274 Rn 1.2 und 2.2 BMF-Merkblatt für bilaterale oder multilaterale Vorabverständigungsverfahren vom 5.10.2006, BStBl. I 2006, 594 (595); *Lehner* in Vogel/ Lehner, DBA, Art. 25 OECD-MA Rn 317; *Loh/ Peters*, RIW 2007, 116 (117).

beantragen. In dem APA-Verfahren wird eine dem Fremdvergleich entsprechende Verrechnungspreismethode zur Bestimmung der konzerninternen Verrechnungspreise für einen bestimmten Zeitraum festgelegt[275]. Außerdem werden Gültigkeitsbedingungen festgelegt (Critical Assumptions), welche die zukünftigen Geschäftsbeziehungen der verbundenen Unternehmen maßgeblich beeinflussen. Diese stellen eine ausdrücklich vereinbarte Vertragsgrundlage zwischen den Vertragsparteien des APA dar[276].

Erstmals wurden APA Anfang der Neunziger Jahre zwischen den Finanzverwaltungen der Pazifikstaaten USA, Japan und Australien angewendet[277]. Die deutschen Steuerbehörden standen den APA anfangs noch kritisch gegenüber. Seit dem Erlass des BMF Merkblattes im Jahre 2006 werden mittlerweile aber auch in Deutschland vermehrt APA durchgeführt[278].

APA können je nach Beteiligung der besteuernden Staaten uni-, bi- oder auch multilateral abgeschlossen werden, wobei diese jeweils auf unterschiedlichen Rechtsgrundlagen basieren und einen unterschiedlichen Regelungsgehalt haben.

---

275 In diesem Zusammenhang bedeutet der Begriff „Verrechnungspreismethode" weniger die Festlegung auf eine der anerkannten Standardmethoden (Preisvergleichs-, Wiederverkaufspreis- bzw. Kostenaufschlagsmethode) für die Prüfung der Angemessenheit von Verrechnungspreisen, sondern vielmehr die Einigung über die konkreten Kalkulationsgrundlagen für die Bestimmung des Verrechnungspreises und die preisbeeinflussenden Faktoren. Rn 1.2 und 2.2 BMF-Merkblatt für bilaterale oder multilaterale Vorabverständigungsverfahren vom 5.10.2006, BStBl. I 2006, 594 (595); *Lehner* in Vogel/ Lehner, DBA, Art. 25 OECD-MA DBA Rn 317; *Dworaczek/ Scheibe*, StWK Gruppe 13 (18/2007), 19 (20); *Grotherr*, BB 2005, 855 (856).

276 Derartige Bedingungen können beispielsweise gleich bleibende Beteiligungsverhältnisse und Geschäftsbeziehungen zwischen den verbundenen Unternehmen und gleich bleibende Marktverhältnisse sein. Eine Überprüfung der Einhaltung der Gültigkeitsbestimmungen erfolgt unmittelbar durch Abgleich mit der Steuererklärung. Zusammen mit den Sachverhaltsangaben werden sie ferner im Rahmen der späteren Außenprüfung überprüft. Rn 3.7 BMF-Merkblatt für bilaterale oder multilaterale Vorabverständigungsverfahren vom 5.10.2006, 594 (598); *Kramer*, IStR 2007, 174 (176); *Dworaczek/ Scheibe*, StWK Gruppe 13, 19 (20) (18/2007); *Loh/ Peters*, RIW 2007, 116 (119); *Grotherr*, BB 2005, 855 (856, 859 f.).

277 *Kramer*, IStR 2007, 174 (175); *Heinrich/ Schmitt*, DB 2006, 2428 (2429); *Gehm*, Stbg 2005, 149. Ausführlich hierzu, *Rodemer*, Advance Pricing Agreements im US-amerikanischen und im deutschen Steuerrecht, S. 23 ff.

278 BMF-Merkblatt für bilaterale oder multilaterale Vorabverständigungsverfahren vom 5.10.2006, BStBl. I 2006, 594; *Loh/ Peters*, RIW 2007, 116; *Dworaczek/ Scheibe*, StWK Gruppe 13, 19 (18/2007).

Unilaterale APA sind verbindliche Vorwegauskünfte im Rahmen von Vereinbarungen, die zwischen dem Steuerpflichtigen und der Steuerbehörde eines Staates abgeschlossen werden und somit nur eine innerstaatliche Wirkung entfalten[279]. Die durch eine Verrechnungspreiskorrektur verursachte wirtschaftliche Doppelbesteuerung kann dadurch nicht beseitigt werden, da trotz des grenzüberschreitenden Sachverhalts die Finanzbehörde des anderen Staates nicht in das Verfahren mit einbezogen wird[280]. Ein APA ist vielmehr dann effektiv, wenn die Vereinbarung bilateral mit den zuständigen Behörden beider Ansässigkeitsstaaten getroffen wird. Aus deutscher Sicht besteht das bilaterale APA zum einen aus der völkerrechtlichen Verständigung über die Verrechnungspreisgestaltung zwischen der Bundesrepublik Deutschland und einem anderen Staat, sowie zum anderen aus einer verbindlichen Zusage durch das BZSt über den Inhalt der Vereinbarung gegenüber dem inländischen Steuerpflichtigen[281]. Rechtsgrundlage für das APA-Verfahren sind die Vorschriften über das Verständigungsverfahren nach Art. 25 OECD-MA[282]. Das Verfahren kann deshalb aus deutscher Sicht

279 Rechtsgrundlage im deutschen Steuerrecht ist hierfür das Institut der verbindlichen Auskunft nach § 89 Abs. 2 AO. Unilaterale APA werden in der Regel dann abgeschlossen, wenn mit dem anderen Staat kein DBA besteht und somit die Durchführung eines bilateralen APA nicht möglich ist. Vgl. Rn 1.2 BMF-Merkblatt für bilaterale oder multilaterale Vorabverständigungsverfahren vom 5.10.2006, 594; *Dworaczek/ Scheibe*, StWK Gruppe 13 (18/2007), 19; *Grotherr*, BB 2005, 855 (857).

280 Durch die fehlende Einbeziehung der Behörde des anderen betroffenen Staates kann deren Misstrauen hervorgerufen werden und diese sogar dazu veranlasst werden, auf ihrer Seite die konzerninternen Verrechnungspreise besonders streng und gründlich zu prüfen. *Kramer*, IStR 2007, 174 (175); *Lehner* in Vogel/ Lehner, DBA, Art. 25 OECD-MA DBA Rn 321; *Grotherr*, BB 2005, 855 (857); *Rodemer,* Advance Pricing Agreements im US-amerikanischen und im deutschen Steuerrecht, S. 210.

281 Das amerikanische Recht interpretiert die spätere Zusage der Finanzbehörde auf der Grundlage der getroffenen zwischenstaatlichen Vereinbarung als eine Art öffentlich rechtlichen Vertrag zwischen Bundessteuerverwaltung und Steuerpflichtigem. Nach deutschem Recht wäre ein öffentlich rechtlicher Vertrag in diesem Zusammenhang aber unzulässig, da die Steuerverwaltung die Steuerpflicht und das Leistungsgebot durch Verwaltungsakt feststellt und somit im Rahmen der typischen Eingriffsverwaltung tätig wird. Rn 1.2 BMF-Merkblatt für bilaterale oder multilaterale Vorabverständigungsverfahren vom 5.10.2006, BStBl. I 2006, 594; *Heinrich/ Schmitt,* DB 2010, 2428 (2431); *Kramer*, IStR 2007, 174 (175); *Rodemer,* Advance Pricing Agreements im US-amerikanischen und im deutschen Steuerrecht, S. 119 ff.

282 Umstritten ist dabei jedoch, ob Art. 25 Abs. 1 und 2 OECD-MA oder Art. 25 Abs. 3 OECD-MA als Rechtsgrundlage heranzuziehen ist. Die OECD spricht sich in Tz. 4.140 ihren Rechnungspreisrichtlinien für Art. 25 Abs. 3 OECD-MA als

nur durchgeführt werden, wenn mit dem anderen Staat ein gemeinsames DBA besteht[283].

Der betroffenen Steuerpflichtigen leitet das APA-Verfahren durch einen Antrag beim BZSt ein. Vor Antragstellung kann der Steuerpflichtige bereits im Rahmen eines Vorgesprächs (Prefiling) mit dem BZSt den genaueren Inhalt und die Erfolgsaussichten des Verfahrens erörtern[284]. Der Steuerpflichtige muss seinen Antrag umfassend erläutern und der Behörde alle erforderlichen Aufzeichnungen zur Verfügung stellen[285]. Inhaltlich muss der Steuerpflichtige eine bestimmte Verrechnungspreismethode vorschlagen und genau darlegen, dass diese dem Fremdvergleichsgrundsatz genügt[286]. Wie beim herkömmlichen Verständigungsverfahren entscheidet das BZSt nach pflichtgemäßem Ermessen, ob es das zwischenstaatliche Vorabverständigungsverfahren einleitet oder den Antrag ablehnt[287]. Sofern sich das BZSt dafür entscheidet das Verfahren einzuleiten, benachrichtigt es die

---

Rechtsgrundlage aus. Dagegen befürwortet *Lehner* in Vogel/ Lehner, DBA, Art. 25 OECD-MA DBA Rn 327, mit überzeugenden Argumenten Art. 25 Abs. 1 und 2 OECD-MA als Rechtsgrundlage. So hätte auch das APA die Funktion, eine im Einzelfall drohende Doppelbesteuerung zu vermeiden. Zudem sei dem Steuerpflichtigen in beiden Fällen ein Zugang zum Verfahren eingeräumt.

283 Rn 1.2 BMF-Merkblatt für bilaterale oder multilaterale Vorabverständigungsverfahren vom 5.10.2006, BStBl. I 2006, 594 (595); *Dworaczek/ Scheibe*, StWK Gruppe 13, 19 (18/2007); *Kramer*, IStR 2007, 174 (175). Ausführlich hierzu *Lehner* in Vogel/ Lehner, DBA, Art. 25 OECD-MA Rn 325; *Rodemer*, Advance Pricing Agreements im US-amerikanischen und im deutschen Steuerrecht, S. 154 ff., a.A. *Gehm*, Stbg 2005, 149 (152).

284 Rn 1.3 und 2.2 BMF-Merkblatt für bilaterale oder multilaterale Vorabverständigungsverfahren vom 5.10.2006, BStBl. I 2006, 594 (596). Demnach ist das Vorgespräch auch auf anonymer Basis möglich. Dies ist für den Steuerpflichtigen deshalb von Vorteil, weil die Finanzbehörde jede Information, die sie im späteren APA Verfahren erlangt, nach dem Untersuchungsgrundsatz aus § 88 Abs. 2 AO zu einem späteren Zeitpunkt auch gegen den Steuerpflichtigen verwerten kann. *Grotherr*, BB 2005, 855 (860); *Lehner* in Vogel/ Lehner, DBA, Art. 25 OECD-MA Rn 330.

285 Siehe zum erforderlichen Umfang der einzureichenden Unterlagen, *Loh/ Peters*, RIW 2007, 116 (118).

286 *Lehner* in Vogel/ Lehner, DBA, Art. 25 OECD-MA Rn 331.

287 Bei der Ermessensentscheidung soll das Interesse des Steuerpflichtigen an der sicheren Vermeidung einer möglichen Doppelbesteuerung und das Interesse der Verwaltung an einer einvernehmlichen Erledigung der Verrechnungspreisfrage berücksichtigt werden. Näheres zum Inhalt der Ermessensprüfung und zu möglichen Ablehnungsgründen in Rn 3.9 BMF-Merkblatt für bilaterale oder multilaterale Vorabverständigungsverfahren vom 5.10.2006, BMF-Merkblatt, BStBl. I 2006, 594 (599).

zuständige Behörde des anderen betroffenen Staates und führt mit dieser einen vollständigen Informationsaustausch durch[288]. Der Steuerpflichtige ist kein Verfahrensbeteiligter im eigentlichen Vorabverständigungsverfahren[289]. Er wird in der Regel jedoch zu den Verhandlungen als Informant oder Assistent hinzugezogen, da häufig nur mit seiner Hilfe eine genaue Sachverhaltserörterung möglich ist. Die entscheidungsbefugten Finanzbehörden der beiden beteiligten Staaten haben somit ein Interesse an seiner Beteiligung[290]. Im Laufe des Verfahrens arbeiten beide Behörden darauf hin, eine Vorabverständigungsvereinbarung zur Bestimmung der Verrechnungspreismethoden zu vereinbaren. Das BZSt stellt seine Erklärung dabei unter den Vorbehalt, dass der Antragssteller der getroffenen Vereinbarung zustimmt und gleichzeitig einen Einspruchsverzicht nach § 354 Abs. 1a AO gegenüber der örtlich zuständigen Finanzbehörde erklärt[291]. Anschließend erfolgt die innerstaatliche Umsetzung der völkerrechtlichen Vorabverständigung. In Deutschland ist die zuständige Landesfinanzbehörde daraufhin verpflichtet, dem Steuerpflichtigen auf Antrag eine inhaltlich mit der Vorabverständigungsvereinbarung übereinstimmende verbindliche Vorabzusage zu erteilen[292]. Bestandteil der Vereinbarung mit der Behörde des anderen Staates ist außerdem die Verpflichtung des Steuerpflichtigen, einen jährlichen Bericht (Compliance Report) vorzulegen. Dieser soll belegen, dass der der Vereinbarung zu Grunde gelegte Sachverhalt verwirklicht und die Gültigkeitsbestimmungen eingehalten worden sind[293]. Sofern bei

---

288 In diesem Zusammenhang plädiert das BMF aber dafür, dass „der Antragsteller" seine APA-Anträge gleichzeitig und mit gleichen Unterlagen bei der Finanzbehörde im anderen Staat stellt. Rn 4.4 BMF-Merkblatt für bilaterale oder multilaterale Vorabverständigungsverfahren vom 5.10.2006, BMF-Merkblatt, BStBl. I 2006, 594 (599).

289 Rn 4.2 BMF-Merkblatt für bilaterale oder multilaterale Vorabverständigungsverfahren vom 5.10.2006, BMF-Merkblatt, BStBl. I 2006, 594 (600). Dies ergibt sich bereits aus der Einstufung des APA als Unterfall von Art. 25 OECD-MA. *Lehner* in Vogel/Lehner, DBA, Art. 25 OECD-MA Rn 341.

290 *Kramer*, IStR 2007, 174 (175); *Grotherr*, BB 2005, 855 (857 f.).

291 Rn 4.6 BMF-Merkblatt für bilaterale oder multilaterale Vorabverständigungsverfahren vom 5.10.2006, BStBl. I 2006, 594 (600). Außerdem hat der Steuerpflichtige dabei eine Erklärung abzugeben, dass die deutschen Finanzbehörden nur dann verpflichtet sein sollen sich an die Vereinbarung zu halten, wenn der dem APA zu Grunde liegende Sachverhalt erfüllt wird (Rn 6.5.1.), wenn die Gültigkeitsbedingungen eingehalten (Rn 6.5.2) und den Finanzbehörden die erforderlichen Jahresberichte (Rn 6.1) zur Verfügung gestellt werden.

292 Rn 5.1 BMF-Merkblatt für bilaterale oder multilaterale Vorabverständigungsverfahren vom 5.10.2006, BStBl. I 2006, 594 (601).

293 *Kramer*, IStR 2007, 174 (176 f.).

der Prüfung des Berichts festgestellt wird, dass der Sachverhalt nicht verwirklicht wurde, werden sowohl die Vorabverständigungsvereinbarung als auch die Vorabzusage gegenstandslos und entfalten keinerlei Rechtswirkung mehr[294]. Die Umsetzung im anderen Staat beeinflusst nicht die innerstaatliche Umsetzung und das innerstaatliche Verfahren in Deutschland[295]. Das APA hat zumeist eine Laufzeit von drei bis fünf Jahren, wobei vor allem bei längeren Verfahren häufig auch eine rückwirkende Geltung (roll back) in Betracht kommt[296]. Nach § 178a AO hat der Antragsteller für die Durchführung des APA eine nicht erstattungsfähige Gebühr in Höhe von 20.000,- EUR zu entrichten.

APA können auch multilateral ausgestaltet sein. Dabei handelt es sich um mehrere, in ihrem Bestand miteinander verknüpfte bilaterale Vorabverständigungsverfahren[297].

3. Vor- und Nachteile von APA für den Steuerpflichtigen

Die Durchführung eines APA kann sich für das betroffene verbundene Unternehmen in mehrfacher Hinsicht vorteilhaft auswirken. So erhält der Gesamtkonzern ein höheres Maß an Rechts- und Planungssicherheit[298]. Zum einen erlangt das verbundene Unternehmen eine Art Absicherung hinsichtlich der Angemessenheit zukünftiger Verrechnungspreise. Gleichzeitig wird durch die im Voraus getroffene Absprache und die Vorabverständigungsvereinbarung zwischen den beiden zuständigen Behörden der beiden Ansässigkeitsstaaten die Gefahr einer

---

294 Rn 6.5 BMF-Merkblatt für bilaterale oder multilaterale Vorabverständigungsverfahren vom 5.10.2006, BStBl. I 2006, 594 (602); *Dworaczek/ Scheibe*, StWK Gruppe 13 (18/2007), 19 (21).

295 Rn 5.2 BMF-Merkblatt für bilaterale oder multilaterale Vorabverständigungsverfahren vom 5.10.2006, BStBl. I 2006, 594 (601).

296 Rn 3.8 (APA Laufzeit) und 7.3 (zur rückwirkenden Geltung) BMF-Merkblatt für bilaterale oder multilaterale Vorabverständigungsverfahren vom 5.10.2006, BStBl. I 2006, 594 (599 und 602).

297 Rz 3.1 BMF-Merkblatt für bilaterale oder multilaterale Vorabverständigungsverfahren vom 5.10.2006, 594 (597); *Grotherr*, BB 2005, 855 (858); *Rodemer*, Advance Pricing Agreements im US-amerikanischen und im deutschen Steuerrecht, S. 209 f; *Lehner* in Vogel/ Lehner, DBA, Art. 25 OECD-MA Rn 323.

298 Dies kann sich beispielsweise bei geplanten Unternehmensverkäufen im Zusammenhang mit einer due diligence vorteilhaft auswirken. *Lehner* in Vogel/ Lehner, DBA, Art. 25 OECD-MA Rn 329; *Loh/ Peters*, RIW 2007, 116 (120); *Rodemer*, Advance Pricing Agreements im US-amerikanischen und im deutschen Steuerrecht, S. 232 f.

unkoordinierten Anpassung der Verrechnungspreise weitestgehend verhindert[299]. Deshalb ist der Steuerpflichtige anders als bei der Durchführung von Verständigungs- und Schiedsverfahren auch keiner eventuellen Steuernachzahlung oder zusätzlichen Zinsbelastung[300] ausgesetzt[301].

Nachteile könnten sich für den Antragssteller jedoch aus der hohen Kostenbelastung des APA Verfahrens ergeben. Neben der in § 178a AO geregelten Verwaltungsgebühr und dem Zeitaufwand des APA Verfahrens könnten besonders die Kosten für die Erstellung der notwendigen Dokumente ins Gewicht fallen. Allerdings besteht in Deutschland für den Steuerpflichtigen nach der auf Basis des § 90 Abs. 3 AO erlassenen GAufzV ohnehin die gesetzliche Pflicht, die konzerninternen Verrechnungspreise zu dokumentieren und Betriebsprüfungen zu begleiten, sodass diese Dokumentationsprozesse häufig zeitlich bloß vorverlagert werden[302]. Die Finanzbehörde könnte allerdings die im Vorabverständigungsverfahren erlangten Informationen zu einem späteren Zeitpunkt zum Nachteil des Steuerpflichtigen verwenden. Das wäre selbst dann möglich, wenn das Verfahren vorzeitig abgebrochen wurde[303].

---

299 Im Gegensatz zum herkömmlichen Verständigungsverfahren nach Art. 25 OECD-MA, bei dem es wie dargelegt keinen Einigungszwang für die beteiligten Finanzbehörden der Vertragsstaaten gibt, erlangt der Steuerpflichtige bei der Durchführung eines APA verbindlich die Garantie, dass für die Zukunft eine Doppelbesteuerung vermieden wird. Hierzu ausführlich *Rodemer,* Advance Pricing Agreements im US-amerikanischen und im deutschen Steuerrecht, S. 244 ff.

300 Siehe zum Problem der Aussetzungszinsen 2.Teil.C.II.4.

301 In manchen Ländern wie den USA, wäre er außerdem bei einer Unangemessenheit der Verrechnungpreise einer zusätzlichen Strafzahlung ausgesetzt, *Lehner* in Vogel/ Lehner, DBA, Art. 25 OECD-MA, Rn 329; *Rodemer,* Advance Pricing Agreements im US-amerikanischen und im deutschen Steuerrecht, S. 245; *Loh/ Peters*, RIW 2007, 116 (120).

302 Loh/*Peters*, RIW 2007, 116 (120); *Lehner* in Vogel/ Lehner, DBA, Art. 25 OECD-MA Rn 330.

303 Rn 1.3 BMF-Merkblatt für bilaterale oder multilaterale Vorabverständigungsverfahren vom 5.10.2006, BStBl. I 2006, 594 (596).

3. Teil: Schiedsverfahren als Streitbeilegungsmittel im Steuerrecht

A. Begriff der internationalen Schiedsgerichtsbarkeit

Allgemein versteht man unter dem Begriff der Schiedsgerichtsbarkeit eine im Vergleich zum herkömmlichen Gerichtsverfahren alternative Streitschlichtungsmethode, durch die ein Streit zwischen zwei Parteien außerhalb der staatlichen Gerichtsbarkeit beseitigt wird. Die völkerrechtliche Schiedsgerichtsbarkeit ist von der internationalen Handelsschiedsgerichtsbarkeit und der sogenannten Gemischten Schiedsgerichtsbarkeit abzugrenzen. Die internationale Handelsschiedsgerichtsbarkeit hat zivilrechtliche Streitigkeiten grenzüberschreitender Art zum Inhalt, wohingegen die gemischte Schiedsgerichtsbarkeit über Ansprüche privater Einzelpersonen und juristischer Personen (oft im Zusammenhang mit Investitionsschutzverträgen[304]) gegen fremde Staaten entscheidet[305]. Die völkerrechtliche Schiedsgerichtsbarkeit behandelt hingegen zwischenstaatliche Streitigkeiten völkerrechtlicher Natur[306]. Völkerrechtliche Streitigkeiten zeichnen sich dadurch aus, dass sich die Streitparteien (Staaten) nicht über die Auslegung und Anwendung des bestehenden Völkerrechts einigen können[307].

Auch bei DBA-Konflikten handelt es sich um Meinungsverschiedenheiten von Vertragsstaaten hinsichtlich der Auslegung und Anwendung von Abkommensbestimmungen[308]. Trotz verschiedener Besonderheiten[309] können daher auch zwischenstaatliche Besteuerungskonflikte der internationalen Schiedsgerichtsbarkeit zugeordnet werden.

Die internationale Schiedsgerichtsbarkeit ist außerdem von der internationalen Gerichtsbarkeit abzugrenzen. Neben weiteren Besonderheiten liegt das

304 Ausführlich hierzu *Semler*, SchiedsVZ 2003, 97 (99).

305 *Mössner*, RIW 1983, 360 (361).

306 *Schweisfurth*, Völkerrecht, 8. Kapitel Rn 13; *Hobe*, Einführung in das Völkerrecht, S. 310.

307 *Mössner*, RIW 1983, 360 (361); *Mühlhausen*, Das Verständigungsverfahren im deutschen Internationalen Steuerrecht, S. 77.

308 Siehe dazu 1.Teil.C.I.

309 Siehe dazu 1.Teil.B.I.

Hauptunterscheidungsmerkmal darin, dass die Streitparteien bei internationalen Schiedsgerichtsverfahren in der Regel maßgeblichen Einfluss auf die richterliche Zusammensetzung, das Verfahren und das anwendbare Recht haben[310]. Internationale Gerichte wie der Internationale Gerichtshof in den Haag, der EuGH in Luxemburg oder der Europäische Gerichtshof für Menschenrechte[311] in Straßburg sind dagegen ständige Einrichtungen mit feststehender Zuständigkeit und Verfahrensordnung[312]. Trotz dieser Unterschiede gibt es häufig einen fließenden Übergang und Mischformen zwischen internationalen Gerichten und internationalen Schiedsgerichten, weshalb beide auch einheitlich als Basistypen richterlicher Streitbeilegung bezeichnet werden[313].

Die Geschichte der internationalen Schiedsgerichtsbarkeit geht bis in die griechische Antike und das Mittelalter zurück. In dieser frühen Phase ergab sich allerdings noch ein wesentlicher Unterschied zur modernen Schiedsgerichtsbarkeit. So leitete sich die Autorität des Schlichters noch aus dessen vorrangiger Rechtsstellung und nicht wie heute aus der Parteivereinbarung ab[314]. Durch die Entwicklung der

310 Das Schiedsverfahren liegt somit weitestgehend in der Gestaltungsmacht der Streitparteien. *Stein/ von Buttlar*, Völkerrecht, S. 337; *Hobe*, Einführung in das Völkerrecht, S. 310; *Schweisfurth*, Völkerrecht, 8. Kapitel Rn 13; *Graf Vitzthum* in Völkerrecht, 7. Abschnitt Rn 74. Letzterer verweist zudem darauf, dass die Schiedsgerichtsbarkeit im Gegensatz zu den internationalen Gerichten eine längere Tradition der zwischenstaatlichen Streitschlichtung vorweisen kann und somit auch einen nicht unwesentlich Einfluss auf den Ausbau der internationalen Gerichtsbarkeit, namentlich des IStGH und des IGH ausgeübt hat. So würde das Völkerrecht der Schiedsgerichtsbarkeit in materieller Hinsicht zahlreiche wegweisende Entscheidungen verdanken. Zu erwähnen sei dabei vor allem das Neutralitätsrecht, die territoriale Souveränität, das Recht zur Ergreifung von Gegenmaßnahmen und der Fragenkreis der Staatsverantwortlichkeit.

311 Weitere Internationale Gerichte sind der Interamerikanische Gerichtshof für Menschenrechte (Inter American Court of Human Rights, IACHR) in San Jose (Costa Rica), der Internationale Seegerichtshof (ISG) in Hamburg und der neu geschaffene Internationale Strafgerichtshof (IStGH) in Den Haag.

312 Aufgrund dieser Institutionalisierung haben die Streitparteien in der Regel auch wenig oder gar keinen Einfluss auf die Besetzung, den Verfahrensgang und die Entscheidungsfindung des Gerichts. *Stein/ von Buttlar*, Völkerrecht, S. 337; *Hobe*, Einführung in das Völkerrecht, S. 310; *Graf Vitzthum*, Völkerrecht, 7. Abschnitt Rn 76; *Schweisfurth*, Völkerrecht, 8. Kapitel Rn 13.

313 *Graf Vitzthum*, Völkerrecht, 7. Abschnitt Rn 76. So wird auch das Verfahren vor dem EuGH nach Art. 25 Abs. 5 DBA Österreich häufig begrifflich als Schiedsverfahren bezeichnet, vgl. dazu Fn 618.

314 *Hobe*, Einführung in das Völkerrecht, S. 311.

modernen Nationalstaaten, die verstärkt ihre Souveränität betonten, erlitt die Idee des Schiedsverfahrens zunächst einen Rückgang. Eine Kehrtwende und damit der historische Ausgangspunkt der friedlichen Streitbeilegung vollzog sich erst mit dem Jay-Vertrag vom 19. November 1794. Dieser Vertrag setzte zur verbindlichen Regelung der zahlreichen, in der Folge der amerikanischen Unabhängigkeit entstandenen, Streitigkeiten zwischen Großbritannien und den USA ein Schiedsgericht ein[315]. Eine weitere wichtige Entwicklungsstufe auf dem Weg zur heutigen Form des internationalen Schiedsverfahrens war das Schiedsverfahren zur Beilegung des Alabama-Streitfalls von 1892, zwischen Großbritannien und den USA. Im Rahmen der beiden Haager Friedenskonferenzen von 1899 und 1907 wurden erstmals allgemeine Verfahrensregeln für die Schiedsgerichtsbarkeit (Art. 37–40 des I. Haager Abkommens), sowie die Errichtung des ersten ständigen Schiedshofes[316] beschlossen. Noch heute sind diese Regelungen in der Form des „Abkommens zur friedlichen Erledigung internationaler Streitfälle vom 18.Oktober 1907" in Kraft und besitzen erhebliche Bedeutung[317].

Art. 37 des I. Haager Abkommens zur friedlichen Erledigung internationaler Streitfälle definiert die internationale Schiedsgerichtsbarkeit wie folgt:

„Die internationale Schiedssprechung hat zum Gegenstand die Erledigung von Streitigkeiten zwischen den Staaten durch Richter ihrer Wahl auf Grund der Achtung vor dem Rechte. Die Anrufung der Schiedssprechung schließt die Verpflichtung in sich, sich nach Treu und Glauben dem Schiedsspruche zu unterwerfen."

---

315 *Stein/ von Buttlar*, Völkerrecht, S. 338; *Hobe*, Einführung in das Völkerrecht S. 311; *Graf Vitzthum*, Völkerrecht, 7. Abschnitt Rn 75; *Ipsen*, Völkerrecht, § 62 Rn 21.

316 Der noch heute bestehende ständige Schiedshof befindet sich in Den Haag und besteht nur aus einem einzigen ständigen Organ, dem internationalen Büro, das als Kanzlei dient, und einer Liste internationaler Schiedsrichter, welche die Parteien des Abkommens im konkreten Streitfall im gegenseitigen Einvernehmen bestellen können. Der ständige Schiedshof ist kein Schiedsgericht, sondern hat lediglich die Funktion, die Vermittlung qualifizierter Schiedsrichter zu gewährleisten und somit die Errichtung von Schiedsgerichten zu fördern. Jeder Vertragsstaat des Haager Abkommens darf bis zu vier Experten als Mitglieder des Schiedshofs benennen. Die Mitglieder des Schiedshofs werden für einen Zeitraum von 6 Jahren ernannt, wobei ihre Wiederwahl zulässig ist. *Stein/ von Buttlar*, Völkerrecht, S. 343; *Hobe*, Einführung in das Völkerrecht, S. 311; *Schweisfurth*, Völkerrecht, 8. Kapitel Rn 14.

317 Während der 2. Haager Friedenskonferenz wurden insgesamt 13 Abkommen (I-XIII. Haager Abkommen) zwischen den wichtigsten damaligen Mächten abgeschlossen, die vor allem kriegsvölkerrechtliche Regelungen betrafen und noch heute größtenteils erhebliche Bedeutung für das Völkerrecht haben. Das I. Haager Abkommen betrifft die friedliche Erledigung von internationalen Streitfällen.

Am 14. November 1958 verabschiedete die Generalversammlung der Vereinten Nationen in New York zudem Modellregeln für die Schiedsgerichtsbarkeit (Model Rules on Arbitral Procedure)[318].

Zunächst müssen die Streitparteien eine vertragliche Vereinbarung abgeschlossen haben, auf dessen Grundlage sie das Schiedsgericht anrufen. Inhalt dieses Schiedsvergleichs (compromis) ist die Festlegung des Streitgegenstandes, die Zusammensetzung des Schiedsgerichts, der Entscheidungsmaßstab und die Verfahrensregelungen[319]. Die Schiedsgerichte können dabei, wie es in früherer Zeit oft der Fall war, aufgrund einer ad hoc Vereinbarung gebildet werden. Das Schiedsgericht entscheidet dann einmalig über den zwischen den Parteien bereits entstandenen Streitfall und löst sich anschließend wieder auf (isoliertes Schiedsgericht).

In der heutigen Zeit sind grundsätzlich nur noch die so genannten ständigen oder institutionellen Schiedsgerichte von Bedeutung. Die Vertragsparteien vereinbaren dabei bereits vorab, dass sie den ständigen Schiedsgerichten die Entscheidungsbefugnis hinsichtlich zukünftiger Streitigkeiten übertragen. Zu diesem Zweck können sie bi- oder multilaterale Schiedsverträge abschließen, welche genauere Angaben über die Einrichtung des Schiedsgerichtes, seine Zuständigkeiten und die Verfahrensweise enthalten[320]. Häufiger vereinbaren die Parteien in ihren Verträgen jedoch Schiedsklauseln, die, sofern Streitigkeiten aus dem Vertrag entstehen, die Anrufung eines ständigen Schiedsgerichtes vorschreiben[321].

---

318 Die Modellregeln sollen dabei lediglich die Abfassung bilateraler Schiedsverträge erleichtern. Sie modernisieren dabei das Haager Abkommen zur friedlichen Erledigung internationaler Streitfälle von 1907, ohne dessen Geltung jedoch zu berühren.

319 Sind in der Schiedsvereinbarung keine ausreichenden Verfahrensregelungen getroffen worden, kann auf die im „Haager Abkommen zur friedlichen Erledigung internationaler Streitfälle“ festgelegten Modellregeln zurückgegriffen werden. In der Praxis verweisen viele Schiedsklauseln auf die Haager Verfahrensregeln. Das Schiedsgericht entscheidet in den meisten Fällen auf der Grundlage des allgemeinen Völkerrechts, allerdings können die Streitparteien auch ihr jeweiliges nationales Recht zur Entscheidungsgrundlage machen oder das Schiedsgericht ermächtigen, nach Billigkeitsgesichtspunkten zu entscheiden bzw. eine Kompromisslösung anzustreben. *Stein/ von Buttlar*, Völkerrecht, S. 339 und 342; *Schweisfurth*, Völkerrecht, S. 260; *Graf Vitzthum*, Völkerrecht, 7. Abschnitt Rn 77; *Stumpf*, Alternative Streitbeilegung im Verwaltungsrecht, S. 76; Ipsen, Völkerrecht, § 62 Rn 26.

320 *Graf Vitzthum*, Völkerrecht, 7. Abschnitt Rn 77.

321 Vergleichbar mit dem Lösungsansatz der Regelungen des Art. 25 OECD-MA zum Verständigungs- und Schiedsverfahren im Falle von Meinungsverschiedenheiten bei

Zu unterscheiden ist ferner zwischen der fakultativen und obligatorischen Schiedsgerichtsbarkeit. Die fakultative Schiedsgerichtsbarkeit zeichnet sich dadurch aus, dass die Einsetzung des Schiedsgerichts scheinbar im Vorhinein begründet wird. Die Parteien behalten sich aber die Entscheidung über die Durchführung des Schiedsverfahrens bis zum tatsächlichen Eintritt des Konfliktfalls vor[322]. Obligatorisch ist die Schiedsgerichtsbarkeit hingegen dann, wenn die Parteien im Rahmen des Schiedsvertrages oder der Schiedsklausel bereits vorab verbindlich vereinbaren, für den Fall einer späteren Meinungsverschiedenheit, ein Schiedsverfahren durchzuführen[323]. Im Konfliktfall wird das Schiedsverfahren dann automatisch eingeleitet, ohne dass es einer weiteren Einigung zwischen den Parteien bedarf oder diese die Einleitung des Schiedsverfahrens noch verhindern können.

Der Ablauf des Verfahrens gestaltet sich ähnlich wie bei einem nationalen Gerichtsverfahren. Nach einem schriftlichen Vorverfahren findet in der Regel eine mündliche Verhandlung statt. Der anschließend verkündete Schiedsspruch beendet dann endgültig das Verfahren und ist für die Streitparteien verbindlich[324]. Durch die vorherige Unterwerfung der Streitparteien unter die Schiedsgerichtsbarkeit wird der Schiedsspruch zudem automatisch vollstreckbar[325]. Sofern jedoch das Schiedsgericht seine in der Schiedsvereinbarung festgelegte Kompetenz überschreitet, verletzt dies den Grundsatz der Parteienautonomie und führt zur Nichtigkeit des Schiedsspruchs[326]. Der Schiedsspruch

---

der Auslegung und Anwendung der Bestimmungen der DBA sind die Klauseln in der Regel so formuliert, dass sie Streitigkeiten über die Auslegung und Anwendung des betreffenden Vertrages der Schiedsgerichtsbarkeit unterwerfen. *Hobe*, Einführung in das Völkerrecht, S. 313; *Graf Vitzthum*, Völkerrecht, 7. Abschnitt Rn 78; *Stein/ von Buttlar*, Völkerrecht, S. 340.

322 *Stein/ von Buttlar*, Völkerrecht, S. 341.

323 Der Begriff der „obligatorischen Schiedssprechung wird bereits in Art. 40 des „Haager Abkommens zur friedlichen Erledigung internationaler Streitfälle“ verwendet. *Stein/ von Buttlar*, Völkerrecht, S. 341; *Graf Vitzthum*, Völkerrecht, 7. Abschnitt Rn 78.

324 Das Schiedsgericht soll den Konfliktfall für die Zukunft vollständig erledigen. Aus diesem Grund ist es regelmäßig erste und letzte Instanz, ohne dass ein dem innerstaatlichen Recht vergleichbarer Instanzenzug vorgesehen ist. *Stein/ von Buttlar*, Völkerrecht, S. 342.

325 Entsprechend Art. 37 Abs. 2 des „Haager Abkommens zur friedlichen Erledigung internationaler Streitfälle“ beinhaltet „die Anrufung der Schiedssprechung“ die Verpflichtung, „sich nach Treu und Glauben dem Schiedsspruch zu unterwerfen“.

326 Es ist gerade Sinn und Zweck der Vereinbarung zwischen den Parteien, dem von ihnen angerufenen und eingerichteten Schiedsgericht einen genauen Entscheidungsrahmen

kann außerdem nichtig sein, wenn die Schiedsvereinbarung selbst unwirksam und die Entscheidung nicht ausreichend begründet ist, sonstige schwerwiegende Verfahrensfehler vorliegen oder das Schiedsgericht insgesamt oder ein einzelner Richter befangen ist[327]. Die internationale Schiedsgerichtsbarkeit sieht jedoch keine Berufungs- oder Revisionsinstanz vor. Demnach fehlt es an einer übergeordneten, supranationalen Instanz, die einen Schiedsspruch für nichtig erklären könnte. Dies birgt die Gefahr, dass jede Streitpartei den Vorwand der Nichtigkeit benutzen könnte, um sich gegen die völkerrechtliche Verpflichtung zu widersetzen, den Schiedsspruch innerstaatlich umzusetzen[328].

Die Parteien einigen sich in der Regel darauf, einen oder mehrere Juristen als Schiedsrichter zu bestimmen. Wenn das Schiedsgericht aus mehreren Schiedsrichtern besteht, bestimmen beide Parteien grundsätzlich eine gleiche Anzahl beisitzender Schiedsrichter, die sich ihrerseits auf einen neutralen Vorsitzenden einigen[329].

Vom bloßen Sachverständigengutachten oder der Mediation unterscheidet sich das Schiedsverfahren dadurch, dass der Schiedsspruch für die Vertragsparteien bindend ist und somit dem Element der Freiwilligkeit entzogen ist[330].

---

vorzugeben, durch den die eigene innerstaatliche Rechtssprechungssouveränität nicht verletzt wird. *Schweisfurth*, Völkerrecht, S. 261.

327 Diese Nichtigkeitsgründe ergeben sich aus Art. 35 der Modellregeln der International Law Commission (ILC).

328 *Stein/ von Buttlar*, Völkerrecht, S. 343, mit dem Vorschlag zur Lösung dieses Problems, die Frage der Nichtigkeit des Schiedsspruchs einem anderen Gericht, vorzugsweise dem IGH, vorzulegen. Zu dieser Problematik beim Schiedsverfahren nach DBA siehe 4.Teil.b.II.3.e).

329 Das Recht der Parteien die Richter auszuwählen, ist eines der Kernelemente der Schiedsgerichtsbarkeit und ist in Art. 37 I des Haager Abkommens zur friedlichen Erledigung internationaler Streitfälle von 1907 geregelt. Sofern der Streitgegenstand den Schiedsrichtern eine besondere Sachkenntnis abverlangt, besteht auch die Möglichkeit Personen mit besonderem technischem Fachwissen hinzuzuziehen. Zur Praxis der Schiedsrichterbestellung mit Hilfe des ständigen Schiedshofes in Den Haag vgl. Fn 314. *Hobe*, Einführung in das Völkerrecht, S. 314; *Schweisfurth*, Völkerrecht, S. 261; *Stumpf*, Alternative Streitbeilegung im Verwaltungsrecht, S. 13 f.

330 Beide Verfahren werden in Ziff. 68f. des Kommentars zum OECD Musterabkommen als Alternative zum Schiedsverfahren genannt. *Flohr*, Handbuch des Vertriebsrechts, § 81 Rn 16.

B. Schiedsverfahren im internationalen Steuerrecht

Wie dargestellt, verfügt das Verständigungsverfahren über einige wesentliche Schwächen, insbesondere sind die zuständigen Behörden nicht verpflichtet die abkommenswidrige Besteuerung zu beseitigen. Im Rahmen der Globalisierung haben zudem die Komplexität und die Anzahl der internationalen Steuerkonflikte zugenommen[331]. Aufgrund des daraus resultierenden Anstiegs von Fällen, die im Verständigungsverfahren nicht gelöst werden konnten, und des primären Zwecks der DBA, Doppelbesteuerung zu verhindern, ergab sich die verstärkte Notwendigkeit, die bestehenden abkommensrechtlichen Streitbeilegungsmittel zu verbessern[332]. In diesem Zusammenhang wurden vor allem Überlegungen angestellt, ein Schiedsverfahren zur Lösung abkommensrechtlicher Konflikte einzuführen. Dem Schiedsgericht sollte dabei die Aufgabe zukommen, über die strittigen Fragen hinsichtlich der Auslegung und Anwendung des Abkommens zu entscheiden. Die meisten Vertragsstaaten betrachteten diese Bestrebungen jedoch mit Skepsis. Zwar waren auch sie sich der unzureichenden Ausgestaltung des Verständigungsverfahrens und der daraus resultierenden negativen Auswirkungen für den Rechtsschutz des Steuerpflichtigen bewusst. Allerdings hatte die Mehrzahl der Staaten bis zuletzt große Vorbehalte, die Entscheidung über ihre nationalen Besteuerungsansprüche einer unabhängigen Schiedskommission zu übertragen[333]. In den letzten Jahren hat sich diesbezüglich jedoch ein Wandel vollzogen. Durch die Aufnahme einer obligatorischen Schiedsklausel in das OECD-MA könnten zukünftig viele Vertragsstaaten veranlasst sein, entsprechende Regelungen in ihre Abkommen zu übernehmen. Dabei muss sich allerdings zeigen, ob diese Regelungen dadurch an Effizienz verlieren, dass sie zu viele Zugeständnisse gegenüber den Vertragsstaaten enthalten und dadurch weniger in der Lage sind, den Interessen des Steuerpflichtigen gerecht zu werden.

---

331 Vgl. dazu bereits 2.Teil.C.II.5. *Ring*, Fordham International Law Journal 2010, 649 (694); *Ault*, Brooklyn Journal of International Law 2009, 757 (772).

332 *Ault*, Florida Tax Review 2005, 138.

333 Selbst die OECD hatte bis vor einigen Jahren Bedenken gegenüber einem (obligatorischen) Schiedsverfahren. Sie begründete ihre Vorbehalte damit, dass die Einführung eines obligatorischen Schiedsverfahrens eine Aufgabe nationaler steuerlicher Souveränität bedeuten würde. *Hinnekens*, EC Tax Review 2010, 109 (114); *Couzin*, TPIR 2002, 12 (15).

I. Ausgangslage und Entwicklung des Schiedsverfahrens im internationalen Steuerrecht

Parteien des Schiedsverfahrens im internationalen Steuerrecht sind die Vertragsstaaten, vertreten durch ihre zuständigen Finanzbehörden. Im Vergleich zur herkömmlichen völkerrechtlichen Schiedsgerichtsbarkeit enthält das Schiedsverfahren im internationalen Steuerrecht einige Besonderheiten. Das liegt zunächst daran, dass im Gegensatz zu den meisten anderen Schiedsverfahren drei Seiten vom Ausgang des Verfahrens unmittelbar betroffen sind. Neben den zwei Vertragsstaaten ist dies vor allem der von der abkommenswidrigen Besteuerung betroffene Steuerpflichtige[334]. Aufgrund dieser Konstellation ergeben sich teilweise andere Fragestellungen als in der herkömmlichen Schiedsgerichtsbarkeit im Handelsrecht, im Zusammenhang mit Investitionsschutzfragen oder rein bilateralen Streitigkeiten im Völkerrecht[335].

Nachdem verschiedenen Stimmen wiederholt Schiedsverfahren als Streitbeilegungsmittel für internationale Besteuerungskonflikte vorgeschlagen hatten, wurde Ende der 1980er Jahre erstmals eine Schiedsklausel in ein DBA aufgenommen. Diese fakultativ ausgestalteten ersten Schiedsklauseln wurden ausschließlich von deutscher Seite in den DBA mit den USA und Frankreich (beide 1989) und Schweden (1992) ausgehandelt[336]. In der Folgezeit haben auch andere Staaten mehrere fakultative

334 *Park/ Tillinghast*, Income Tax Treaty Arbitration, S. 31; *Mössner*, RIW 1983, 360 (363) sieht in derartigen Doppelbesteuerungskonflikten keinen originären Konflikt zwischen den Vertragsstaaten, sondern einen Konflikt zwischen dem Steuerpflichtigen und dem oder den ihn besteuernden Staat(en).

335 Auch in Streitbeilegungsverfahren nach WTO Recht und Investitionsschutzverträgen können steuerliche Maßnahmen als Teil des staatlichen Handelns Streitgegenstand sein. Allerdings ergeben sich keine bedeutenden Überschneidungen mit den Normen der DBA. Dies liegt vor allem daran, dass die DBA weitestgehend die direkten Steuern behandeln, während das WTO Recht (z.B. das *General Agreement on Tariffs and Trade,* GATT) die indirekten Steuern und Zölle in den Fokus nimmt. Hinzu kommt, dass die Diskriminierungsverbote der DBA bei den Steuersubjekten (natürliche oder juristische Person) anknüpfen und deren Ansässigkeit oder Staatsangehörigkeit thematisieren, der Schwerpunkt der WTO Regelungen jedoch bei den von den Steuersubjekten vertriebenen Produkten und geleisteten Dienstleistungen ansetzt. Dazu und mit weiteren Argumenten *Schön*, RIW 2004, 50 (51f.). Eine Abgrenzung zwischen beiden Streitbeilegungsverfahren enthält Art. XXII Abs. 3 GATT, welcher in Ziff. 44.5 des Kommentars zu Art. 25 OECD-MA konkretisiert wird.

336 *Eilers* in Debatin/ Wassermeyer, DBA, Art. 25 Rn 71 OECD-MA (Oktober 2011); *Dehnen/Bacht*, BFIT 2006, 463 (466); *Züger*, Schiedsverfahren für Doppelbesteuerungsabkommen, S. 33.

Schiedsklauseln in ihre Abkommen aufgenommen[337]. Im Jahr 1990 verabschiedeten die damaligen Mitgliedstaaten der EU durch einen multilateralen Vertrag das EU-Schiedsübereinkommen[338]. Dieses trat 1995 für zunächst 5 Jahre in Kraft und enthielt erstmals auch Regelungen für ein obligatorisches Schiedsverfahren. Das EU-Schiedsübereinkommen ist jedoch nur auf Fälle mit Verrechnungspreisbezug anwendbar. Deutschland hat erstmals im Jahr 2000 im DBA mit Österreich und im Jahr 2006 im DBA mit den USA auch auf bilateraler Ebene obligatorische Schiedsklauseln in seine Abkommen aufgenommen. Die OECD hat schließlich im Jahr 2008 den Art. 25 ihres Musterabkommens um einen fünften Absatz ergänzt, der für den Fall eines erfolglosen Verständigungsverfahrens die Durchführung eines obligatorischen Schiedsverfahren festlegt. Auch die deutschen Abkommen mit Großbritannien, der Schweiz und Liechtenstein enthalten seit 2011 obligatorische Schiedsklauseln.

II. Fakultative Schiedsverfahren

1. Kennzeichen

Die fakultativen Schiedsverfahren in den DBA zeichnen sich dadurch aus, dass die zuständigen Behörden der Vertragsstaaten nach Entstehung des Besteuerungskonfliktes nach freiem Ermessen entscheiden können, ob sie ein Schiedsverfahren durchführen wollen. Die deutschen DBA sehen Regelungen vor, nach denen sich die Behörden entweder im Anschluss an ein erfolgloses Verständigungsverfahren einigen können ein Schiedsverfahren durchzuführen, oder die Möglichkeit haben, ihre vorab erteilte Einverständniserklärung zur Durchführung des Schiedsverfahrens nach Entstehung des Konfliktes noch zu widerrufen[339]. Sofern sich die Vertragsstaaten aber einigen, ein Schiedsverfahren durchzuführen, hat der Schiedsspruch für sie bindende Wirkung.

2. Fakultative Schiedsverfahren in deutschen DBA

Momentan enthalten die deutschen DBA mit Frankreich, Kanada und Schweden fakultative Schiedsklauseln. Die fakultative Schiedsklausel im DBA USA wurde durch das Ergänzungsabkommen im Jahre 2006 durch eine obligatorische Schiedsklausel ersetzt[340].

---

337 *Altman*, Dispute Resolution under tax treaties, S. 21 f.

338 Ausführlich zur Schiedskonvention 5.Teil.B.VI.1.

339 *Lehner* in Vogel/ Lehner, DBA, Art. 25 OECD-MA Rn 203; *Schnitger*, IWB 2002, Fach 10, Gruppe 2, 1577.

340 *Lehner* in Vogel/ Lehner, DBA, Art. 25 OECD-MA Rn 261.

a) DBA Frankreich

Das DBA Frankreich wurde mit dem Zusatzabkommen von 1989 und der darin bestimmten Aufnahme des Art. 25a in das DBA Frankreich, um eine Schiedsklausel ergänzt. Den beiden Vertragsstaaten steht danach die Möglichkeit offen, nach 2-jährigem erfolglosem Verlauf des Verständigungsverfahrens im gegenseitigen Einvernehmen eine Schiedskommission anzurufen[341]. Der Steuerpflichtige muss im Voraus einen Antrag auf Einleitung des Verständigungsverfahrens gestellt haben. Er hat jedoch keinen Einfluss auf die Einleitung des Schiedsverfahrens[342]. Die Entscheidung hierüber liegt allein im Ermessen der zuständigen deutschen und französischen Finanzbehörde[343]. Der Steuerpflichtige hat deshalb nur einen Anspruch auf eine ermessensfehlerfreie Entscheidung der deutschen und französischen Finanzbehörde[344]. Die Regelung betrifft alle Schwierigkeiten und Zweifel, die bei der Anwendung des Abkommens auftreten und zu Doppelbesteuerungskonflikten führen[345]. Hierdurch tritt Art. 25a DBA Frankreich in Konkurrenz zur EU-Schiedskonvention, sofern Streitgegenstand Verrechnungspreiskorrekturen bei in Frankreich und Deutschland ansässigen verbundenen Unternehmen sind[346]. Die Schiedskommission wird von beiden Vertragsstaaten durch Vereinbarung auf ad-hoc Basis gebildet. Dabei ernennt jeder Vertragsstaat je einen Schiedsrichter. Im Anschluss daran bestimmen die beiden von den zuständigen Behörden

341 Art. 25a Abs. 1 DBA Frankreich: „*In den in Artikel 25 genannten Fällen können die zuständigen Behörden, wenn sie nicht innerhalb von 24 Monaten, vom Tag des Eingangs des Antrags des oder der Steuerpflichtigen an gerechnet, zu einer Verständigung kommen, vereinbaren, eine Schiedskommission anzurufen*“.

342 Dazu die Kommentierung aus französischer Sicht (*de Bourmont/ Julien-Saint-Amand*), abgebildet in Debatin/ Wassermeyer, DBA, Art. 25a DBA Frankreich Rn 102 (Oktober 2002).

343 *Kramer* in Debatin/ Wassermeyer, DBA, Art. 25a DBA Frankreich Rn 7 (Oktober 2002).

344 *Kramer* in Debatin/ Wassermeyer, DBA, Art. 25a DBA Frankreich Rn 2 und 7 (Oktober 2002).

345 Durch den Verweis auf das Verständigungsverfahren nach Art. 25 DBA Frankreich bezieht sich auch Art. 25a DBA Frankreich auf den gesamten Anwendungsbereich des Abkommens. *Kramer* in Debatin/ Wassermeyer, DBA, Art. 25a DBA Frankreich Rn 3f. (Oktober 2002).

346 *Kramer* in Debatin/ Wassermeyer, DBA, Art. 25a DBA Frankreich Rn 4 (Oktober 2002); Siehe hierzu die Ausführungen zu Art. 25 Abs. 5 DBA Österreich unter 5.Teil.B.VI.2.

ernannten Schiedsrichter im gegenseitigen Einvernehmen einen Vorsitzenden, der weder deutscher noch französischer Staatsangehöriger sein darf[347].

Nach Art. 25a Abs. 4 DBA Frankreich hat die Schiedskommission bei der Entscheidung die Grundsätze des Völkerrechts und damit vor allem die Bestimmungen des DBA anzuwenden[348]. Art. 25a Abs. 5 DBA Frankreich regelt schließlich, dass die Entscheidung der Schiedskommission mit der Mehrheit der Stimmen ihrer Mitglieder gefasst wird und für beide Vertragsstaaten verbindlich ist[349].

b) DBA Schweden

Sofern die zuständigen Behörden der Vertragsstaaten nicht in der Lage sind im Verständigungsverfahren eine Einigung zu erzielen, sieht Art. 41 Abs. 5 DBA Schweden die Anwendung des Europäischen Übereinkommens vom 29. April 1957 zur friedlichen Beilegung von Streitigkeiten[350] vor. Nach dem Europäischen Übereinkommen wird den Vertragsstaaten die Möglichkeit geboten, einen strittigen Fall

---

347 Art. 25a Abs. 2 DBA Frankreich: *„Diese Kommission wird für jeden Einzelfall auf folgende Weise gebildet, jeder Vertragsstaat benennt ein Mitglied; die beiden Mitglieder benennen in gegenseitigem Einvernehmen einen Angehörigen eines dritten Staates, der zum Vorsitzenden ernannt wird. Alle Mitglieder müssen innerhalb von drei Monaten von dem Tag an gerechnet, an dem die zuständigen Behörden sich darauf geeinigt haben, den Fall der Schiedskommission zu unterbreiten, benannt werden"*. Art. 25a Abs. 3 DBA Frankreich regelt den Fall, dass sich die beiden Vertragsstaaten nicht innerhalb der Frist auf die Benennung der drei Schiedsrichter einigen können. So soll in diesem Fall jeder Vertragsstaat die Möglichkeit haben den „Generalsekretär des Ständigen Schiedshofes" zu ersuchen, „die erforderliche Benennung vorzunehmen". Allerdings ist diese Rechtsfolge unmöglich, da ein solcher Generalsekretär des Ständigen Schiedsgerichtshofes gar nicht existiert. Dazu und zu möglichen Alternativen, *Kramer* in Debatin/ Wassermeyer, DBA, Art. 25a DBA Frankreich Rn 13 f. (Oktober 2002).

348 Art. 25a Abs. 2 DBA Frankreich: *„Die Schiedskommission entscheidet nach den Grundsätzen des Völkerrechts und insbesondere nach den Bestimmungen dieses Abkommens. Sie setzt selbst ihr Verfahren fest. Der Steuerpflichtige hat das Recht, von der Kommission gehört zu werden oder schriftliche Anträge einzureichen"*.

349 Art. 25a Abs. 5 DBA Frankreich: *„Die Entscheidungen der Schiedskommission werden mit Stimmenmehrheit der Mitglieder gefasst und sind verbindlich. Die Abwesenheit oder Stimmenthaltung eines der von den Vertragsstaaten benannten beiden Mitglieder hindert die Kommission nicht, eine Entscheidung zu treffen. Bei Stimmengleichheit ist die Stimme des Vorsitzenden ausschlaggebend"*.

350 BGBl. II 1961, 81.

dem IGH zur Entscheidung vorzulegen[351]. Jeder Vertragsstaat kann danach einseitig die abkommensrechtliche Streitigkeit dem IGH zur Entscheidung vorlegen. Allerdings ist kein Vertragsstaat verpflichtet dies zu tun[352]. Alternativ dazu können die Vertragsstaaten auch vereinbaren ein Schiedsgericht anzurufen, dessen Entscheidung für sie bindend ist[353]. Das Schiedsgericht soll dabei aus Berufsrichtern der Vertragsstaaten oder dritter Staaten oder internationaler Organisationen zusammengesetzt werden. Das Verfahren richtet sich zwar nach den international anerkannten Grundsätzen für Schiedsverfahren, untersagt jedoch ausdrücklich eine Billigkeitsentscheidung (ex aequo et bono)[354]. Das Schiedsgericht muss im Rahmen der Entscheidung die Grundsätze des Völkerrechts und dabei insbesondere die Bestimmungen des DBA anwenden. Neben den beiden Vertragsstaaten als Beteiligte des Schiedsverfahrens muss auch dem Steuerpflichtigen volles rechtliches Gehör und die Möglichkeit zur Stellung eigener Anträge gewährt werden[355].

---

351 *Lehner* in Vogel/ Lehner, DBA, Art. 25 OECD-MA Rn 267; *Dehnen/ Bacht,* IBFD 2006, 463 (466).

352 *Züger*, Schiedsverfahren für Doppelbesteuerungsabkommen, S. 135 und 139.

353 Art. 41 V DBA Schweden: *„Für die Beilegung völkerrechtlicher Streitigkeiten aus diesem Abkommen gelten die Bestimmungen der Kapitel I, II und IV des Europäischen Übereinkommens vom 29. April 1957 zur friedlichen Beilegung von Streitigkeiten. Die Vertragsstaaten können jedoch vereinbaren, anstelle der dort vorgesehenen Verfahren ein Schiedsgericht anzurufen, dessen Entscheidung für sie bindend ist. Dieses Schiedsgericht soll aus Berufsrichtern der Vertragsstaaten oder dritter Staaten oder internationaler Organisationen bestehen. Sein Verfahren wird nach den für Schiedsverfahren international anerkannten Grundsätzen geregelt, Den Beteiligten ist volles rechtliches Gehör und das Recht zur Stellung eigener Anträge zu geben. Die Entscheidung ergeht auf der Grundlage der zwischen den Vertragsstaaten geltenden Verträge und des allgemeinen Völkerrechts, eine Entscheidung ex aequo et bono ist nicht zulässig. Solange eine Einigung über die Anrufung und Zusammensetzung des Schiedsgerichts sowie über dessen Verfahrensregeln noch nicht zustande gekommen ist, bleibt es jedem der Vertragsstaaten unbenommen, nach S. 1 vorzugehen“.* Dazu auch *Lüthi* in Becker/ Höppner/ Grotherr/ Kroppen, DBA, Art. 41 DBA Schweden Rn 5; *Lehner* in Vogel/ Lehner, DBA, Art. 25 OECD-MA Rn 267.

354 *Lehner* in Vogel/ Lehner, DBA, Art. 25 OECD-MA Rn 267.

355 Der Steuerpflichtige ist formal gesehen zwar nicht Partei des Schiedsverfahrens, aus Art. 41 Abs. 4 DBA Schweden kann man aber ableiten, dass dem Steuerpflichtigen rechtliches Gehör und die Möglichkeit zur Stellung eigener Anträge bereits im Verständigungsverfahren zustehen. Es ist nämlich nicht anzunehmen, dass durch den Übergang ins Schiedsverfahren eine Verschlechterung der Verfahrensrechte des Steuerpflichtigen eintreten soll. *Lehner* in Vogel/ Lehner, DBA, Art. 25 OECD-MA Rn 267.

Da nach beiden Verfahrensalternativen die zuständigen Behörden aber nicht dazu verpflichten werden, den Fall nach einem erfolglosen Verständigungsverfahren dem IGH oder einem Schiedsgericht vorzulegen, hat der Steuerpflichtige auch keine Gewähr, dass die abkommenswidrige Besteuerung tatsächlich beseitigt wird. Die Schiedsklausel in Art. 41 Abs. 5 DBA Schweden hat deshalb nur fakultativen Charakter.

c) DBA Kanada

Art. 25 Abs. 6 DBA Kanada enthält eine Schiedsklausel, wonach die zuständigen Behörden der Vertragsstaaten Fragen, Schwierigkeiten oder Zweifel bei der Auslegung und Anwendung des DBA, welche im Verständigungsverfahren ungelöst geblieben sind, einvernehmlich einer Schiedskommission vorlegen können. Die Entscheidung der Schiedskommission ist verbindlich. Ihre Zusammensetzung und ihr Verfahren sind durch bilateralen Notenwechsel für den jeweiligen Einzelfall festzulegen[356].

3. Schwächen der fakultativen Schiedsklauseln

Die zuständigen Behörden sind im Rahmen der fakultativen Schiedsklauseln nicht verpflichtet das Schiedsverfahren einzuleiten, vielmehr liegt die Entscheidung hierüber in ihrem gemeinsamen Ermessen[357]. Ein deutscher Steuerpflichtiger kann daher im Anwendungsbereich der Abkommen mit Kanada, Frankreich und Schweden keinen gebundenen Anspruch auf Einleitung eines Schiedsverfahrens

356 Art. 25 Abs. 6 DBA Kanada: „*Fragen, Schwierigkeiten oder Zweifel betreffend die Auslegung oder Anwendung des Abkommens, die nicht durch die zuständigen Behörden in Anwendung der Absätze 1, 2 oder 3 geregelt werden können, können im gegenseitigen Einvernehmen der zuständigen Behörde einer Schiedskommission vorgelegt werden. Die Entscheidungen der Schiedskommission sind verbindlich. Die Zusammensetzung der Schiedskommission und das Schiedsverfahren werden nach Erörterung zwischen den zuständigen Behörden durch Notenwechsel auf diplomatischem Weg zwischen den Vertragsstaaten festgelegt*“.

357 Vereinzelt gibt es auch Ausnahmen davon, dass die Entscheidung über die Durchführung des Schiedsverfahrens im gemeinsamen Ermessen der zuständigen Behörden steht. So enthalten weltweit einige DBA fakultative Schiedsklauseln, nach denen die zuständige Behörde des einen Vertragsstaates auch gegen den Willen der zuständigen Behörde des anderen Vertragsstaates die Einleitung des Schiedsverfahrens durchsetzen kann. *Züger*, Schiedsverfahren für Doppelbesteuerungsabkommen, S. 70, dieser nennt in diesem Zusammenhang die DBA der Niederlande mit Ägypten und Mazedonien.

gegenüber der deutschen Finanzbehörde geltend machen[358]. Er ist nach dem erfolglosen Ablauf eines erfolglosen Verständigungsverfahrens vielmehr darauf angewiesen sein, dass beide Behörden einvernehmlich beschließen das Schiedsverfahren durchzuführen. Es ist aber mehr als zweifelhaft, dass jene Behörden, die noch im Verständigungsverfahren zu keiner einvernehmlichen Lösung bereit oder in der Lage waren, nunmehr einvernehmlich darin übereinkommen, ihre Entscheidungsbefugnis aufzugeben und den Streitgegenstand an eine unabhängige Schiedskommission zu übertragen[359]. Im Vergleich zum Verständigungsverfahren bieten fakultative Schiedsklauseln dem Steuerpflichtigen somit keine nennenswerten Vorteile, um die abkommenswidrige Besteuerung zu beseitigen. Auch das fakultative Schiedsverfahren kann dem Steuerpflichtigen keine Sicherheit bieten, dass die abkommenswidrige Besteuerung tatsächlich beseitigt wird. Da die zuständigen Behörden nicht verpflichtet sind das Schiedsverfahren einzuleiten, unterliegen sie, anders als bei obligatorischen Schiedsklauseln, auch nicht dem Druck sich noch im Verständigungsverfahren zu einigen. Die zuständigen Behörden bleiben vielmehr Herren des Verfahrens. Fakultative Schiedsklauseln sind daher wenig geeignet, den Rechtsschutz des Steuerpflichtigen entscheidend zu verbessern. In Anbetracht der Wirkungslosigkeit dieser Bestimmungen verwundert es auch nicht, dass bisher noch keine fakultativen Schiedsverfahren zur Beilegung von Abkommenskonflikten im internationalen Steuerrecht durchgeführt worden sind[360].

III. Obligatorische Schiedsverfahren

Beim obligatorischen Schiedsverfahren einigen sich die Vertragsstaaten bereits vor Entstehung des Besteuerungskonfliktes verbindlich über die Durchführung des Schiedsverfahrens. Nach einer bestimmten, erfolglosen Dauer des Verständigungsverfahrens sind sie dann verpflichtet, das Schiedsverfahren

---

358 *Lehner* in Vogel/ Lehner, DBA, Art. 25 OECD-MA Rn 208; *Bödefeld/ Kuntschik*, IStR 2009, 449 (452); *Schönfeld*, in Ubg 2008, 544; *Puls/ Nientimp*, RIW 2006, 673 (674); *Sieker*, RIW 1995, 578 (579); *Debatin*, DB 1990, 598 (600); *Wingert*, RIW 1990, 207 (214); a.A. *Züger*, Schiedsverfahren für Doppelbesteuerungsabkommen, S. 70.

359 *Züger*, Schiedsverfahren für Doppelbesteuerungsabkommen, S. 70; *Runge* in Schaumburg/ Piltz, Betriebsprüfung internationaler Sachverhalte, S. 38.

360 *Ault*, Brooklyn Journal of International Law 2009, 757 (773); *Loh/ Peters*, RIW 2008, 294 hinsichtlich der fakultativen Schiedsklausel im DBA USA a.F.; *Krabbe*, IStR 2002, 548 (551).

einzuleiten[361]. Nach den meisten obligatorischen Schiedsklauseln ist es zusätzlich erforderlich, dass der Steuerpflichtige die Einleitung des Schiedsverfahrens beantragt[362].

Die Existenz einer obligatorischen Schiedsklausel verleiht dem Steuerpflichtigen – unabhängig von der Kompromissbereitschaft der zutändigen Behörden – die Gewissheit, dass der Besteuerungskonflikt entweder im Verständigungsverfahren oder im Schiedsverfahren tatsächlich gelöst wird[363]. Die wenigen obligatorischen Schiedsklauseln in deutschen DBA sehen teilweise sehr unterschiedliche Verfahrensabläufe vor. Sämtliche Regelungen haben jedoch gemeinsam, dass sie als integraler zweiter Verfahrensabschnitt des Verständigungsverfahrens ausgestaltet sind. Im Folgenden werden diese obligatorischen Schiedsklauseln genauer dargestellt. Ausgangspunkt wird dabei die Bestimmung über das obligatorische Schiedsverfahren im OECD-MA sein.

---

361 *Lehner* in Vogel/ Lehner, DBA, Art. 25 OECD-MA Rn 203.

362 Dies gilt für die obligatorischen Schiedsverfahren nach Art. 25 Abs. 5 OECD-MA, nach Art. 26 Abs. 5 DBA Großbritannien und nach Art. 25 Abs. 5 DBA Österreich. Für Art. 25 Abs. 5 DBA USA und Art. 26 Abs. 5 DBA Schweiz gelten indes Besonderheiten, wobei diese Regelungen faktisch auch ein Antragsrecht des Steuerpflichtigen beinhalten. Siehe dazu unten 5.Teil.

363 *Züger*, Schiedsverfahren für Doppelbesteuerungsabkommen, S. 81.

4. Teil: Schiedsverfahren nach dem OECD Musterabkommen

A. Das OECD Musterabkommen

Die OECD hat erstmals im Jahre 1963 ein Musterabkommen zur Vermeidung der Doppelbesteuerung des Einkommens und des Vermögens veröffentlicht. Dem OECD-MA wurde zusätzlich ein Musterkommentar beigefügt, der das Muster erläutert und entsprechende Vorbehalte der Mitgliedstaaten gegenüber bestimmten Vorschriften des OECD-MA enthält[364]. Seitdem hat die OECD das OECD-MA mehrfach überarbeitet, ohne die Regelungen der vorherigen Abkommen grundlegend zu verändern[365]. Der Musterkommentar wurde hingegen in der Vergangenheit wesentlich häufiger als das OECD-MA aktualisiert. Er hat seinen Ursprung ebenfalls in den Verhandlungen über das Abkommen. Der Musterkommentar ist daher neben anderen systematischen, historischen oder teleologischen Argumenten ein wichtiges Instrument für die Auslegung des OECD-MA und somit auch für die dem OECD-MA entsprechenden DBA[366].

Das OECD-MA und sein Musterkommentar haben nicht die Qualität eines völkerrechtlichen Vertrages und können somit weder die Gerichte noch den Steuerpflichtigen in den Mitgliedstaaten rechtlich binden[367]. Beide sind lediglich Empfehlungen der OECD an ihre Mitgliedstaaten, aber auch an Nicht-Mitgliedstaaten. Das OECD-MA ist aber als Orientierungsmaßstab beim Abschluss neuer Abkommen von großer Bedeutung und sein Musterkommentar dient – sofern diese Abkommen inhaltlich dem OECD-MA entsprechen – als Auslegungsinstrument[368].

---

364 *Schaumburg*, Internationales Steuerrecht, § 16 Rn 16.14; *Vögele/ Raab* in Vögele/ Borstell/ Engler, Handbuch der Verrechnungspreise, B Rn 3.

365 Nach dem ersten Entwurf 1963 wurde das OECD-MA durch die Neuregelungen der OECD-MA 1977, 1992 und 2000 überarbeitet. Seitdem wird das OECD-MA alle zwei bis drei Jahre überarbeitet, zuletzt durch das OECD-MA 2010. *Schaumburg*, Internationales Steuerrecht, § 16 Rn 16.14.

366 *Lang*, IStR 2001, 536.

367 *Wassermeyer* in Debatin/ Wassermeyer, DBA, Vor Art. 1 MA Rn 34 (Januar 2008); *Drüen* in Tipke/ Kruse, AO, § 2 AO Rn 42 (Januar 2010); *Schaumburg*, Internationales Steuerrecht, § 16 Rn 16.75.

368 *Wassermeyer* in Debatin/ Wassermeyer, DBA, Vor Art. 1 OECD-MA Rn 34.

In der internationalen Praxis folgen die meisten Abkommen dem OECD-MA. Dieses leistet dadurch einen wesentlichen Beitrag zu der weitgehenden Harmonisierung der Abkommen. Soweit ein DBA in seiner Konzeption, seinem Aufbau und seinen Formulierungen dem OECD-MA entspricht, wird vermutet, dass dieses Abkommen nach dem OECD-MA und dem Kommentar ausgelegt wird, sofern kein abweichender Wille der Vertragsparteien erkennbar ist[369]. In diesem Zusammenhang haben das OECD-MA und sein Musterkommentar auch eine durch die Vertragsparteien beabsichtigte „besondere Bedeutung" im Sinne des Art. 31 Abs. 4 WÜRV. Durch die wortgetreue Übernahme der Regelungen offenbaren die Vertragsstaaten nämlich, dass sie dem verhandelten Abkommen die Bedeutung des OECD-MA beimessen wollen[370]. Bei der Auslegung von DBA sind das OECD-MA und der Musterkommentar aber immer nur in der zum Zeitpunkt des Vertragsschlusses gültigen Fassung heranzuziehen. Spätere Fassungen des OECD-MA oder des Musterkommentars dürfen bei der Auslegung keine Berücksichtigung finden, eine entsprechend „dynamische" Auslegung ist demnach nicht möglich[371]. Eine Änderung des Wortlauts des OECD-MA hat also keine Auswirkungen auf bereits bestehende DBA, wenn diese wiederum unverändert bleiben.

Da die Mitgliedstaaten der OECD ausschließlich Industriestaaten sind, wird das OECD-MA vorwiegend den Interessen dieser Staaten gerecht. Durch ihren

---

369 Das OECD-MA ist besonders für die Auslegung von DBA bedeutsam, die in keiner der beiden Originalsprachen des MA, Englisch und Französisch abgeschlossen worden sind. Auch bei der Auslegung von Abkommen mit Nicht-Mitgliedstaaten der OECD kann das OECD-MA als Auslegungsinstrument verwendet werden, sofern die notwendige Konformität beider Abkommen erfüllt ist. Hierzu *Wassermeyer* in Debatin/ Wassermeyer, DBA, Vor Art. 1 MA (Januar 2008); *Vogel* in Vogel/ Lehner, DBA, Einl. Rn 124a; *Vögele/ Raab* in Vögele/ Borstell/ Engler, Handbuch der Verrechnungspreise, B Rn 9 ff.; *Schaumburg*, Internationales Steuerrecht, § 16 Rn 16.75.

370 Allerdings ist immer genau darauf zu achten, dass die Vertragsstaaten gegenüber dem MA oder dem MK keine Vorbehalte oder Bemerkungen vermerkt haben. Je nach Intensität können derartige Einwände der Heranziehung des MA oder MK als Auslegungsmittel entgegenstehen. *Wassermeyer* in Debatin/ Wassermeyer, DBA, Vor Art. 1 OECD-MA, Rn 44 (Januar 2008); *Schaumburg*, Internationales Steuerrecht, § 16 Rn 16.76.

371 BFH Urteil vom 8.9.2010, BFH/NV 2011, 154; *Schaumburg*, Internationales Steuerrecht, § 16 Rn 16.77; *Wassermeyer* in Debatin/ Wassermeyer, DBA, Vor Art. 1 MA, Rn 60 (Januar 2008); *Lang*, IStR 2007, 606. Das BMF hingegen vertritt die Ansicht, dass auch die nach Unterzeichnung eines DBA veröffentlichten Fassungen des OECD-Kommentars für dessen Auslegung von Bedeutung sind. Hierzu ausführlich *Wichmann*, FR 2011, 1082 (1083).

starken Kapitalexport haben die OECD-Staaten ein überwiegendes Interesse, die Wohnsitzbesteuerung durch eine Limitierung der Quellenbesteuerung aufrechtzuerhalten[372]. Auch die USA verfügen über ein eigenes Musterabkommen, welches dem OECD-MA stark ähnelt, sich jedoch hinsichtlich der Besteuerung von Zinsen und Gesellschaften grundlegend von diesem unterscheidet[373]. Das Bundesfinanzministerium hat am 18. April 2013 die deutsche Verhandlungsgrundlage für DBA veröffentlich[374]. Dabei handelt es sich um ein deutsches Muster DBA, welches als Ausgangsbasis für künftige Neuabschlüsse und Vertragsrevisionen dient[375].

Die einseitige Konzentration des OECD-MA auf die Interessen der Industrienationen war einer der Hauptgründe für die Verfassung des sogenannten Anden-Modells[376] im Jahre 1971 und des Musterabkommens der Vereinten Nationen im Jahre 1980. Das UN-MA stimmt in großen Teilen mit dem OECD-MA überein, legt aber ein stärkeres Gewicht auf die Quellenbesteuerung und schützt somit verstärkt die

---

372 *Schaumburg*, Internationales Steuerrecht, § 16 Rn 16.15.

373 So enthält Art. 22 US-MA eine „Limitation of Benefits“. Weitere Unterschiede ergeben sich aus den Besonderheiten des US-amerikanischen Steuerrechts. So enthält das US-MA schärfere Missbrauchsregelungen und zollt dem Umstand Rechnung, dass die USA US-Bürger auch aufgrund ihrer Staatsangehörigkeit besteuern darf. *Wassermeyer* in Debatin/ Wassermeyer, DBA, Vor Art. 1 OECD-MA Rn 23 (Januar 2008).

374 Deutsches Muster DBA, Stand: 22.08.2013, abrufbar unter: http://www.bundesfinanzministerium.de/Content/DE/Downloads/BMF_Schreiben/Internationales_Steuerrecht/Allgemeine_Informationen/2013-08-22-Verhandlungsgrundlage-DBA-deutsch.pdf?__blob=publicationFile&v=6 (Stand: Januar 2014).

375 Laut dem BMF soll das Muster DBA „die effiziente Umsetzung der deutschen Abkommensziele unter Verwendung möglichst einheitlicher Formulierungen“ gewährleisten. Monatsbericht des BMF vom 24.05.2013, abrufbar unter: http://www.bundesfinanzministerium.de/Content/DE/Monatsberichte/2013/05/Inhalte/Kapitel-3-Analysen/3-4-die-deutsche-verhandlungsgrundlage-fuer-doppelbesteuerungsabkommen.html (Stand: Januar 2014).

376 Die Anden Gruppe (*Grupo Andino)* ist ein Zusammenschluss der lateinamerikanischen Staaten Bolivien, Chile, Ecudaor, Kolumbien, Peru und Venezuela. Wie das UN-MA stellt auch das Andenmodell das Quellenprinzip in den Vordergrund. *Vogel* in Vogel/ Lehner, DBA, Einl. Rn 37; *Wassermeyer* in Debatin/ Wassermeyer, DBA, Vor Art. 1 OECD-MA Rn 18 (Januar 2008).

Interessen der Entwicklungsländer[377]. Dem UN-MA kommt keine Rechtswirkung zu, da es nur eine veröffentlichte Expertenmeinung darstellt[378].

B. Schiedsverfahren nach Art. 25 Abs. 5 OECD-MA

Die ersten Initiativen für die Aufnahme einer obligatorischen Schiedsklausel in das Musterabkommen der OECD gingen von der International Chamber of Commerce aus[379]. Nachdem die ICC im Jahr 2000 einen Entwurf über die Ausgestaltung eines solchen obligatorischen Schiedsverfahrens veröffentlicht hatte, stellte auch die International Fiscal Association, durch die von ihr mit der Studie beauftragten William W. Park und David R. Tillinghast, im Jahre 2004 einen eigenen Entwurf vor. Dieser ähnelte dem Vorschlag der ICC in vielen Punkten, war jedoch wesentlich umfangreicher und detaillierter[380]. Nachdem vor allem die ICC die OECD wiederholt dazu gedrängt hatte sich ihrerseits der Sache anzunehmen, begann die OECD im Jahr 2003 sich intensiver mit dem Thema auseinander zu setzen[381].

Bevor die neue obligatorische Schiedsklausel in das bestehende OECD-MA aufgenommen wurde, vertraten die Steuerbehörden der Vertragsstaaten und die Vertreter der Wirtschaft und des OECD-Sekretariats teils unterschiedliche Ansichten über die Ausgestaltung eines solchen Schiedsverfahrens. Vor allem die

377 Deutlich wird dies beim Betriebsstättenbegriff aus Art. 5 UN-MA und bei den Quellensteuersätzen für Dividenden, Zinsen und Lizenzgebühren (Art. 10, 11 und 12 OECD-MA (wobei die Festsetzung über deren Höhe den beiden Verhandlungsparteien überlassen wird). Hierzu *Krabbe*, IStR 2000, 618.

378 Hierzu *Krabbe*, IStR 2000, 618, der selbst Teil dieser Expertengruppe war.

379 Bilateral Convention Article – Arbitration in International Tax Matters – ICC Policy Statement; *Ring*, Fordham International Law Journal 2010, 649 (691 f.). Der Umstand, dass sich besonders die ICC mit der Aufnahme obligatorischer Schiedsklauseln in die DBA befasst hat, ist nicht überraschend. Dies liegt daran, dass in den Fällen einer abkommenswidrigen Besteuerung nicht die Staaten, sondern der Steuerpflichtige die unmittelbaren Nachteile des Konfliktes zu tragen hat. Da die ICC eine Organisation ist, die die Interessen von Unternehmen und weiteren Akteuren der Privatwirtschaft vertritt, ist es naheliegend, dass sie sich verstärkt um die Einführung solcher Verfahren bemüht, die eine Doppelbesteuerung möglichst vermeiden.

380 *Park/ Tillinghast*, Income Tax Treaty Arbitration; Bilateral Convention Article – Arbitration in International Tax Matters – ICC Policy Statement; *Ring*, Fordham International Law Journal 2010, 649 (695).

381 *Ring*, Fordham International Law Journal 2010, 649 (694).

ICC und die IFA befürworteten in Anlehnung an die Verfahren im internationalen Handelsrecht oder in internationalen Investitionsstreitigkeiten ein, vom Verständigungsverfahren losgelöstes, eigenständiges Schiedsverfahren, um so die Rechte des betroffenen Steuerpflichtigen besser zu schützen[382]. Anders als die der Privatwirtschaft nahe stehenden ICC und IFA, ist die OECD jedoch vorrangig den Interessen ihrer Mitgliedstaaten verpflichtet. Sie entschied sich daher, das Schiedsverfahren als unselbstständigen Verfahrensabschnitt des Verständigungsverfahrens auszugestalten[383]. Ausschlaggebend für diese Entscheidung war die Sorge der OECD, dass die Mitgliedstaaten aus Furcht vor dem Verlust an Souveränitätsrechten einem eigenständigen Schiedsverfahren die Zustimmung versagen könnten[384]. Der im Jahre 2008 neu integrierte Art. 25 Abs. 5 OECD-MA erweitert nunmehr die bereits bestehenden Regelungen über das Verständigungsverfahren um ein obligatorisches Schiedsverfahren und ergänzt gleichzeitig den Musterkommentar. Wenn die zuständigen Behörden der Vertragsstaaten innerhalb von zwei Jahren keine Einigung zur Lösung des Besteuerungskonfliktes im Verständigungsverfahren erzielen können, kann der betroffene Steuerpflichtige nunmehr die Durchführung eines verbindlichen Schiedsverfahrens beantragen. Die Ausgestaltung des Schiedsverfahrens als integraler Bestandteil des Verständigungsverfahrens hat zur Folge, dass auch im Schiedsverfahren einzig die beiden Vertragsstaaten und nicht etwa der Steuerpflichtige Parteien des Verfahrens sind[385]. Ferner wird im Schiedsverfahrens nach Art. 25 Abs. 5 OECD-MA nicht über den gesamten Fall

---

382 In ihrer im Auftrag der IFA (*International Fiscal Association*) geführten Studie haben *Park/ Tillinghast* in Income Tax Treaty Arbitration, S. 94 ff., im Anschluss an ihre Ausführungen eine Musterregelung für ein eigenständiges Schiedsverfahren entworfen. Auch die Internationale Handelskammer (ICC) sprach sich für einen eigenen Artikel im OECD-MA mit einem unabhängigen Schiedsverfahren aus: *"The mutual agreement procedure, which has provided important benefits to taxpayers and tax administrations alike, should be followed in the first instance. Absent agreement between the competent authorities, either state may initiate arbitration. In addition the affected taxpayers should have the right of initiative in all cases, wether or not the competent authorities have agreed to eliminate double taxation"*, in Arbitration in International Tax Matters, 29. August 2001, ST/SG/AC.8/2001/CRP.15. Siehe hierzu außerdem, *Baumgartner/ Schelling*, IFF 2008, 159 (164); *Desax/ Veit*, Arbitration International 2007, 405 (407).

383 So ausdrücklich Ziff. 46 OECD-Musterkommentar zu Art. 25; *Owens*, IStR 2007, 472; *Ault*, Brooklyn Journal of International Law 2009, 757 (775). So auch schon, *Ribes Ribes*, European Taxation 2002, 400 (403).

384 *Baumgartner/ Schelling*, IFF 2008, 159 (164).

385 *Ault/ Sasseville*, BFIT 2009, 208 (210).

als solchen, sondern nur über die im Verständigungsverfahren strittig gebliebenen Fragen entschieden. Die Funktion des Schiedsverfahrens liegt somit darin, die zuständigen Behörden – sofern teilweise strittige Fragen im Verständigungsverfahren offen bleiben – bei der Beseitigung der abkommenswidrigen Besteuerung zu unterstützen bzw. einen verstärkten Einigungszwang auf diese auszuüben[386].

Nach dem Musterkommentar können Vertragsstaaten, die keine Schiedsklausel in ihren Abkommenstext aufgenommen haben, für bestimmte Einzelfälle auch durch den Abschluss einer Verständigungsvereinbarung die Durchführung eines Schiedsverfahrens regeln. Diese Vereinbarung ist danach nur so lange gültig, wie sich die zuständigen Behörden über die Durchführung eines solchen Schiedsverfahren einig sind[387]. Da die Vertragsstaaten in dieser Konstellation nicht verpflichtet sind ein Schiedsverfahren durchzuführen, liegt im Ergebnis nur ein fakultatives Schiedsverfahren vor[388].

I. Verfahrensvoraussetzungen

1. Erfolgloses Verständigungsverfahren

Unbedingte Voraussetzung für die Einleitung des Schiedsverfahrens ist die vorangegangene zumindest teilweise erfolglose Durchführung eines Verständigungsverfahrens nach Art. 25 Abs. 1 und 2 OECD-MA. Erfolglos ist ein Verständigungsverfahren nach diesem Verständnis, wenn die zuständigen Behörden nicht über alle Punkte, die für die abkommenswidrige Besteuerung ursächlich waren, eine Einigung im Verständigungsverfahren erzielen konnten[389]. Das Schiedsverfahren kann demnach nicht eingeleitet werden, wenn die zuständigen Behörden bereits im Verständigungsverfahren „eine Einigung erzielt haben, die keine Frage hinsichtlich der Anwendung des Abkommens ungelöst lässt“[390]. Das gilt auch dann, „wenn die Person, die den Antrag auf Einleitung

---

386 *Ault/ Sasseville*, BFIT 2009, 208 (212).

387 Ziff. 51 OECD-Musterkommentar zu Art. 25.

388 *Lehner* in Vogel/ Lehner, DBA, Art. 25 OECD-MA Rn 215.

389 Ziff. 53 OECD-Musterkommentar zu Art. 25 drückt dies so aus: *„Für Zwecke des Absatzes 5 sollte daher ein Fall nicht als gelöst angesehen werden, solange es zumindest eine Frage gibt, in der die zuständigen Behörden nicht übereinstimmen und die nach Auffassung einer der zuständigen Behörden erkennen lässt, dass eine nicht dem Abkommen entsprechende Besteuerung vorliegt“*. Hierzu auch *Herlinghaus*, IStR 2010, 125 (127); *Lehner* in Vogel/ Lehner, DBA, Art. 25 OECD-MA Rn 215.

390 Ziff. 46 OECD-Musterkommentar zu Art. 25.

des Verständigungsverfahrens gestellt hat, die Ansicht vertritt, dass die von den zuständigen Behörden erzielte Einigung nicht die richtige Lösung des Falles darstellt"[391]. Die zwischen den zuständigen Behörden getroffene Verständigungsvereinbarung wird im Schiedsverfahren keiner Inhalts- oder Zweckmäßigkeitskontrolle unterzogen[392]. Die zuständigen Behörden sind aber nicht berechtigt sich darauf zu verständigen, dass man sich gar nicht einigen kann[393]. Ebenfalls nicht eingeleitet werden kann das Schiedsverfahren in Fällen, in denen das Verständigungsverfahren nicht mehr durchgeführt werden kann. So etwa wegen Versäumnis der 3-jährigen Antragsfrist aus Art. 25 Abs. 1 S. 2 OECD-MA, oder weil dem Steuerpflichtigen erhebliche Verfehlungen anzulasten sind[394].

Andererseits ist es auch möglich, dass die zuständigen Behörden nicht in der Lage sind, bestimmte Fragen hinsichtlich der Auslegung und Anwendung des Abkommens innerhalb von zwei Jahren im Verständigungsverfahren zu lösen. Diese Fragen werden dann nach Art. 25 Abs. 5 Buchst. a) und b) OECD-MA auf Antrag des Steuerpflichtigen einem Schiedsgericht zur Entscheidung vorgelegt. Die 2-Jahresfrist ist eine Entscheidungsfrist[395]. Von Ausnahmefällen abgesehen, beginnt sie damit, dass der Steuerpflichtige alle für die Entscheidung des Falles notwendigen Unterlagen und Dokumente bei der zuständigen Behörde seines

---

391 Ziff. 46 S. 2 OECD-Musterkommentar zu Art. 25. Die Musterartikel der Internationalen Handelskammer und der IFA Studie enthielten hingegen noch Regelungen, die dem Steuerpflichtigen das Recht gaben, in Fällen, in denen die Entscheidung der zuständigen Behörden im Verständigungsverfahren seiner Ansicht nach gegen DBA Regelungen verstieß, eine Entscheidung im Schiedsverfahren zu beantragen. Siehe dazu ICC-Musterartikel 26 Abs. 1 in Arbitration in International Tax Matters, Bilateral Convention Article – ICC Policy Statement und IFA-Musterartikel 25A Abs. 1 in *Park/ Tillinghast*, Income Tax Arbitration, 30 ff.; *Baumgartner/ Schelling*, IFF 2008, 159 (165f.); *Burnett*, Australian Tax Review 2007, 173 (183).

392 *Herlinghaus*, IStR 2010, 125 (128); *Nientimp/ Tomson*, IStR 2009, 615 (617); *Lehner* in Vogel/ Lehner, DBA, Art. 25 OECD-MA Rn 221.

393 Ziff. 53 OECD-Musterkommentar zu Art. 25; *Desax/ Veit*, Arbitration International, Volume 23 Issue 3, 405 (414); *Baumgartner/ Schelling*, IFF 2008, 159 (165); a.A. *Farah*, Florida Tax Review 2009, S. 703 (708).

394 Ziff. 50 OECD-Musterkommentar zu Art. 25; *Lehner* in Vogel/ Lehner, DBA, Art. 25 OECD-MA Rn 213; *Herlinghaus*, IStR 2010, 125 (127); *Nientimp/ Tomson*, IStR 2009, 615 (616).

395 *Eilers* in Debatin/ Wassermeyer, DBA, Art. 25 Rn 78; *Lehner* in Vogel/ Lehner, DBA, Art. 25 OECD-MA Rn 215; *Peters/ Haverkamp*, BB 2011, 1303 (1305); *Jirousek*, ÖStZ 2009, 195 (198).

Ansässigkeitsstaates vorlegt. Reichen die vorgelegten Informationen zum Fall nach Ansicht der Behörde nicht aus, so leitet sie in der Regel das Verständigungsverfahren noch nicht ein. Dies kann für den Steuerpflichtigen den negativen Effekt haben, dass die Behörde den Fristbeginn bisweilen bewusst verzögert, indem sie fortwährend neue Informationen von ihm anfordert[396].

Das Verständigungsverfahren ist dann eingeleitet, wenn die zuerst mit dem Fall betraute zuständige Behörde die wesentlichen Unterlagen an die zuständige Behörde des anderen Vertragsstaates übermittelt hat[397]. Denkbar ist, dass eine von dem Fall betroffene Person relevante Informationen nicht rechtzeitig mitteilt und die zuständigen Behörden dadurch hindert, den Fall innerhalb der 2-Jahresfrist zu lösen. Die zuständigen Behörden haben dann die Möglichkeit „die Berufung der Schiedsrichter über einen Zeitraum, der der Verzögerung der Informationserteilung entspricht", aufzuschieben[398]. Sofern die Vertragsstaaten nichts anderes vereinbart haben, sind vom Anwendungsbereich des Art. 25 Abs. 5 OECD-MA keine Verständigungsverfahren nach Art. 25 Abs. 3 S. 1 OECD-MA (Konsultationsverfahren) und Art. 25 Abs. 3 S. 2 OECD-MA (Lückenschließungsverfahren) umfasst[399]. Diese grundsätzliche Beschränkung des obligatorischen Schiedsverfahrens auf das Verständigungsverfahren im engeren Sinne ist konsequent. Die Bestimmung des Art. 25 Abs. 5 OECD-MA verfolgt in der Hauptsache nämlich den Zweck, den Rechtschutz des Steuerpflichtigen zu verbessern. Verfahren nach Art. 25 Abs. 3 OECD-MA weisen hingegen keinen Einzelfallbezug auf[400].

2. Tatsächlicher Eintritt einer abkommenswidrigen Besteuerung

Im Gegensatz zu der Einleitung des Verständigungsverfahrens reicht eine bloß drohende abkommenswidrige Besteuerung nicht aus. Notwendig ist vielmehr,

---

396 Auf dieses mögliche Verhalten der deutschen Finanzbehörde weisen *Peters/ Haverkamp*, BB 2011, 1303 (1305) hin.

397 In Ausnahmefällen kann die 2-Jahresfrist zu einem späteren Zeitpunkt beginnen, wenn der tatsächliche Eintritt der abkommenswidrigen Besteuerung sich zeitlich erst später ergeben hat. Dies ist dann der Fall, wenn die abkommenswidrige Besteuerung zunächst nur gedroht hat. *Nientimp/ Tomson*, IStR 2009, 615 (616); *Herlinghaus*, IStR 2010, 125 (127); *Lehner* in Vogel/ Lehner, DBA, Art. 25 OECD-MA Rn 215.

398 Ziff. 9 der Mustervereinbarung im Anhang des OECD-MK zu Art. 25.

399 Dies ergibt sich aus Ziff. 55 des OECD-Musterkommentars zu Art. 25. Danach können die Vertragsstaaten durch eine zusätzliche Vereinbarung, den Anwendungsbereich des obligatorischen Schiedsverfahrens nach Art. 25 Abs. 5 OECD-MA auch auf die Verständigungsverfahren nach Absatz 3 ausdehnen.

400 Albert, Schiedsverfahren im Internationalen Steuerrecht, S. 10.

dass die abkommenswidrige Besteuerung durch Maßnahmen eines oder beider Vertragsstaaten bereits tatsächlich eingetreten ist[401]. Eine tatsächliche abkommenswidrige Besteuerung liegt dann vor, wenn die Steuer bereits gezahlt, festgesetzt oder sonst bestimmt worden ist. Gleiches gilt, wenn die Finanzbehörde dem Steuerpflichtigen bereits amtlich mitgeteilt hat, dass bestimmte Einkünfte besteuert werden sollen[402]. Der Grund für die im Vergleich zum Verständigungsverfahren erhöhten Voraussetzungen liegt darin, dass das Schiedsverfahren einen wesentlich größeren Aufwand erfordert. Es muss insofern also gesichert sein, dass eine abkommenswidrige Besteuerung bereits eingetreten ist[403]. Entscheidende Bedeutung hat der Eintritt der abkommenswidrigen Besteuerung für die 2-Jahresfrist des Verständigungsverfahrens, da die Frist vor diesem Zeitpunkt nicht zu laufen beginnt.

3. Anspruch des Steuerpflichtigen auf Durchführung des Schiedsverfahrens

Nach Art. 25 Abs. 5 OECD-MA wird das Schiedsverfahrens durch einen Antrag eingeleitet. Diesen stellt die Person, die bereits das Verständigungsverfahren beantragt hat, bei derselben zuständigen Behörde ihres Ansässigkeitsstaates[404]. Art. 25 Abs. 5 OECD-MA enthält keine Angaben hinsichtlich der Form des Antrags. Nach der Mustervereinbarung des Musterkommentars ist jedoch die Schriftform erforderlich. Der Antrag soll danach ausreichende Angaben zur Identifizierung des Falles geben. Außerdem soll er eine Erklärung jeder von diesem Fall unmittelbar

401 *Lehner* in Vogel/ Lehner, DBA, Art. 25 OECD-MA Rn 214.

402 Ziff. 54 des OECD-Musterkommentars zu Art. 25. Aus diesem Grund können APA nur unter den Anwendungsbereich des Schiedsverfahrens fallen, wenn eine Besteuerung bereits stattgefunden hat. *Becker* in Haase, Außensteuergesetz, Doppelbesteuerungsabkommen, Art. 25 Abs. 2 OECD-MA Rn 49; *Schaumburg*, Internationales Steuerrecht, § 16 Rn 16.112.

403 *Herlinghaus*, IStR 2010, 125 (127); *Lehner* in Vogel/ Lehner, DBA, Art. 25 OECD-MA Rn 214.

404 *Eilers* fordert in Debatin/ Wassermeyer, DBA, Art. 25 OECD-MA Rn 77 (Mai 2008), das Antragsrecht nach Art. 25 Abs. 5 OECD-MA, auch auf solche Personen zu erweitern, die ebenfalls unmittelbar oder mittelbar vom Streitfall betroffen sind. Als Argument nennt er das Ablehnungsrecht unmittelbar betroffener Personen aus Art. 25 Abs. 5 S. 3 OECD-MA. Dem ist zuzustimmen, da bei Verrechnungspreisfällen auch das andere verbundene Unternehmen bzw. der Gesamtkonzern im Rahmen der wirtschaftlichen Doppelbesteuerung unmittelbar betroffen ist.

betroffenen Person enthalten, dass hinsichtlich des Streitgegenstandes in keinem der beiden Vertragsstaaten eine entgegenstehende Gerichtsentscheidung ergangen ist[405]. Aufgrund des klaren Wortlauts des Art. 25 Abs. 5 OECD-MA („werden alle ungelösten Fragen des Falles auf Antrag der Person einem Schiedsverfahren unterworfen“) hat der Steuerpflichtige bei Vorliegen der genannten Voraussetzungen einen gebundenen Anspruch auf Einleitung des Schiedsverfahrens[406]. Das gilt jedoch nur für die Teilfragen des Falles, hinsichtlich der sich die zuständigen Behörden im Verständigungsverfahren nicht einigen konnten[407].

Zwischenzeitlich sahen die Diskussionsentwürfe der OECD zum Schiedsverfahren eine Regelung vor, die dem Steuerpflichtigen die Einleitung des Schiedsverfahrens in bestimmten Fällen verwehren sollte. Dies sollte dann gelten, wenn der Steuerpflichtige schuldhaft gehandelt hatte oder sein Verhalten in einem der Vertragsstaaten mit nicht unerheblichen Strafsanktionen geahndet wurde[408]. Allerdings wurden diese Bestrebungen von der OECD letztlich aufgegeben und die Voraussetzungen für das Schiedsverfahren denen des Verständigungsverfahrens angepasst. Da das Schiedsverfahren nach dem OECD-Entwurf als unselbstständiger Verfahrensabschnitt des Verständigungsverfahrens ausgestaltet ist, ist diese Entscheidung auch konsequent[409].

Wegen der abgestuften Rangfolge zwischen Verständigungs- und Schiedsverfahren ist die Möglichkeit, ein Schiedsverfahren durchzuführen, zwangsläufig davon abhängig, dass zunächst ein Verständigungsverfahren stattgefunden hat[410]. Die zuständigen Behörden sind jedoch nach Ansicht der Rechtsprechung und der h.M. in der Literatur nicht verpflichtet, auf Antrag des Steuerpflichtigen das Verständigungsverfahren nach Art. 25 Abs. 1 und 2 OECD-MA durchzuführen. Die Entscheidung hierüber stehe vielmehr im Ermessen der zuständigen

---

405 Ziff. 1 der Mustervereinbarung im Anhang des OECD-MK zu Art. 25.

406 *Lehner* in Vogel/ Lehner, DBA, Art. 25 OECD-MA Rn 208; *Herlinghaus*, IStR 2010, 125 (126).

407 *Herlinghaus*, IStR 2010, 125 (126).

408 Siehe dazu *Baumgartner/ Schelling*, IFF 2008, 159 (166f.). Krit. hierzu bereits Ziff. 6 des BIAC Comment on OECD Discussion Draft: Proposals for Improving Mechanisms for the Resolution of Tax Treaty Disputes (the “Discussion Draft”) 5 May 2006.

409 *Baumgartner/ Schelling*, IFF 2008, 159 (166f.).

410 *Farah* bezeichnet die Möglichkeit der zuständigen Behörde, die Durchführung beider Verfahren schon im Zeitpunkt der Einleitung des Verständigungsverfahrens zu verhindern, als *“blocking method”*, Florida Tax Review 2009, S. 703 (716 ff). Auch *Groen* kritisiert in diesem Zusammenhang die enge Verknüpfung zwischen Verständigungs- und Schiedsverfahren, Intertax 2002, Vol 30, Issue 1, 14.

Behörde[411]. Sofern man dieser fast ausnahmslos auch international vertretenen Ansicht[412] folgt, kann der Steuerpflichtige hinsichtlich der Einleitung des Verständigungsverfahrens nur einen Anspruch auf ermessensfehlerfreie Entscheidung geltend machen[413]. Systematisch ist die Regelungen des Art. 25 Abs. 5 OECD-MA insofern nicht mit der des Art. 25 Abs. 1 und 2 OECD-MA abgestimmt. Der Erweiterung des Art. 25 OECD-MA um eine obligatorische Schiedsklausel liegt die Absicht der OECD zugrunde, dem Steuerpflichtigen eine Gewähr für die Beseitigung der abkommenswidrigen Besteuerung zu geben[414]. Dabei soll die Existenz der Schiedsklausel die zuständigen Behörden dazu veranlassen, bereits im Verständigungsverfahren zu einer vollständigen Einigung zu gelangen. Nur so können die Behörden die Abgabe der Entscheidungsgewalt an eine unabhängige Schiedskommission vermeiden[415]. Dieses Ziel wird aber gefährdet, wenn die Entscheidung über die Einleitung des Verständigungsverfahrens allein im Ermessen der zuständigen Behörden steht. So könnten die zuständigen Behörden aus „Furcht" vor dem Schiedsverfahren dem negativen Reiz unterliegen, die Einleitung des Verständigungsverfahrens zu verhindern. Damit könnte die beabsichtigte Verbesserung des Rechtschutzes des Steuerpflichtigen in das

---

411 Siehe dazu bereits 2.Teil.C.II.3.

412 *Farah*, Florida Tax Review 2009, S. 703 (716 ff).

413 Siehe dazu 2.Teil.C.II.3.

414 Beleg dafür ist Ziff. 46 3. S. des OECD-Musterkommentars zu Art. 25:„*Der Absatz* (V) *ist daher eine Erweiterung des Verständigungsverfahrens, die dazu dient, die Wirksamkeit dieses Verfahrens zu erhöhen, indem er sicherstellt, dass, wenn die zuständigen Behörden sich über eine Frage oder mehrere Fragen, die eine Lösung des Falles verhindern, nicht einigen können, eine Lösung des Falles noch dadurch möglich ist, dass diese Fragen dem Schiedsverfahren unterworfen werden.*"

415 OECD Report vom 30. Januar 2007: *Improving the Resolution of Tax Treaty Disputes*, 4, Ziff. 13: *"Theses additional techniques can make the MAP itself more effective even in cases where resort of the techniques is not necessary. The very existence of these techniques* (gemeint ist die Schiedsklausel) *can encourage greater use of the MAP* (Mutual Agreement Procedure) *since both governments and taxpayers will know at the outset that the time and effort put into the MAP will be likely to produce a satisfactory result. Further, governments will have an incentive to ensure that the MAP is conducted efficiently in order to avoid the necessity of subsequent supplemental procedures. In addition, the introduction of supplementary dispute resolution techniques will reduce the likelihood of costly, time consuming and possibly conflicting domestic judical proceedings.*" Abrufbar auf der Website der OECD unter: http://www.oecd.org/dataoecd/17/59/38055311.pdf (Stand: Januar 2014); *Ault/ Sasseville*, BFIT 2009, 208 (215).

genaue Gegenteil umgekehrt werden und dessen Position durch die Aufnahme des Art. 25 Abs. 5 OECD-MA noch verschlechtert werden[416]. Sofern man der zuständigen Behörde bei der Einleitung des Verständigungsverfahrens im Sinne der Rechtsprechung und der h.M. einen Ermessensspielraum zugesteht, steht dies im Widerspruch zum verpflichtenden Element des Art. 25 Abs. 5 OECD-MA bei der Einleitung des Schiedsverfahrens. Die deutschen Finanzgerichte sollten daher dem Steuerpflichtigen im Rahmen zukünftiger Entscheidungen einen gebundenen Anspruch auf Einleitung des Verständigungsverfahrens gewähren. Im Verfahren nach der EU-Schiedskonvention wird ein solcher bereits allgemein anerkannt[417]. Außerdem sollte die OECD die beiden Verfahrensstufen des Art. 25 OECD-MA (Verständigungsverfahren und Schiedsverfahren) vom Wortlaut so aufeinander abstimmen, dass aus der Bestimmung des Abkommens bereits ein gebundener Anspruch auf Einleitung des Verständigungsverfahrens abgeleitet werden kann. Dies würde sicherstellen, dass – unabhängig davon, bei welcher zuständigen Behörde der beiden Vertragsstaaten der Steuerpflichtige den Antrag stellen würde – das Verständigungsverfahren in jedem Fall eingeleitet wird. Der Steuerpflichtige hätte dann bereits vor der Stellung des Antrags im Verständigungverfahren die Gewissheit, dass die abkommenswidrige Besteuerung anschließend entweder im Verständigungs- oder Schiedsverfahren beseitigt wird.

Ähnlich negativ wirkt sich die bereits erwähnte gelegentliche Praxis der Finanzbehörden auf den Steuerpflichtigen aus, die Einleitung des Verständigungsverfahrens durch das wiederholte Anfordern neuer Informationen über den Streitgegenstand zu verzögern. Die zuständigen Behörden könnten den Steuerpflichtigen auf diese Weise dazu veranlassen, das Verfahren nicht weiter zu betreiben. Um einer solchen Entwicklung entgegenzuwirken, sollte die OECD klar definierte Regelungen im OECD-MA festlegen, nach denen es den Finanzbehörden untersagt wäre, die Einleitung des Verständigungsverfahrens bewusst zu verzögern.

---

416 So auch *Farah*, Florida Tax Review 2009, 703 (717).

417 Die Annahme eines gebundenen Anspruchs wird aus Art. 6 Abs. 2 EU-Schiedskonvention abgeleitet und kann durch einen Umkehrschluss dem Wortlaut der Ausnahmevorschrift des Art. 8 Abs. 1 EU-Schiedskonvention („… nicht verpflichtet") entnommen werden. Vgl. dazu 1.B.VI.1.b); Rn 14.4.4 BMF-Merkblatt zum internationalen Verständigungs- und Schiedsverfahren vom 13.7.2006, BStBl. I 2006, 462 (469); *Krabbe* in Debatin/ Wassermeyer, DBA, Art. 6 EU-SchÜ Rn 15 (Oktober 2007); *Lehner* in Vogel/ Lehner, DBA, Art. 25 OECD-MA Rn 303.

4. Verhältnis zu innerstaatlichen Rechtsmitteln

Nach Art. 25 Abs. 5 S. 2 OECD-MA können die im Verständigungsverfahren ungelösten Teilfragen nicht dem Schiedsverfahren unterworfen werden, wenn hierzu in einem der beiden Vertragsstaaten bereits eine rechtskräftige Entscheidung eines innerstaatlichen Gerichts ergangen ist. Dadurch soll gewährleistet werden, dass widerstreitende Entscheidungen vermieden werden und der innerstaatlichen Umsetzung des Schiedsspruchs keine Hindernisse entgegenstehen[418]. Dies steht im Einklang mit der hier vertretenen Ansicht zur deutschen Rechtslage, wonach eine Durchbrechung rechtskräftiger Gerichtsentscheidungen nur unter den Voraussetzungen des § 110 Abs. 2 FGO möglich ist[419].

Problematischer ist die Frage, ob der Steuerpflichtige bei der Stellung des Antrags auf Einleitung des Schiedsverfahrens verpflichtet ist, bereits eingelegte Rechtsmittel zurück zu nehmen, bzw. auf zukünftige Rechtsmittel zu verzichten. In einem früheren Diskussionsentwurf der OECD vom Februar 2006 war vorgesehen, dass der Steuerpflichtige gleichzeitig mit der Stellung des Antrags auf Einleitung des Schiedsverfahrens auch auf die Einlegung innerstaatlicher Rechtsmittel in derselben Rechtssache verzichten musste[420]. Gegen diese Forderung nach einem absoluten Verzicht auf innerstaatliche Rechtsmittel wurden jedoch massive rechtsstaatliche Bedenken geäußert, woraufhin der Gedanke wieder verworfen wurde[421]. Der Musterkommentar spricht sich nunmehr dafür aus, dieselben

---

418 Ziff. 58, S. 2 OECD-Musterkommentar zu Art. 25; *Ault/ Sasseville*, BFIT 2009, 208 (212). Der Kommentar sieht zwar im letzten Satz von Ziff. 58 dann eine Ausnahme vor, wenn in einem Staat das Verständigungsverfahren von gerichtlichen Entscheidungen abweichen kann. Allerdings ist dies entgegen der Ansicht von *Becker* in Haase, Außensteuergesetz, Doppelbesteuerungsabkommen, Art. 25 MA II Rn 51 (2009), in Deutschland gerade nicht rechtlich möglich.

419 Vgl. dazu 1.F.II.4 und Fn 249. *Lehner* in Vogel/ Lehner, DBA, Art. 25 OECD-MA Rn 218; a.A. *Becker* in Haase, Außensteuergesetz, Doppelbesteuerungsabkommen, Art. 25 MA II Rn 51; *Schmitz* in Strunk/ Kaminski/ Köhler, Außensteuergesetz/ Doppelbesteuerungsabkommen, Art. 25, Rn 73.1; so auch die Finanzverwaltung in Ziff. 13.1.4 des BMF-Merkblatts zum internationalen Verständigungs- und Schiedsverfahren vom 13.7.2006, BStBl. I 2006, 462 (471).

420 Vorschlag für einen Abs. 5 zu Art. 25 OECD-MA in den Proposals for Improving Mechanisms for the Resolution of Tax Treaty Disputes vom Februar 2006, 5; außerdem dazu *Baumgartner/ Schelling*, IFF 2008, 159 (166); *Ault*, Brooklyn Journal of International Law 2009, 757 (775); *Owens*, IStR 2007, 472 (473); *Nientimp/ Tomson*, IStR 2009, 615 (616).

421 *Herlinghaus*, IStR 2010, 125 (128); *Nientimp/ Tomson*, IStR 2009, 615 (616); *Baumgartner/ Schelling*, IFF 2008, 159 (166).

Grundsätze wie für das Verständigungsverfahren anzuwenden. Die innerstaatlichen Rechtsmittelverfahren sind daher hinsichtlich der streitentscheidenden Fragen solange auszusetzen, wie das Verständigungs- und Schiedsverfahren anhängig ist[422]. Nach Erlass des Schiedsspruchs hat der Steuerpflichtige dann die Wahl. Einerseits kann er den Schiedsspruch annehmen und sich gleichzeitig verpflichten auf innerstaatliche Rechtsmittel in der Sache zu verzichten. Andererseits kann er aber auch den Schiedsspruch ablehnen und sich somit die Möglichkeit des innerstaatlichen Rechtsweges weiter offen halten[423]. In der Literatur wird hiergegen teilweise eingewandt, in Deutschland sei es möglich, das Verständigungsverfahren parallel neben innerstaatlichen Rechtsmitteln laufen zu lassen. Nichts anderes könne daher für das Schiedsverfahren als integralem Verfahrensbestandteil des Verständigungsverfahrens gelten[424]. Außerdem würde man so das Ziel des Art. 25 Abs. 5 OECD-MA verfehlen, dem Steuerpflichtigen ein zusätzliches und nicht bloß alternatives Rechtsmittel zur Vermeidung einer abkommenswidrigen Besteuerung zur Verfügung zu stellen[425].

Dem kann jedoch entgegen gehalten werden, dass auch nach dem Ansatz der OECD der Rechtsschutz des Steuerpflichtigen nicht eingeschränkt wird. So bleibt ihm die Möglichkeit, nach Erlass des Schiedsspruches diesen abzulehnen und nunmehr die – während der Schiedsphase nur ausgesetzten – innerstaatlichen Rechtsmittel einzulegen. Diese Vorgehensweise hat den Vorteil, dass bei parallel laufenden Verfahren einander widersprechende Entscheidungen aus Schiedsverfahren und innerstaatlichen Rechtsmitteln vermieden werden.

II. Die Schiedsphase

1. Gegenstand des Schiedsverfahrens

Das Schiedsverfahren erfasst alle Fragestellungen, die Gegenstand eines Verständigungsverfahrens nach Art. 25 Abs. 1 und 2 OECD-MA sein können. Da wie im Verständigungsverfahren eine abkommenswidrige Besteuerung ausreicht, muss

---

422 Ziff. 59 S. 2 OECD-Musterkommentar zu Art. 25.

423 Ziff. 59 S. 3 OECD-Musterkommentar zu Art. 25. Mit Zuspruch für diesen Ansatz, *Herlinghaus*, IStR 2010, 125 (128); *Ault/ Sasseville*, BFIT 2009, 208 (212).

424 *Lehner* in Vogel/ Lehner, DBA, Art. 25 OECD-MA Rn 219; *Nientimp/ Tomson*, IStR 2009, 615 (617).

425 *Lehner* in Vogel/ Lehner, DBA, Art. 25 OECD-MA Rn 219; *Nientimp/ Tomson*, IStR 2009, 615 (617).

eine Doppelbesteuerung nicht vorliegen. Nach Art. 25 Abs. 5 S. 1 OECD-MA sind alle, im Verständigungsverfahren zwischen den beiden zuständigen Behörden der Vertragsstaaten, noch ungelösten (Teil)fragen des Falles Gegenstand des Schiedsverfahrens. Sofern die zuständigen Behörden über alle Fragen der abkommenswidrigen Besteuerung übereinstimmen, ist es unerheblich, ob der Steuerpflichtige mit dem Inhalt der Verständigungsvereinbarung nicht einverstanden ist[426]. Das gilt selbst dann, wenn eine nicht im Abkommen behandelte Doppelbesteuerung vorliegt und diese daraufhin im Verständigungsverfahren nicht beseitigt wird[427].

Der Musterkommentar sieht ferner die Möglichkeit vor, dass die Vertragsstaaten den Anwendungsbereich der Schiedsklausel auf bestimmte Fälle begrenzen können. Genannt werden hierfür Konflikte rein tatsächlicher Art, wie solche, die sich auf Verrechnungspreise oder auf das Bestehen einer Betriebsstätte beziehen[428]. Sofern die Streitigleit nicht unter diese festgelegten Fallgruppen fällt, wird das Schiedsverfahren nur nach vorheriger Vereinbarung der Vertragsstaaten durchgeführt. Der Steuerpflichtige kann in solchen Fällen nicht beeinflussen, ob das Schiedsverfahren tatsächlich durchgeführt wird[429]. Eine solche Begrenzung des Anwendungsbereichs des Art. 25 Abs. 5 OECD-MA hätte hinsichtlich der nicht von der Vereinbarung umfassten Fallgruppen den Charakter eines fakultativen Schiedsverfahrens[430].

Die beiden Vertragsstaaten schließen vor der Durchführung des Schiedsverfahrens eine gemeinsame Anwendungsvereinbarung ab. Darin legen sie die vom Schiedsgericht zu entscheidenden Fragen und gegebenenfalls ergänzende Verfahrensregelungen (Terms of Reference) fest[431]. Die OECD hat hierfür im Anhang des Musterkommentars eine Musteranwendungsvereinbarung bereit gestellt. Darin ist unter anderem geregelt, dass sich die Behörden innerhalb von drei Monaten nach Einleitung des Schiedsverfahrens über die vom Schiedsgericht zu entscheidenden

426 Vgl. dazu 2.Teil.C.4.

427 Ziff. 53 OECD-Musterkommentar zu Art. 25; *Eilers* in Debatin/ Wassermeyer, DBA, Art. 25 OECD-MA Rn 76 (Mai 2008); *Lehner* in Vogel/ Lehner, DBA, Art. 25 OECD-MA Rn 221.

428 Ziff. 48 OECD-Musterkommentar zu Art. 25; *Nientimp/ Tomson*, IStR 2009, 615 (617); *Lehner* in Vogel/ Lehner, DBA, Art. 25 OECD-MA Rn 222; *van Herksen/ Fraser*, ITPJ 2009, 143 (145).

429 *Nientimp/ Tomson*, IStR 2009, 615 (617).

430 Eine ähnliche Begrenzung des Anwendungsbereichs des Schiedsverfahrens ist in der Schiedsklausel des Art. 25 Abs. 5 und 6 DBA USA geregelt. Vgl. dazu 5.Teil.A.II.

431 *Ault/ Sasseville*, BFIT 2009, 208 (212 f.); *Baumgartner/ Schelling*, IFF 2008, 159 (168).

Fragen einigen und dies dem Antragsteller schriftlich mitteilen sollen[432]. Erfolgt diese Mitteilung nicht innerhalb der 3-monatigen Frist, so können der Antragssteller, sowie jede Behörde für sich, eine eigene schriftliche Aufstellung über die im Schiedsverfahren zu entscheidenden Fragen erarbeiten. Nach ihrer Berufung erstellen die Schiedsrichter hieraus eine gemeinsame Liste der zu klärenden Fragen. Die zuständigen Behörden können diese Liste durch eine gemeinsame Vereinbarung noch innerhalb von einem Monat abändern[433].

Diese von der OECD gewählte Vorgehensweise widerspricht eigentlich den Regeln der herkömmlichen Schiedsgerichtsbarkeit. Dort liegt es in der Befugnis des Schiedsgerichtes, gestützt auf die von den Parteien vorgebrachten Informationen und in Absprache mit diesen zu entscheiden, welche Fragen im Schiedsverfahren zu lösen sind[434]. Aufgrund der unterbliebenen Einigung der zuständigen Behörden im Verständigungsverfahren könnte sich die Einigung über die Terms of Reference zwischen den gleichen Akteuren in der Praxis als schwierig erweisen. So werden die zuständigen Behörden häufig unterschiedliche Ansichten hinsichtlich des zu treffenden Lösungsansatzes vertreten[435].

2. Verfahrensablauf

Art. 25 Abs. 5 OECD-MA enthält keine direkten Regelungen über den Ablauf des Schiedsverfahrens. So sind beispielsweise die Schiedsrichterbestellung und deren Rechtsstellung, die anzuwendenden Verfahrensgrundsätze und die Form, Veröffentlichung oder Anfechtung des Schiedsspruchs nicht unmittelbar im OECD-MA geregelt[436]. Nach dem letzten Satz des Art. 25 Abs. 5 OECD-MA ist es vielmehr den zuständigen Behörden der Vertragsstaaten überlassen, die Durchführung des Schiedsverfahrens im gegenseitigen Einvernehmen durch eine Anwendungsvereinbarung zu regeln. In der Anwendungsvereinbarung sollen die für die Anwendung des Art. 25 Abs. 5 OECD MA erforderlichen „strukturellen und verfahrensmäßigen Regeln“ bestimmt werden. Dabei soll auch die für beide

---

432 Ziff. 3 der Musteranwendungsvereinbarung zum OECD-Musterkommentar zu Art. 25.

433 Ziff. 4 der Musteranwendungsvereinbarung zum OECD-Musterkommentar zu Art. 25; *Nientimp/ Tomson*, IStR 2009, 615 (617); *Lehner* in Vogel/ Lehner, DBA, Art. 25 OECD-MA Rn 223.

434 *Baumgartner/ Schelling*, IFF 2008, 159 (168).

435 *Baumgartner/ Schelling*, IFF 2008, 159 (168 f.); *Desax/ Veit*, Arbitration International 2007, 405 (418 f.).

436 *Herlinghaus*, IStR 2010, 125 (128).

Seiten bindende Wirkung des Schiedsspruchs beachtet werden. Hinsichtlich des Inhalts der Anwendungsvereinbarung verweist der Musterkommentar auf die in seinem Anhang enthaltene Musteranwendungsvereinbarung[437]. Den zuständigen Behörden[438] wird somit die Ausgestaltung des Verfahrens weitestgehend selbst überlassen. Die OECD hat sich damit gegen die Entwicklung strikt einheitlicher Regelungen für ein abkommensrechtliches Schiedsverfahren entschieden[439]. Dies entspricht ihrer Gesinnung, die Einwirkungsmöglichkeiten der Vertragsstaaten auf die Gestaltung des Schiedsverfahrens möglichst hoch und somit den jeweiligen nationalen Verlust an Souveränitätsrechten möglichst gering zu halten[440].

In der Regel soll die zuständige Behörde, bei der der streitige Steuerfall erstmals anhängig gemacht worden ist, die für die Durchführung des Schiedsverfahrens notwendige administrative und logistische Unterstützung bereit stellen[441]. Weder der Art. 25 Abs. 5 OECD-MA noch der Musterkommentar oder die Musteranwendungsvereinbarung enthalten Regelungen über die Bestimmung des Orts des Schiedsgerichts. Der Steuerpflichtige wird den Antrag auf Einleitung des Schiedsverfahrens in der Regel bei der zuständigen Behörde seines Ansässigkeitsstaates stellen[442]. Da diese somit für den weiteren administrativen und logistischen Ablauf

---

437 Ziff. 67 OECD-Musterkommentar zu Art. 25. Darin wird ferner ausgeführt, dass einige Regelungspunkte auch in dem Artikel selbst, in einem Protokoll oder durch Austausch diplomatischer Noten geregelt werden können. Und weiter: *„Im Idealfall sollte die Vereinbarung gleichzeitig mit dem Abkommen ausgearbeitet werden, so dass sie unmittelbar nachdem der Absatz in Kraft tritt, unterzeichnet und angewendet werden kann. Es wäre außerdem ratsam, sie zu veröffentlichen, da sie die Einzelheiten des Verfahrens festlegt, die zu beachten sind, um ungelöste Fragen einer Schiedsentscheidung zuzuführen"*.

438 In Deutschland ist wiederum das BZSt zuständige Behörde. Vgl. hierzu 2.Teil.C.II.2.

439 *Baumgartner/ Schelling*, IFF 2008, 159 (170).

440 Gleichwohl haben Deutschland und Großbritannien in ihrer Anwendungsvereinbarung zum Schiedsverfahren nach Art. 26 Abs. 5 DBA Großbritannien, den Inhalt der OECD-Musteranwendungsvereinbarung vollständig übernommen. Siehe dazu 5.Teil.C.

441 *Desax/ Veit*, Arbitration International 2007, 405 (424).

442 Nach Art. 25 Abs. 1 OECD-MA muss der Steuerpflichtige den Antrag auf Einleitung des Verständigungsverfahrens bei der zuständigen Behörde seines Ansässigkeitsstaates stellen. Hinsichtlich der Einleitung des Schiedsverfahrens nach Art. 25 Abs. 5 OECD-MA ist wörtlich nicht geregelt, an welche zuständigen Behörde der Steuerpflichtige den Antrag zu richten hat. Ziff. 1 der Musteranwendungsvereinbarung zum OECD-Musterkommentar zu Art. 25 regelt aber, dass der Steuerpflichtige den Antrag an eine der beiden zuständigen Behörden richten soll. Unter normalen Umständen wird dies jedoch die zuständige Behörde seines Ansässigkeitsstaates sein,

zuständig ist, wird der Ort des Schiedsgerichts in der Praxis wohl ebenfalls im Ansässigkeitsstaat des Steuerpflichtigen liegen[443].

a) Schiedsrichterbestellung

Die Musteranwendungsvereinbarung sieht vor, dass sich die Schiedskommission im Regelfall[444] aus drei Schiedsrichtern zusammensetzt[445]. Als Schiedsrichter kann jede Person, sogar ein Beamter eines Vertragsstaates ernannt werden, sofern diese Person in einem früheren Verfahrensabschnitt nicht mit dem Fall befasst war[446]. Dabei ist es jeder zuständigen Behörde vorbehalten, innerhalb von drei Monaten, oder sofern Versäumnisse bei der Übermittlung der Entscheidungsvorlage eingetreten sind, innerhalb von vier Monaten, jeweils einen Schiedsrichter zu ernennen. Die beiden ernannten Schiedsrichter sollen sich dann im Idealfall innerhalb von zwei Monaten[447] auf einen dritten Schiedsrichter einigen. Sofern sich die beiden ernannten Schiedsrichter nicht einigen können, die zuständigen Behörden es versäumen einen Schiedsrichter zu ernennen oder ein Schiedsrichter ersetzt werden muss, soll der Direktor des OECD-Zentrums für Steuerpolitik und -verwaltung innerhalb von zehn Tagen den Schiedsrichter bestimmen[448]. Der

---

da der Steuerpflichtige an diese bereits den Antrag für das Verständigungsverfahren gerichtet hat. *Baumgartner/ Schelling*, IFF 2008, 159 (172).

443 *Desax/ Veit*, Arbitration International 2007, 405 (425); *Baumgartner/ Schelling*, IFF 2008, 159 (172).

444 Ziff. 6 der Musteranwendungsvereinbarung zum OECD-Musterkommentar zu Art. 25 sieht auch die Möglichkeit vor, ein vereinfachtes Schiedsverfahren mit nur einem Schiedsrichter durchzuführen. Siehe dazu auch 4.Teil.B.II.2.a).

445 Ziff. 5 der Musteranwendungsvereinbarung zum OECD-Musterkommentar zu Art. 25.

446 Ziff. 7 der Musteranwendungsvereinbarung zum OECD-Musterkommentar zu Art. 25. Darin wird sogar angeregt, möglichst einen Vertreter der Vertragsstaaten zu Schiedsrichtern zu berufen. *„Es kann von Vorteil sein, Vertreter jedes Vertragsstaates zu Schiedsrichtern zu berufen, denn sie würden mit Fragen dieser Art vertraut sein. Es sollte deshalb möglich sein, Beamte in das Gremium zu berufen, die nicht unmittelbar mit dem Fall befasst waren.“*

447 Ausgehend vom Zeitpunkt der Ernennung des letzten Schiedsrichters, Ziff. 5 der Musteranwendungsvereinbarung zum OECD-Musterkommentar zu Art. 25.

448 In der Literatur wird diese Entscheidungsbefugnis des zuständigen OECD-Direktors kritisiert. Dabei wird darauf hingewiesen, dass es sinnvoller gewesen wäre, die Entscheidung einer Person oder Institution vorzubehalten, die eine größere Erfahrung bei der Durchführung internationaler Schiedsverfahren und gleichzeitig eine neutrale Stellung inne habe. Geeigneter seien daher beispielsweise ein Vertreter des Ständigen

dritte Schiedsrichter, der nicht die Staatsangehörigkeit eines der beiden beteiligten Vertragsstaaten besitzen darf, übernimmt den Vorsitz des Schiedsgerichts. Da der Schiedsspruch als Mehrheitsentscheidung ergeht, nimmt der Vorsitzende bei der Entscheidungsfindung eine zentrale Stellung ein[449]. Die OECD sieht es daher als notwendig an, dass der Vorsitzende sowohl in der Leitung von Schiedsgerichten als auch in steuerrechtlichen Fragen wesentliche Erfahrung besitzt[450]. Die Schiedsrichter sollen vollen Zugang zu den Informationen haben, die für die Lösung der im Schiedsverfahren streitigen Fragen notwendig sind[451]. Sie sollen dabei derselben strengen Vertraulichkeitspflicht unterliegen, die auch für die zuständigen Behörden im Verständigungsverfahren gelten[452]. Zu diesem Zweck ist vorgesehen die Schiedsrichter, sofern sie es nicht bereits sind, zu Vertretern der jeweiligen Vertragsstaaten zu ernennen[453].

Die Besonderheit der Streitbeilegung im internationalen Steuerrecht liegt im Vergleich zur herkömmlichen Schiedsgerichtsbarkeit darin, dass drei Seiten vom Ausgang des Falles betroffen sind[454]. Vor allem der Steuerpflichtige hat dabei die negativen Folgen der abkommenswidrigen Besteuerung zu tragen. Zwar steht ihm das Recht zu, mit seinem Antrag das Schiedsverfahren einzuleiten, allerdings hat er nach dem OECD Ansatz keinerlei Mitspracherecht bei der Besetzung des Schiedsgerichts. Vor dem Hintergrund, dass das Schiedsverfahren als integraler Bestandteil des Verständigungsverfahrens ausgestaltet ist und der Steuerpflichtige

---

Schiedsgerichtshofs in Den Haag oder der Präsident des internationalen Schiedsgerichts der ICC. *Desax/ Veit*, Arbitration International 2007, 405 (421); *Baumgartner/ Schelling*, IFF 2008, 159 (170).

449 *Lehner* in Vogel/ Lehner, DBA, Art. 25 OECD-MA Rn 225; *Herlinghaus*, IStR 2010, 125 (129); *Nientimp/ Tomson*, IStR 2009, 615 (617).

450 Ziff. 15 der Erläuterungen zur Musteranwendungsvereinbarung: *„Es ist wichtig, dass der Vorsitzende des Gremiums für die Art von Verfahrens-, Beweis- und Logistikfragen, die wahrscheinlich während des Schiedsverfahrens auftauchen, Erfahrungen mitbringt und auch mit steuerlichen Fragen vertraut ist“.*

451 Ziff. 17 S. 1 der Erläuterungen zur Musteranwendungsvereinbarung zum OECD-Musterkommentar zu Art. 25.

452 Ziff. 17 S. 2 der Erläuterungen zur Musteranwendungsvereinbarung zum OECD-Musterkommentar zu Art. 25.

453 Ziff. 17 der Erläuterungen zur Musteranwendungsvereinbarung zum OECD-Musterkommentar zu Art. 25. In Deutschland ergibt sich für Amtsträger die Verpflichtung das Steuergeheimnis zu wahren, aus § 30 Abs. 1 AO. *Lehner* in Vogel/ Lehner, DBA, Art. 25 OECD-MA Rn 226.

454 Siehe dazu 3.Teil.B.

somit nur über begrenzte Verfahrensrechte verfügt, ist dies auch konsequent[455]. Die Unabhängigkeit der Schiedsrichter ist in den Bestimmungen der OECD nicht genau geregelt. Die OECD befürwortet aber, dass die zuständigen Behörden Vertreter ihrer Behörde als Schiedsrichter berufen, da diese bereits mit „Fragen dieser Art" vertraut sind und so die notwendige Fachkenntnis besitzen[456].

Die Literatur kritisiert diesen Ansatz. So sei es von Nachteil, dass es keine Regelungen gebe, die die Unabhängigkeit der Schiedsrichter oder zumindest des Vorsitzenden sicherstellen würden. Einem Verstoß gegen die nach den Grundsätzen der Schiedsgerichtsbarkeit gebotene Neutralität und Unabhängigkeit des einzelnen Schiedsrichters könne so nicht wirksam vorgebeugt werden. Es sei zudem problematisch, wenn Behördenvertreter im Rahmen eines Schiedsverfahrens über einen Fall entscheiden würden, in dem ihre eigenen Behörden die Vertragsstaaten vertreten würden. Die Wahrscheinlichkeit sei daher groß, dass sich die von den Vertragsstaaten ernannten Schiedsrichter bei ihrer Entscheidungsfindung zu sehr an den Rechtspositionen der jeweiligen Behörden orientieren könnten[457]. Zudem könne es einem Schiedsgericht, das sich aus zwei Parteienvertretern und einem unabhängigen Vorsitzenden zusammensetzt, Schwierigkeiten bereiten, eine Mehrheitsentscheidung zu fällen. Die gesamte Last der Entscheidungsfindung läge dann beim Vorsitzenden[458]. Zudem wird kritisiert, dass die Schiedsrichter nach dem OECD Vorschlag nicht verpflichtet sind, mögliche Konfliktfälle offenzulegen. Dies sei empfehlenswert, um den zuständigen Behörden und nicht zuletzt

---

455 Vgl. *Park/ Tillinghast*, Income Tax Treaty Arbitration, 32; *Desax/ Veit*, Arbitration International 2007, 405 (415).

456 Ziff. 15 der Erläuterungen zur Musteranwendungsvereinbarung zum OECD-Musterkommentar zu Art. 25.

457 Siehe hierzu Ziff. 5 des BIAC Comment on OECD Discussion Draft: Proposals for Improving Mechanisms for the Resolution of Tax Treaty Disputes (the "Discussion Draft") 5 May 2006, verfügbar unter: http://www.oecd.org/tax/taxtreaties/49728074.pdf (Stand: Stand: Januar 2014); *Gildemeister*, "Transnational Dispute Management, Arbitration of Tax Treaty Disputes, March 2007", 1 (8), verfügbar unter: http://www.transnational-dispute-management.com/article.asp?key=1143 (Stand: Januar 2014); *Baumgartner/ Schelling*, IFF 2008, 159 (169); *Desax/ Veit*, Arbitration International 2007, 405 (420); *Birnkrant*, Tax Management International Journal 2006, 615 (619); *Park/ Tillinghast*, Income Tax Treaty Arbitration, S. 32.

458 Ziff. 5 des BIAC Comment on OECD Discussion Draft: Proposals for Improving Mechanisms for the Resolution of Tax Treaty Disputes (the "Discussion Draft") 5 May 2006, verfügbar unter: http://www.oecd.org/tax/taxtreaties/49728074.pdf (Stand: Stand: Januar 2014); *Baumgartner/ Schelling*, IFF 2008, 159 (169 f.).

dem Steuerpflichtigen die Möglichkeit zu bieten, selbst zu prüfen, ob hinsichtlich des jeweiligen Schiedsrichters eine Gefahr der Parteilichkeit besteht[459].

Andererseits überrascht es nicht, dass die OECD Bestimmungen zum Schiedsverfahren keine Regelungen zur Unabhängigkeit der Schiedsrichter enthalten. So steht die Mehrheit der OECD-Mitgliedstaaten solchen Maßnahmen skeptisch gegenüber, die ihre Einwirkungsmöglichkeiten auf den Ablauf des Schiedsverfahren einschränken könnten. Je weniger Einfluss die OECD Bestimmungen den Vertragsstaaten bei der Besetzung der Schiedskommission einräumen, umso weniger werden die Mitgliedstaaten bereit sein, eine obligatorische Schiedsklausel nach dem Zuschnitt des Art. 25 Abs. 5 OECD-MA in ihre Abkommen aufzunehmen. Vor diesem Hintergrund ist der Ansatz der OECD als Zugeständnis an die Vertragsstaaten zu werten[460]. Der Ansatz eigene Beamten zu Schiedsrichtern zu ernennen, hat zudem den Vorteil, dass die Kosten des Verfahrens niedrig gehalten werden, die Schiedsrichter bereits über die nötigen Fachkenntnisse verfügen und das Verfahren somit voraussichtlich beschleunigt wird[461].

Allerdings können diese praktischen Erwägungen – vor dem Hintergrund der Gewährleistung eines objektiven Verfahrens – nicht die Nachteile aufwiegen, die die Ernennung nicht unabhängiger Schiedsrichter nach sich ziehen würde. Wenn Personen zu Schiedsrichtern ernannt werden, die in Abhängigkeit zu den zuständigen Behörden stehen, könnte dies den mit der Einführung einer obligatorischen Schiedsklausel beabsichtigten Effekt, den Rechtsschutz des Steuerpflichtigen zu verbessern, entwerten. Die OECD beabsichtigte mit der Einführung des Art. 25 Abs. 5 OECD-MA, die zuständigen Behörden zu bewegen, den Besteuerungskonflikt möglichst noch im Verständigungsverfahren beizulegen[462]. Dadurch sollte das Risiko des Scheiterns der Verständigung vom Steuerpflichtigen auf die

459 *Bertolini*, "Mandatory Arbitration Provisions within the Modern Tax Treaty Structure – Policy Implications of Confidentiality and the Rights of the Public to Arbitration Outcomes", 38, verfügbar unter: http://works.bepress.com/michelle_bertolini/1 (Stand: Januar 2014); *Desax/ Veit*, Arbitration International 2007, 405 (420); *van Herksen/ Fraser*, ITPJ 2009, 143 (153); *McIntyre,* Florida Tax Review 2006, 622 (632).

460 Siehe dazu *Gildemeister*, „Transnational Dispute Management, Arbitration of Tax Treaty Disputes, March 2007", 1 (8), verfügbar unter: http://www.transnational-dispute-management.com/article.asp?key=1143 (Stand: Januar 2014).

461 Ziff. 15 d. Erläuterungen zur Musteranwendungsvereinbarung; *van Herksen/ Fraser*, ITPJ 2009, 143 (152); *Baumgartner/ Schelling*, IFF 2008, 159 (170).

462 Ziff. 46 S. 3 OECD-Musterkommentar zu Art. 25.

zuständigen Behörden der Vertragsstaaten verlagert werden[463]. Zweifelhaft ist jedoch, ob ein zum überwiegenden Teil aus Behördenvertretern zusammengesetztes Schiedsgericht, im Vergleich zu einem aus gänzlich unabhängigen Schiedsrichtern bestehenden Schiedsgericht, in gleichem Maße geeignet ist, die Einigungsbereitschaft der zuständigen Behörden im Verständigungsverfahren zu fördern. Die Einigungsbereitschaft der zuständigen Behörden könnte sinken, wenn diese die Gewissheit hätten, dass das Schiedsgericht zumindest teilweise mit „eigenen" Leuten besetzt ist.

Um die Unabhängigkeit und Neutralität des Schiedsgerichtes zu gewährleisten, wäre es daher empfehlenswert, solche Personen als Schiedsrichter auszuschließen, die in irgendeiner Form den zuständigen Finanzbehörden der Vertragsstaaten nahe stehen. Zu diesem Zweck könnte eine feste Liste mit geeigneten Personen erstellt werden. Die zuständigen Behörden müssten dann im Falle eines Schiedsverfahrens aus dieser Liste wahlweise einen Schiedsrichter ernennen[464]. Idealerweise sollten die betreffenden Personen über Erfahrungen im Zusammenhang mit Schiedsverfahren und dem internationalen Steuerrecht verfügen[465]. Diese Kriterien könnten bestenfalls Professoren oder andere unabhängige Experten erfüllen, die mit dem internationalen Steuerrecht und/ oder der Schiedsgerichtsbarkeit vertraut sind[466]. Sofern eine solche Verfahrensweise aufgrund des möglichen Widerstandes der OECD Mitgliedstaaten nicht durchsetzbar wäre, sollte sicher gestellt werden, dass zumindest der Vorsitzende aufgrund seiner zentralen Position nach diesen Kriterien ausgewählt wird. Baumgartner/ Schelling fordern in diesem Zusammenhang, dass der Vorsitzende mit der internationalen Schiedsgerichtsbarkeit besonders vertraut ist. Dies sei wesentlich

---

463 *Eilers* in Debatin/ Wassermeyer, DBA, Art. 25 OECD-MA Rn 74 (Januar 2009).

464 Dieser Ansatz ist auch – allerdings nur in Bezug auf die Ernennung des Vorsitzenden – in den Erläuterungen im Anhang zur OECD-Mustervereinbarung vorgesehen, Ziff. 15 der Erläuterungen zur Musteranwendungsvereinbarung. In diesem Sinne auch *van Herksen/ Fraser*, ITPJ 2009, 143 (152). Eine solche Schiedsrichterliste stellt auch das Joint Transfer Pricing Forums der EU im Rahmen der EU-Schiedskonvention bereit. Die Liste ist abrufbar unter: http://ec.europa.eu/taxation_customs/resources/documents/taxation/company_tax/transfer_pricing/forum/jtpf_010_2005_rev15.pdf (Stand: Januar 2014).

465 Ziff. 15 d. Erläuterungen zur Musteranwendungsvereinbarung.

466 *Gildemeister*, "Transnational Dispute Management, Arbitration of Tax Treaty Disputes, March 2007", 1 (8), verfügbar unter: http://www.transnational-dispute-management.com/article.asp?key=1143 (Stand: Januar 2014); *Burnett*, Australian Tax Review 2007, 173 (183); *McIntyre,* Florida Tax Review 2006, 622 (632).

wichtiger als spezielle Kenntnisse im internationalen Steuerrecht, da dem Vorsitzenden in der von der OECD vorgeschlagenen Zusammensetzung des Schiedsgerichtes eine ganz zentrale Stellung zukomme. So sei dieser verantwortlich für die Koordination eines komplexen, durch verschiedene zeitliche, rechtliche und sachliche Bedingungen eingeschränkten Verfahrens. Vor allem aber müsse der Vorsitzende sicherstellen, dass das Schiedsgericht eine Entscheidung als unabhängiges Gremium fällt. Dies könne in Anbetracht der Zusammensetzung des Schiedsgerichts zu heiklen Situationen führen[467].

Daneben könnte man jedem Vertragsstaat das Recht zusprechen, im Rahmen eindeutig bestimmter Voraussetzungen, die Qualifikation des von der anderen Seite ernannten Schiedsrichters in Frage zu stellen[468]. Der andere Staat müsste im Zweifel dann einen neuen Schiedsrichter ernennen. Auf diese Art und Weise könnten sich die Vertragsstaaten gegenseitig kontrollieren und so zur Unabhängigkeit des Schiedsgerichts beitragen. Weitergehende Ansätze, wonach die Ernennung aller drei Schiedsrichter durch eine unabhängige Institution erfolgen soll[469], würden der Schiedskommission zwar ein hohes Maß an Unabhängigkeit verleihen, wären aber wegen der Vorbehalte der Vertragsstaaten voraussichtlich nicht durchsetzbar[470]. Gleiches gilt für den Vorschlag, dem Steuerpflichtigen das Recht zuzugestehen, die Wahl des Vorsitzenden in begrenztem Umfang anzufechten[471]. Insgesamt sollte aber gewährleistet werden, dass sich die Schiedsrichter durch Unabhängigkeit und Neutralität gegenüber den Finanzbehörden und dem Steuerpflichtigen auszeichnen.

Als Alternative zu einer aus drei Schiedsrichtern bestehenden Schiedskommission sieht die OECD in ihrer Musteranwendungsvereinbarung auch ein vereinfachtes Schiedsverfahren mit einem Schiedsrichter vor. Der Schiedsrichter wird dabei übereinstimmend von beiden Vertragsstaaten ernannt. Die Vertragsstaaten können das vereinfachte Verfahren in den Terms of Reference vereinbaren. Das vereinfachte Verfahren bietet sich bei einfach gelagerten Fällen, vor allem bei Konflikten

---

467 *Baumgartner/ Schelling*, IFF 2008, 159 (170).

468 *Baumgartner/ Schelling*, IFF 2008, 159 (170).

469 So bereits *Lindencrona/ Mattson*, Arbitration in Taxation, S. 65 f., die dies freilich nur als eine Übergangslösung bis zur Einrichtung eines Internationalen Steuergerichtshofes ansahen.

470 *Park/ Tillinghast*, Income Tax Treaty Arbitration, S. 31; *Ault,* Liber Amicorum Sven-Olof Lodin, S. 55 (60).

471 *Birnkrant*, Tax Management International Journal 2006, 615 (619).

über rein tatsächliche Aspekte an[472]. Die Entscheidungsfindung bestimmt sich dabei nach der so genannten „last best offer" oder „baseball arbitration" Methode[473].

b) *Verfahrens- und Beweisregeln*

Weder Art. 25 Abs. 5 OECD-MA selbst noch die Musteranwendungsvereinbarung enthalten direkte Angaben zu den Verfahrens- und Beweisregeln. Vielmehr können die zuständigen Behörden entsprechende Regelungen in den Terms of Reference vereinbaren, sofern sie dies für notwendig erachten[474]. Falls die zuständigen Behörden in diesem Sinne nichts vereinbart haben oder bestimmte Fragen nicht geregelt wurden, können die Schiedsrichter eigenständig von Fall zu Fall Verfahrens- und Beweisregeln entwerfen[475]. Die Schiedsrichter können dabei auch auf die Bestimmungen bestehender Schiedsgerichtsbarkeiten, so etwa auf die Regeln der Internationalen Handelskammer, zurückgreifen[476].

Den Schiedsrichtern sollen alle vertraulichen Informationen, die für die Lösung des Falles im Schiedsverfahren notwendig sind, offengelegt werden. Allerdings soll die Entscheidung grundsätzlich nur auf das Tatsachenmaterial gestützt werden, welches bereits den zuständigen Behörden im Verständigungsverfahren vorlag. Nur in Ausnahmefällen und nur soweit die zuständigen Behörden sich vorab darauf geeinigt haben, darf das Schiedsgericht neue Tatsachen ermitteln, die in früheren Stadien des Verfahrens noch nicht vorgelegen haben[477].

---

472 Ziff. 12 der Erläuterungen zur Musteranwendungsvereinbarung.

473 Ziff. 6 der Musteranwendungsvereinbarung zum OECD-Musterkommentar zu Art. 25 und konkretisierend in Ziff. 12 u. 13 der Erläuterungen zur Musteranwendungsvereinbarung. Vgl. auch *Baumgartner/ Schelling*, IFF 2008, 159 (171). Näheres zu den Begrifflichkeiten „last best offer" und „baseball arbitration" unter 4.Teil.B.II.3.a).

474 *Lehner* in Vogel/ Lehner, DBA, Art. 25 OECD-MA Rn 227.

475 Ziff. 10 der Musteranwendungsvereinbarung zum OECD-Musterkommentar zu Art. 25 und konkretisierend in Ziff. 18 der Erläuterungen zur Musteranwendungsvereinbarung. Dieser Ansatz der OECD wird von *McIntyre*, Florida Tax Review 2006, 622 (632), kritisiert. Die betreffenden Schiedsrichter seien häufig Steuerfachleute und verfügten daher nicht über die nötige Sachkunde hinsichtlich des Ablaufs von Schiedsverfahren. Das eigenständige Entwerfen von Verfahrensregelungen würde sie daher nur überfordern und somit den engen Zeitplan des Schiedsverfahrens unnötig gefährden.

476 Ziff. 18 der Erläuterungen zur Musteranwendungsvereinbarung.

477 Ziff. 10 der Musteranwendungsvereinbarung zum OECD-Musterkommentar zu Art. 25 und konkretisierend in Ziff. 18 und 19 der Erläuterungen zur

c) Stellung des Steuerpflichtigen

Da das Schiedsverfahren nach Art. 25 Abs. 5 OECD-MA als unselbstständiger Verfahrensabschnitt des Verständigungsverfahrens ausgestaltet ist, ergeben sich hinsichtlich der Parteienstellung der zuständigen Behörden keine Unterschiede zum Verständigungsverfahren[478]. Der Steuerpflichtige leitet durch seinen Antrag das Schiedsverfahren ein, er ist jedoch nicht Verfahrenspartei. Wie im Verständigungsverfahren kann er der Schiedskommission seine Ansicht persönlich oder durch einen Bevollmächtigten schriftlich darlegen. Sofern die Schiedskommission ihm dies gestattet, kann er seine Ansicht auch mündlich während des Verfahrens vortragen[479]. Zudem wird der Schiedsspruch nur wirksam, wenn der Steuerpflichtige ihm zustimmt[480]. Dies ist aufgrund der fehlenden Parteienstellung des Steuerpflichtigen aus Rechtsschutzgründen nicht nur folgerichtig, sondern bringt ihn auch in die günstige Position, den Schiedsspruch nur dann anzunehmen, wenn dessen Inhalt ihm ausreichend positiv erscheint. Die Durchführung des Schiedsverfahrens kann damit für den Steuerpflichtigen nicht zu ungewollten Nachteilen führen.

d) Das anzuwendende Recht

Die Schiedsbehörde entscheidet über die im Schiedsverfahren zu lösenden Fragen auf der Grundlage der einschlägigen Bestimmungen der DBA[481]. Bei den Fragen, die nicht im Verständigungsverfahren gelöst werden können, handelt es sich in der Regel um Fragen der Abkommensauslegung oder im Bereich der Verrechnungspreise um die Auslegung des Fremdvergleichsgrundsatzes nach Art. 9 und Art. 7 Abs. 2

Musteranwendungsvereinbarung. *Baumgartner/ Schelling*, IFF 2008, 159 (171), vertreten hierzu die Ansicht, dass in der Praxis die zuständigen Behörden ihr Einverständnis erteilen sollten, da ansonsten die Entscheidungsbefugnis des Schiedsgerichtes beschnitten werde. Als unabhängiger Instanz solle dem Schiedsgericht auch ermöglicht werden nach eigenem Ermessen von dem Steuerpflichtigen und den zuständigen Behörden neues Informationsmaterial einzufordern

478 *Ault/ Sasseville*, BFIT 2009, 208 (213); *Herlinghaus*, IStR 2010, 125 (126).

479 Ziff. 11 der Musteranwendungsvereinbarung zum OECD-Musterkommentar zu Art. 25 und konkretisierend in Ziff. 20 der Erläuterungen zur Musteranwendungsvereinbarung; *Rütters*, SteuerStud 2010, 23 (25); *Ault/ Sasseville*, BFIT 2009, 208 (213).

480 *Ault/ Sasseville*, BFIT 2009, 208 (211); *Harrington*, TNI 2010, 753 (756). Im Entwurf von Februar 2006 war noch vorgesehen, dass der Schiedsspruch in jedem Fall für den Steuerpflichtigen bindend sein sollte.

481 Ziff. 14 der Musteranwendungsvereinbarung zum OECD-Musterkommentar zu Art. 25.

OECD-MA[482]. Dabei sollen Fragen der Abkommensauslegung mit Hilfe der in Art. 31 bis 34 WÜRV verankerten Auslegungsgrundsätze und unter Beachtung des Musterkommentars gelöst werden[483]. Sofern die zuständigen Behörden dies in der Anwendungsvereinbarung geregelt haben, dürfen die Schiedsrichter auch andere Quellen heranziehen[484]. Bisweilen können Abkommensbestimmungen aber auch auf innerstaatliches Recht verweisen. Dies würde die Schiedskommission vor die Schwierigkeit stellen, eine Entscheidung über Fragen des innerstaatlichen Rechts treffen zu müssen. Hierfür wird ihr aber üblicherweise die nötige Rechtskenntnis fehlen. Die OECD schlägt daher vor, dass die zuständigen Behörden dem Schiedsgericht die innerstaatlichen Auslegungsergebnisse bereits in der Anwendungsvereinbarung vorgeben, oder dass die Streitfrage auf Wunsch der Behörden von einem Schiedsrichter geklärt wird, der ein Experte auf diesem Gebiet ist[485]. Letztlich kann es auch Fälle geben, in denen die zuständigen Behörden eine zusätzliche, das Abkommen ergänzende Vereinbarung der Vertragsstaaten für entscheidungserheblich halten, jedoch uneinig über deren Auslegung sind. In solchen Fällen sollten die zuständigen Behörden bereits in den Terms of Reference Bezug auf die zusätzliche Vereinbarung nehmen[486].

3. Der Schiedsspruch

a) Entscheidungsfindung

Das Schiedsgericht entscheidet auf der Grundlage des Rechts. Eine Billigkeitsentscheidung findet nicht statt. Für die Entscheidungsfindung des Schiedsgerichts sieht die OECD zwei verschiedene Ansätze vor. Zunächst bestimmt die Musteranwendungsvereinbarung die Methode der unabhängigen Rechtsauffassung („independent opinion“ approach) zur allgemein anzuwendenden

---

482 Ziff. 33 der Erläuterungen zur Musteranwendungsvereinbarung.

483 Ziff. 14 der Musteranwendungsvereinbarung zum OECD-Musterkommentar zu Art. 25 und konkretisierend hierzu Ziff. 33 der Erläuterungen zur Musteranwendungsvereinbarung. Fragen, die sich auf die Anwendung des Fremdvergleichsgrundsatzes beziehen, sollen demnach unter Beachtung der OECD-Fremdvergleichsrichtlinien für multinationale Unternehmen und Steuerverwaltungen entschieden werden.

484 Ziff. 14 der Musteranwendungsvereinbarung zum OECD-Musterkommentar zu Art. 25.

485 Ziff. 34 der Erläuterungen zur Musteranwendungsvereinbarung; *Lehner* in Vogel/Lehner, DBA, Art. 25 OECD-MA Rn 230; *Herlinghaus*, IStR 2010, 125 (129).

486 Ziff. 35 der Erläuterungen zur Musteranwendungsvereinbarung; *Lehner* in Vogel/Lehner, DBA, Art. 25 OECD-MA Rn 230.

Verfahrensweise[487]. Die Schiedskommission wird dabei aus drei Schiedsrichtern gebildet, die ihre Entscheidung als Mehrheitsentscheidung treffen[488]. Den Vertragsstaaten wird aber auch die Möglichkeit eingeräumt, sich auf ein vereinfachtes Verfahren mit nur einem Schiedsrichter zu einigen. Im vereinfachten Verfahren findet der Ansatz des letzten Angebots („last best offer" oder „baseball approach"[489]) Anwendung[490].

aa) Methode der unabhängigen Rechtsauffassung

Nach der Methode der unabhängigen Rechtsauffassung trifft das Schiedsgericht auf der Grundlage des anwendbaren Rechts und aller vorgetragener Tatsachen eine eigenständige Entscheidung. Es ist dabei nicht an die Ansichten der zuständigen Behörden gebunden[491]. Das Schiedsgericht wird dadurch veranlasst, die entscheidungserheblichen Fragen genau zu analysieren und seine Ansichten im Rahmen der Entscheidungsbegründung darzulegen[492]. Neben der gesteigerten Transparenz des Verfahrens hat dies den zusätzlichen positiven Effekt, dass dem Steuerpflichtigen mehr Mitwirkungsmöglichkeiten in der Schiedsphase zuteil werden. Um in der Lage zu sein, eine unabhängige Entscheidung zu treffen, wird das Schiedsgericht hinsichtlich der entscheidungserheblichen Fragen bestrebt sein, nicht nur den Standpunkt der beiden Finanzbehörden, sondern auch den des Steuerpflichtigen zu ermitteln[493]. Der Steuerpflichtige wird so in die Lage versetzt, durch geschicktes Vorbringen seiner Argumente im Schiedsverfahren, einen gewissen Einfluss auf die Entscheidungsfindung des Schiedsgerichtes zu nehmen.

Zudem wird nach der Methode der unabhängigen Rechtsauffassung eine deutliche Trennung zwischen dem Verständigungsverfahren und dem Schiedsverfahren

---

487 Ziff. 2 und 4 der Erläuterungen zur Musteranwendungsvereinbarung.

488 Ziff. 15 der Musteranwendungsvereinbarung zum OECD-Musterkommentar zu Art. 25.

489 Der etwas ungewöhnliche Ausdruck „baseball approach" stammt aus dem amerikanischen Profibaseball. Dort gibt es einen Brauch, nach dem sowohl der Spieler als auch der Verein bei den Gehaltsverhandlungen einen unabhängigen Dritten damit beauftragen, einen der beiden Vertrags- / Gehaltsvorschläge auszuwählen, der dann bindend sein soll. *Puls/ Nientimp*, RIW 2006, 673 (676).

490 Ziff. 3 und13 der Erläuterungen zur Musteranwendungsvereinbarung.

491 *Herlinghaus*, IStR 2010, 125 (129); *Ault/ Sasseville*, BFIT 2009, 208 (213).

492 *Ault/ Sasseville*, BFIT 2009, 208 (213).

493 So werden sowohl die beiden zuständigen Behörden als auch der Steuerpflichtige versuchen, das Schiedsgericht von ihrem Standpunkt zu überzeugen. *Burnett*, Australian Tax Review 2007, 173 (184).

vollzogen. So wird im zweiten Verfahrensabschnitt dem Schiedsgericht die alleinige Entscheidungsbefugnis übertragen. Nach der Methode des letzten Angebots ist die Trennung zwischen Verständigungsverfahren und Schiedsverfahren dagegen geringer. Der „Schiedsspruch" beruht dabei nicht auf einer originären Entscheidung des Schiedsgerichts, sondern spiegelt letztlich die Entscheidung einer der beiden zuständigen Behörden wider. Der Ansatz der unabhängigen Rechtsauffassung entspricht damit eher den Grundsätzen eines klassischen Schiedsverfahrens. Er zeichnet sich durch eine vergleichsweise größere Transparenz des Verfahrens, eine höhere Eigenständigkeit des Schiedsgerichts bei der Entscheidungsfindung und eine größere Mitwirkungsmöglichkeit des Steuerpflichtigen aus. Voraussichtlich wird dieser Ansatz daher auch zu einer größeren Akzeptanz bei den betroffenen Steuerpflichtigen führen.

bb) Ansatz des letzten Angebots

Beim Ansatz des letzten Angebots ist der Entscheidungsspielraum des Schiedsgerichts wesentlich begrenzter als beim Ansatz der unabhängigen Rechtsauffassung. Das Schiedsgericht hat lediglich die Befugnis, sich für einen der beiden von den zuständigen Behörden unterbreiteten Vorschläge zu entscheiden. Es darf dabei keine Kompromissvorschläge machen oder Korrekturen an dem von ihm ausgewählten Vorschlag vornehmen[494]. Der Vorschlag der zuständigen Behörden beinhaltet sämtliche Antworten auf alle in den Terms of Reference angegebenen strittigen Fragen[495]. Die Musteranwendungsvereinbarung kombiniert die last best offer Methode mit dem vereinfachten Verfahren. Das vereinfachte Verfahren sieht einen schnelleren Verfahrensablauf und als Entscheidungsinstanz nur einen Schiedsrichter vor[496].

Die last best offer Methode wird bisher hauptsächlich in der Abkommenspraxis der USA angewandt und wurde daher auch in der obligatorischen Schiedsklausel des DBA USA als verbindliche Entscheidungsform festgelegt[497]. Das Verfahren hat den Vorteil, dass beide zuständigen Behörden einem psychologischen Druck

494 *Lehner* in Vogel/ Lehner, DBA, Art. 25 OECD-MA Rn 231; *Herlinghaus*, IStR 2010, 125 (129); *Nientimp/ Tomson*, IStR 2009, 615 (618); *Fuller/ Barton*, ITJ 2008, 15 (16).

495 *Ault/ Sasseville*, BFIT 2009, 208 (214).

496 Ziff. 13 der Erläuterungen zur Musteranwendungsvereinbarung. Zum vereinfachten Verfahren siehe außerdem oben 4.Teil.B.II.2.a).

497 Außerdem haben die USA in ihren DBA mit Frankreich, Belgien, der Schweiz und Kanada Schiedsklauseln, in denen der Ansatz des letzten Angebots gilt.

unterliegen, dem Schiedsgericht weitgehend moderate Vorschläge zu unterbreiten. Je extremer die Position eines Vertragsstaates ausfallen würde, umso größer wäre gleichzeitig das Risiko für diese Seite, dass das Schiedsgericht den in diesem Fall maßvolleren Vorschlag des anderen Vertragsstaates auswählt. Die Standpunkte der zuständigen Behörden würden durch die Existenz der last best offer Methode voraussichtlich vermittelnder ausfallen und sich inhaltlich deutlich annähern[498]. Entsprechende Verfahren haben zusätzlich den Vorteil, dass sie vergleichsweise wenig zeit- und kostenaufwändig sind[499]. Außerdem tragen sie eher dazu bei, die Sorge der Vertragsstaaten vor einer zu großen Abgabe von Souveränitätsrechten an das Schiedsgericht zu dämpfen. So wird jeder zuständigen Behörde die Möglichkeit in Aussicht gestellt, dass ihr Vorschlag jeweils vom Schiedsgericht ausgewählt wird. Wenn dann noch der Steuerpflichtige zustimmt, wird der Vorschlag in unveränderter Form zur bindenden Entscheidung für alle Verfahrensbeteiligten.[500]

Allerdings kann die Methode auch zu unausgewogenen Entscheidungen führen. So etwa, wenn die eine zuständige Behörde nicht über den gleichen Kenntnisstand verfügt wie die andere zuständige Behörde und deshalb nicht in gleichem Maße in der Lage ist, einen für die Schiedsbehörde akzeptablen Lösungsvorschlag zu präsentieren[501]. Der Steuerpflichtige wird im Verfahren nach der last best offer Methode – aufgrund der begrenzten Entscheidungsbefugnis des Schiedsgerichts – zudem nur geringe Möglichkeiten besitzen seinen Standpunkt vorzutragen und so die Entscheidungsfindung zu beeinflussen. Im Vergleich zur Methode der unabhängigen Rechtsauffassung sind seine Einwirkungsmöglichkeiten im Schiedsverfahren somit wesentlich begrenzter[502]. Um diesen Nachteil zu überwinden, könnte man dem Steuerpflichtigen das Recht zugestehen, dem Schiedsgericht einen eigenen Vorschlag zu unterbreiten. Das Schiedsgericht hätte dann die Option sich für einen der drei Vorschläge zu entscheiden[503]. Denkbar wäre auch, die Einwirkungsmöglichkeit des Steuerpflichtigen darauf zu beschränken, einem

---

498 *Kuntschik/ Bödefeld*, IStR 2012, 137 (138); *Peters/ Haverkamp*, BB 2011, 1303 (1309); *Harrington*, TNI 2010, 753 (757); *Fuller/ Barton*, ITJ 2008, 15 (17); *Crest/ Kissel*, International Tax Review 2007, 21 (22); *Burnett*, Australian Tax Review 2007, 173 (184); *Morgan*, TNI 2006, 77 (84).

499 *Kuntschik/ Bödefeld*, IStR 2012, 137 (138); *Morgan*, TNI 2006, 77 (84).

500 *Burnett*, Australian Tax Review 2007, 173 (183); *Morgan*, TNI 2006, 77 (84).

501 *van Herksen/ Fraser*, ITPJ 2009, 143 (148).

502 *Desax/ Veit*, Arbitration International 2007, 405 (423); *Burnett*, Australian Tax Review 2007, 173 (184).

503 *Desax/ Veit*, Arbitration International 2007, 405 (423); *Birnkrant*, Tax Management International Journal 2006, 615 (622).

Streithelfer gleich die Position eines Vertragsstaates zu unterstützen und hierzu Tatsachenmaterial vorzubringen[504].

Das Verfahren nach der last best offer Methode eignet sich eher für überschaubare und einzelfallabhängige Konflikte rein tatsächlicher Natur, etwa für Fragen über die Höhe der im jeweiligen Vertragsstaat zu zahlenden Steuer[505]. Auf eine umfangreiche Entscheidungsbegründung kann bei solchen „technischen" Besteuerungskonflikten in der Regel verzichtet werden, da aufgrund des starken Einzelfallbezugs eine Präzedenzwirkung nicht erforderlich ist. Sofern aber rechtliche Fragen der Abkommensauslegung strittig sind, ist es hingegen vorzugswürdiger, ein mit drei Schiedsrichtern besetztes Schiedsgericht auf unabhängiger Basis entscheiden zu lassen. Die Entscheidungen werden in diesem Zusammenhang regelmäßig anspruchsvoller und umfangreicher sein als dies bei reinen Tatsachenfragen der Fall ist. Es wäre zudem hilfreich, solche Entscheidungen mit einer ausreichenden Begründung zu versehen und in gewissem Umfang zu veröffentlichen[506]. Dies kann aber vernünftigerweise nur durch ein auf unabhängiger Basis entscheidendes Schiedsgericht gewährleistet werden. Im Verfahren nach der last best offer Methode ist eine umfangreiche Begründung der Entscheidung dagegen unüblich[507]. Es ist daher sachgerecht, dass die OECD im Rahmen der Musteranwendungsvereinbarung die Methode des letzten Angebots auf Fälle des vereinfachten Schiedsverfahrens beschränkt.

b) Verkündung des Schiedsspruchs

Der Schiedsspruch soll im Regelfall den beiden zuständigen Behörden und dem betroffenen Steuerpflichtigen innerhalb von sechs Monaten übermittelt werden. Die Frist läuft ab dem Tag, an dem der Vorsitzende des Schiedsgerichts die zuständigen Behörden und den Steuerpflichtigen schriftlich davon unterrichtet hat, dass er alle für die Entscheidung des Falles notwendigen Informationen erhalten hat[508]. Verstreicht die 6-Monatsfrist, ohne dass eine Entscheidung verkündet

504 *Desax/ Veit*, Arbitration International 2007, 405 (423).

505 Entsprechende Konflikte über reine Tatsachenfragen treten häufig im Zusammenhang mit Verrechnungspreiskorrekturen auf. Dabei besteht häufig Unstimmigkeit zwischen den Beteiligten über die Höhe des Verrechnungspreises. Ziff. 4 und 13 der Erläuterungen zur Musteranwendungsvereinbarung; *Ault/ Sasseville*, BFIT 2009, 208 (214); *van Herksen/ Fraser*, ITPJ 2009, 143 (148); *Morgan*, TNI 2006, 77 (84).

506 *Ault/ Sasseville*, BFIT 2009, 208 (213).

507 *Fuller/ Barton*, ITJ 2008, 15 (17).

508 Sofern der Vorsitzende nicht genug Informationen von den zuständigen Behörden vorgelegt bekommen hat und seit der Ernennung des letzten Schiedsrichters nicht

wurde, so können die zuständigen Behörden die Frist um maximal 6 Monate verlängern. Wenn auch innerhalb dieser verlängerten Frist keine Entscheidung durch das Schiedsgericht erfolgt, dann haben die zuständigen Behörden erneut Schiedsrichter zu berufen und das Schiedsverfahren beginnt von Neuem[509]. Trotz der bereits erfolgten Einleitung des Schiedsverfahrens haben die beiden zuständigen Behörden der Vertragsstaaten noch bis zur Verkündung des Schiedsspruchs die Möglichkeit, sich anderweitig über eine Lösung des Falls zu einigen. Wenn bis zur Verkündung des Schiedsspruchs noch eine Einigung zustande kommt, hat dies gleichzeitig die vollständige Erledigung des Schiedsverfahrens zur Folge[510]. Sofern nicht im vereinfachten Verfahren mit nur einem Schiedsrichter entschieden wird, ergeht die Entscheidung des Schiedsgerichts mit der einfachen Mehrheit der Schiedsrichterstimmen[511]. Nach der OECD Anwendungsvereinbarung soll der Schiedsspruch möglichst in schriftlicher Form, mit Begründung und unter Angabe der entscheidungsrelevanten Rechtsgrundlage an die beiden zuständigen Behörden und den Steuerpflichtigen übermittelt werden[512]. Dabei soll die Methode dargestellt werden, mit der die Entscheidung letztendlich getroffen worden ist. Dies soll zum einen helfen, eine breite Akzeptanz der Entscheidung bei allen Beteiligten zu erreichen. Zudem erhöht das Abfassen einer schriftlichen und begründeten Entscheidung die Wahrscheinlichkeit, dass der Schiedsspruch durch die zuständigen Behörden der Vertragsstaaten in der Praxis korrekt umgesetzt wird. Der Steuerpflichtige wird dadurch auch in die Lage versetzt, die korrekte Umsetzung des Schiedsspruchs durch die zuständige Behörde zu überwachen. Im Falle

---

mehr als zwei Monate verstrichen sind, kann er den zuständigen Behörden eine weitere Frist von 2 Monaten für die Vorlage vollständiger Informationen einräumen. Wenn ihm auch nach Ablauf dieser Frist keine ausreichenden Informationen vorgelegt worden sind, soll die Entscheidung in den sechs Monaten ohne die nicht vorgelegten Informationen ergehen. Ziff. 37 der Erläuterungen zur Musteranwendungsvereinbarung.

509 Ziff. 17 der Musteranwendungsvereinbarung zum OECD-Musterkommentar zu Art. 25. Allerdings dürfte dieser Fall, in dem das Schiedsgericht nicht willens oder in der Lage ist eine Entscheidung zu treffen, äußerst selten vorkommen. Vgl. Ziff. 38 der Erläuterungen zur Musteranwendungsvereinbarung.

510 Ziff. 20 der Musteranwendungsvereinbarung zum OECD-Musterkommentar zu Art. 25 und Ziff. 43 der Erläuterungen zur Musteranwendungsvereinbarung.

511 Ziff. 15 der Musteranwendungsvereinbarung zum OECD-Musterkommentar zu Art. 25.

512 Ziff. 15 der Musteranwendungsvereinbarung zum OECD-Musterkommentar zu Art. 25 und Ziff. 36 der Erläuterungen zur Musteranwendungsvereinbarung.

einer fehlerhaften Umsetzung kann er hiergegen innerstaatliche Rechtsmittel geltend machen[513].

Die Musteranwendungsvereinbarung sieht außerdem unter bestimmten Voraussetzungen dic Veröffentlichung der Schiedsentscheidung vor. Dieser müssen sowohl die beiden zuständigen Behörden als auch der Steuerpflichtige zustimmen. Die Vertraulichkeit der übermittelten Informationen soll dadurch gewahrt werden, dass in der Entscheidung die Namen der Beteiligten oder sonstige Umstände, die zu ihrer Identifizierung führen könnten, nicht veröffentlicht werden. Durch die Veröffentlichung der Schiedsentscheidung soll formal keine Präzedenzwirkung entfalten werden[514]. Die OECD beabsichtigt aber durch die Veröffentlichung die Transparenz des Schiedsverfahrens zu verbessern. Auf Basis der in der Vergangenheit entschiedenen Fälle, sollen einheitliche Lösungen für gleiche Streitfragen in der Zukunft gefunden und somit Streitigkeiten bereits in einem frühen Verfahrensstadium erledigt werden[515].

Dieser Ansatz der OECD zur Veröffentlichung der Schiedsentscheidung ist zu begrüßen. Bisher sind erst zwei Schiedsverfahren im internationalen Steuerrecht im Rahmen der EU-Schiedskonvention tatsächlich durchgeführt worden[516]. Die Erkenntnisse und Erfahrungen im Zusammenhang mit solchen Verfahren sind dementsprechend gering. Durch die Veröffentlichung solcher Entscheidungen kann aber ein wichtiger Orientierungsmaßstab für die Lösung zukünftiger Auslegungskonflikte geschaffen werden[517]. Als Folge hiervon könnten einheitliche Grundsätze für die Auslegung strittiger Abkommensvorschriften auf der Basis bereits ergangener Schiedssprüche (weiter) entwickelt werden. Zudem werden hierdurch wichtige Erfahrungswerte für die Fortentwicklung und Verbesserung von Schiedsverfahren im internationalen Steuerrecht gewonnen. Der Steuerpflichtige, die zuständigen Behörden und sogar die innerstaatlichen Finanzgerichte würden gleichermaßen hiervon profitieren. So würden betroffene Steuerpflichtige eine Art Leitfaden erhalten, um in Zukunft ähnliche Besteuerungskonflikte durch geeignete Vorkehrungen und

---

513 *Herlinghaus*, IStR 2010, 125 (130); *Nientimp/ Tomson*, IStR 2009, 615 (618). Zur Möglichkeit des Steuerpflichtigen, die ordnungsgemäße Umsetzung des Schiedsspruchs durch innerstaatliche Rechtsmittel durchzusetzen, siehe 4.Teil.B.II.3.d).

514 Ziff. 15 der Musteranwendungsvereinbarung zum OECD-Musterkommentar zu Art. 25 und Ziff. 40 der Erläuterungen zur Musteranwendungsvereinbarung.

515 Ziff. 39 der Erläuterungen zur Musteranwendungsvereinbarung.

516 *Ault/ Sasseville*, BFIT 2009, 208 (215).

517 *Ault/ Sasseville*, BFIT 2009, 208 (213); *Birnkrant*, Tax Management International Journal 2006, 615 (622).

Maßnahmen bereits im Voraus zu vermeiden[518]. Die veröffentlichten Entscheidungen des Schiedsgerichtes wären auch für die innerstaatlichen Finanzgerichte bei der Beurteilung komplizierter abkommensrechtlicher Auslegungskonflikte eine hilfreiche Quelle[519]. Vor allem hätten aber die zuständigen Behörden die Möglichkeit, sich an bereits veröffentlichten Entscheidungen zu orientieren und sich so bei vergleichbaren Fällen in der Zukunft wesentlich früher zu einigen. Die Verfahrensdauer von Verständigungsverfahren würde dadurch deutlich verkürzt und die Durchführung eines Schiedsverfahrens wäre nicht mehr notwendig[520].

Im Rahmen der privatrechtlichen Schiedsgerichtsbarkeit werden die Entscheidungen des Schiedsgerichts in den meisten Fällen geheim gehalten. Die Ausgangslage bei den Schiedsverfahren im internationalen Steuerrecht ist in dieser Hinsicht aber nicht vergleichbar. Anders als im privatrechtlichen Schiedsverfahren sind im abkommensrechtlichen Schiedsverfahren die Finanzbehörden der beiden Vertragsstaaten jeweils Verfahrenspartei, der Verfahrensgegenstand ist damit öffentlich-rechtlich und die Verfahrenskosten werden durch die öffentliche Hand getragen[521]. Die steuerzahlende Allgemeinheit wird daher auch ein Interesse vorweisen können, zumindest den Inhalt der schiedsgerichtlichen Verhandlung und der verkündeten Entscheidung zu erfahren. Auf diese Weise würde die von den Finanzbehörden im Schiedsverfahren vertretene Position vor der Allgemeinheit offen gelegt. Die zuständige Finanzbehörde könnte bei vergleichbaren Fällen in der Zukunft nur schwerlich von dieser einmal vertretenen Position abweichen,

---

518 *Bell*, TNI 2007, 631 (635).

519 Vgl. hierzu *Bertolini*, "Mandatory Arbitration Provisions within the Modern Tax Treaty Structure – Policy Implications of Confidentiality and the Rights of the Public to Arbitration Outcomes", 37, verfügbar unter: http://works.bepress.com/michelle_bertolini/1 (Stand: Januar 2014), die Autorin bezieht sich dabei besonders auf Verrechnungspreiskonflikte im Bereich des E-Commerce.

520 Ziff. 39 der Erläuterungen zur Musteranwendungsvereinbarung; *Ault,* Liber Amicorum Sven-Olof Lodin, S. 55 (61); *Park/ Tillinghast*, Income Tax Treaty Arbitration, S. 41. Letztere sprechen sich ausdrücklich gegen eine Präzedenzwirkung der veröffentlichten Entscheidungen aus. Eine solche könne dazu beitragen sich über die Jahre zu einem internationalen Abkommensrecht zu verfestigen. Die Veröffentlichung von Schiedssprüchen solle aber lediglich dazu beitragen, dem Steuerpflichtigen die Möglichkeit zu bieten, die Rechtmäßigkeit des Schiedsspruchs zu überprüfen. Außerdem könnten sich die Parteien bzw. Schiedsrichter in zukünftigen Verständigungs- oder Schiedsverfahren argumentativ auf die veröffentlichte Entscheidung beziehen.

521 *McIntyre,* Florida Tax Review 2006, 622 (630).

ohne hiermit vom betroffenen Steuerpflichtigen konfrontiert zu werden[522]. In Deutschland ist eine solche öffentliche Kontrolle der Finanzverwaltung nicht zuletzt aufgrund der aus der Verfassung abgeleiteten Grundsätze der Gesetzmäßigkeit der Verwaltung und der Gleichmäßigkeit der Besteuerung (Art. 3 GG) geboten. Andernfalls könnten sich die zuständigen Behörden dazu veranlasst sehen, die zwischenstaatlichen Verfahren des Art. 25 OECD-MA als rechtliche Grauzone zu betrachten, ohne dabei an geltendes Recht gebunden zu sein und ohne dafür einer Rechtfertigung zu unterliegen.

Die OECD empfiehlt zwar die Veröffentlichung des Schiedsspruchs, überlässt es aber im Übrigen der Entscheidung der Vertragsstaaten und des Steuerpflichtigen, ob sie der Veröffentlichung nach freiem Ermessen zustimmen wollen[523]. Anders als potenziell betroffene Steuerpflichtige in der Zukunft, wird der Steuerpflichtige im aktuellen Streitfall wenig Interesse an der Veröffentlichung des Schiedsspruchs haben. Das liegt daran, dass mit dem Schiedsspruch auch sensible betriebsinterne Zahlen und Gewinnergebnisse des Steuerpflichtigen veröffentlicht werden. Auf diese Weise könnten vertrauliche Informationen an Konkurrenten verraten werden[524].

Auch die Finanzbehörden der Vertragsstaaten werden naturgemäß kein großes Interesse an der Veröffentlichung der Schiedsentscheidung haben. So werden sie voraussichtlich nur widerwillig ihre im Verständigungs- und Schiedsverfahren vertretene Position zum betreffenden Besteuerungsfall offenbaren. Hinzu kommt, dass sie bei zukünftigen Steuerfestsetzungen im Sinne einer Selbstbindung der Verwaltung nach Art. 3 GG in vergleichbaren Fällen nur schwerlich von ihrer vormals vertretenen Position ohne hinreichende Begründung abweichen können. Ihre Handlungsflexibilität wäre dadurch unweigerlich eingeschränkt.

Es bleibt daher festzuhalten, dass insbesondere im Hinblick auf die Transparenz des Schiedsverfahrens und der Vermeidung zukünftiger Besteuerungskonflikte die Veröffentlichung des Schiedsspruchs vorteilhaft wäre. Allerdings werden die zuständigen Behörden der Vertragsstaaten als auch der im Einzelfall

---

522 Diese Tendenz sieht auch *Suringa* im Beitrag von *Bell*, INT 2007, 631 (635). Er geht trotz des gegenteiligen Wortlauts von Ziff. 65 des OECD-Kommentars von einer „Quasi Präzedenz" der Schiedsentscheidung aus. Aus diesem Grunde sei es auch problematisch, wenn die Entscheidung nicht veröffenlicht werde.

523 Ziff. 40 der Erläuterungen zur Musteranwendungsvereinbarung.

524 *Bertolini*, "Mandatory Arbitration Provisions within the Modern Tax Treaty Structure – Policy Implications of Confidentiality and the Rights of the Public to Arbitration Outcomes", 35, verfügbar unter: http://works.bepress.com/michelle_bertolini/1 (Stand: Januar 2014).

betroffene Steuerpflichtige, aufgrund der dargelegten Gründe wenig Interesse an einer Veröffentlichung der Schiedsentscheidung haben. So wünschenswert die Veröffentlichung solcher Schiedssprüche hinsichtlich der Beilegung zukünftiger vergleichbarer Konfliktfälle auch erscheint, so unwahrscheinlich ist es andererseits, aufgrund der ablehnenden Haltung der beteiligten Akteure, dass die von der OECD ausgesprochene Empfehlung zur Veröffentlichung der Schiedsentscheidung in der Praxis auch tatsächlich umgesetzt wird. Dies ließe sich nur ermöglichen, indem man die Veröffentlichung der Schiedsentscheidung im Wortlaut des Art. 25 Abs. 5 OECD MA verpflichtend regeln würde. Allerdings ist zu erwarten, dass die OECD aufgrund des zu erwartenden Widerstandes der Mitgliedstaaten und der Unternehmen von einem derartigen Vorhaben absehen wird.

c) Verfahrenskosten

Die Aufteilung der Verfahrenskosten ist in der Musteranwendungsvereinbarung geregelt[525]. Danach trägt jede zuständige Behörde und die Person, die das Schiedsverfahren beantragt hat, ihre jeweils durch die Teilnahme am Schiedsverfahren entstandenen Kosten selbst. Ferner trägt jede zuständige Behörde die Vergütung und die Kosten des von ihr ernannten Schiedsrichters. Die Vergütung und die Kosten des vorsitzenden Schiedsrichters werden von den beiden zuständigen Behörden zu gleichen Teilen übernommen. Kosten, die für das Treffen des Schiedsgerichts und das für die Durchführung des Schiedsgerichts notwendige Verwaltungspersonal aufgewendet werden, trägt entweder die Behörde, bei der der Antrag auf Durchführung des Schiedsverfahrens eingegangen ist oder beide Behörden anteilig, sofern der Fall in beiden Vertragsstaaten unterbreitet worden war. Alle weiteren Kosten werden zu gleichen Teilen von beiden Vertragsstaaten getragen[526].

Weitaus wichtiger als die Aufteilung der Kosten zwischen den Beteiligten dürfte jedoch die Höhe der Vergütung der Schiedsrichter sein. Die Vergütung sollte dabei hoch genug sein, um Experten zu gewinnen, die in gleichem Maße in den Bereichen Schiedsgerichtsbarkeit und im internationalen Steuerrecht

---

525 Ziff. 13 der Musteranwendungsvereinbarung zum OECD-Musterkommentar zu Art. 25 und Ziff. 26 ff. der Erläuterungen zur Musteranwendungsvereinbarung.

526 Allerdings haben die Vertragsstaaten auch die Möglichkeit, sich über eine andere Kostenverteilung innerhalb der Anwendungsvereinbarung zu einigen. Ziff. 13 der Musteranwendungsvereinbarung zum OECD-Musterkommentar zu Art. 25.

fachlich qualifiziert sind[527]. Wie bereits dargelegt, wird das Gelingen und die Akzeptanz eines Schiedsverfahrens maßgeblich von der Qualität und der Unparteilichkeit der die Entscheidung treffenden Schiedsrichter abhängen[528]. Die OECD schlägt diesbezüglich vor, sich an der im Verhaltenskodex zur EU-Schiedskonvention geregelten Vergütungsstruktur für Schiedsrichter zu orientieren[529]. Darin ist geregelt, dass normale Schiedsrichter pro Verhandlungstag mit EUR 1.000,- vergütet werden, wobei der Vorsitzende hierauf einen Aufschlag von 10% erhält[530]. Gegen eine solche Regelung ist jedoch einzuwenden, dass eine nur an der Anzahl der Verhandlungstage orientierte Vergütung den Gesamtaufwand und die Gesamtkosten des Schiedsrichters für die Bewältigung des Falles (z.B. Reisekosten oder aufgewendete Zeit für das Studium von Akten) nicht ausreichend berücksichtigt. Es wäre dagegen sinnvoller, die Schiedsrichter nach dem Vorbild des London Court of International Arbitration in angemessener Höhe auf der Basis der Stunden[531] zu bezahlen, die sie effektiv für die Lösung des Falles abgeleistet haben[532]. Durch einen solchen Ansatz würde der individuelle Aufwand des jeweiligen Schiedsrichters angemessener gewürdigt und somit der Anreiz für eine entsprechend qualifizierte Person erhöht werden, das Amt eines Schiedsrichters zu übernehmen.

d) Wirkung und Durchführung des Schiedsspruchs

Nach dem OECD Schiedsverfahren besteht für die zuständigen Behörden keine Möglichkeit mehr, sich nach der Verkündung des Schiedsspruchs noch anderweitig zu einigen. Der Schiedsspruch wird also mit seiner Verkündung für beide

527 Ziff. 29 der Erläuterungen zur Musteranwendungsvereinbarung; *Desax/ Veit*, Arbitration International 2007, 405 (426).

528 Siehe hierzu 4.Teil.B.IV.1.b).

529 Ziff. 29 der Erläuterungen zur Musteranwendungsvereinbarung.

530 Ziff. 7.3 f) ii) des Verhaltenskodexes zur wirksamen Durchführung des Übereinkommens über die Beseitigung der Doppelbesteuerung im Falle von Gewinnberichtigungen zwischen verbundenen Unternehmen, zit. im EU Amtsblatt Nr. C 322 vom 30/12/2009 S. 0001–0010.

531 Die LCIA sieht für die Schiedsrichter einen Stundensatz von höchstens EUR 400,- vor. Siehe dazu Ziff. 4 Schedule of Arbitration Costs – effective 8 July 2011, abrufbar unter: http://www.lcia.org/Dispute_Resolution_Services/LCIA_Arbitration_Costs.aspx; (Stand: Januar 2014).

532 Hierzu *Desax/ Veit*, Arbitration International 2007, 405 (426), diese schlagen zusätzlich vor, den Schiedsrichtern eine Vorauszahlung ihrer Vergütung zu gewähren.

Vertragsstaaten verbindlich[533]. Der Musterkommentar sieht aber vor, dass die Vertragsstaaten eine zusätzliche Regelung in den Abkommenstext aufnehmen können, nach der es ihnen vorbehalten ist, sich auch noch nach der Verkündung des Schiedsspruchs anderweitig zu einigen[534]. Mit seiner Verkündung entfaltet der Schiedsspruch jedoch keine automatische Rechtswirkung im innerstaatlichen Bereich. Der Schiedsspruch muss erst durch einen speziellen Akt der zuständigen Behörde in das innerstaatliche Recht des jeweiligen Vertragsstaates umgewandelt werden. Die Musteranwendungsvereinbarung sieht diesbezüglich vor, dass die beiden zuständigen Behörden den Schiedsspruch innerhalb von sechs Monaten ab seiner Übermittlung „ausführen", in dem sie über den Inhalt des Schiedsspruchs eine Verständigungsvereinbarung abschließen[535]. Die Verständigungsvereinbarung muss dann von jedem Vertragsstaat innerstaatlich umgesetzt werden. Die Umsetzung des Schiedsspruchs kann aber nur vollzogen werden, wenn der Steuerpflichtige oder eine andere nach Art. 25 Abs. 5 OECD-MA „unmittelbar von dem Fall betroffene Person" der Verständigungsvereinbarung, durch die der Schiedsspruch umgesetzt wird, zustimmt. Lehnt einer von ihnen die Verständigungsvereinbarung ab, so kann der Steuerpflichtige nunmehr den nationalen Rechtsweg beschreiten. Sofern aber der Steuerpflichtige der Verständigungsvereinbarung zustimmt und auch die sonstigen unmittelbar betroffenen Personen keine Einwände vorbringen, muss der Steuerpflichtige gleichzeitig auf alle innerstaatlichen Rechtsmittel verzichten[536].

Wie nach Durchführung eines Verständigungsverfahrens im engeren Sinne ist die deutsche Finanzbehörde gesetzlich verpflichtet, den Schiedsspruch bzw. die inhaltsgleiche Verständigungsvereinbarung nach § 175a S. 1 AO in deutsches Recht umzusetzen. Der Steuerbescheid wird dann entweder für das betroffene Veranlagungsjahr berichtigt oder ein entsprechender Ausgleich erfolgt im laufenden oder in den

---

533 Der OECD Ansatz unterscheidet sich damit von der EU-Schiedskonvention. Nach Art. 12 der EU-Schiedskonvention haben die beiden zuständigen Behörden nämlich noch die Möglichkeit sich nach der Verkündung des Schiedsspruchs innerhalb von 6 Monaten anderweitig zu einigen. Vgl. dazu 4.Teil.B.VI.1.b).

534 Ziff. 66 OECD Kommentar zu Art. 25. Ausführlich zu dieser Alternative *Rütters*, SteuerStud 2010, 23 (26); *Baumgartner/ Schelling*, IFF 2008, 159 (167).

535 Ziff. 19 der Musteranwendungsvereinbarung zum OECD-Musterkommentar zu Art. 25; Ziff. 63 OECD Kommentar zu Art. 25.

536 Ziff. 59 und 64 OECD Kommentar zu Art. 25; *Nientimp/ Tomson*, IStR 2009, 615 (618). Dies betrifft sowohl bereits in der Vergangenheit eingelegte, aber für die Zeit des laufenden Verständigungs-/ Schiedsverfahrens ausgesetzte Rechtsmittel, als auch zukünftige Rechtsmittel.

folgenden Veranlagungsjahren[537]. Insoweit gelten die obigen Ausführungen zur innerstaatlichen Umsetzung von Verständigungsverfahren entsprechend[538]. Unterlässt es die deutsche Finanzbehörde, die Verständigungsvereinbarung innerstaatlich umzusetzen oder setzt sie diese nur teilweise oder anders um, so besteuert sie damit abkommenswidrig[539]. In solchen Fällen muss gewährleistet werden, dass dem Steuerpflichtigen rechtliche Mittel zur Verfügung stehen, um die ordnungsgemäße Umsetzung des Schiedsspruchs durchzusetzen. Der betroffene Steuerpflichtige kann deshalb entweder den innerstaatlichen Rechtsweg beschreiten oder aber ein neues Verständigungsverfahren einleiten[540]. Ein erneutes Verständigungsverfahren wird sich in der Regel jedoch als wenig effizient erweisen, da Verfahrenspartei erneut dieselbe zuständige Behörde sein wird, die bereits die Umsetzung des Schiedsspruchs verweigert hat. Für den Steuerpflichtigen wird es daher in solchen Fällen aussichtsreicher sein, den innerstaatlichen Rechtweg zu beschreiten. Wenn die zuständige deutsche Behörde den Inhalt der Verständigungsvereinbarung innerstaatlich gar nicht umsetzt, den Steuerbescheid also gar nicht erlässt, ändert oder aufhebt, wird der Steuerpflichtige Verpflichtungsklage nach § 40 Abs. 1, 2. Alt FGO einlegen müssen, um die deutsche Finanzbehörde zur ordnungsgemäßen Umsetzung des Schiedsspruchs zu verpflichten. Sofern die deutsche Finanzbehörde die Verständigungsvereinbarung zwar zunächst umsetzt, den Steuerbescheid aber nicht nach dem Inhalt der Verständigungsvereinbarung und somit fehlerhaft erlässt, ändert oder aufhebt, kann der Steuerpflichtige hingegen mit Hilfe der Anfechtungsklage nach § 40 Abs. 1, 1. Alt FGO den insofern abkommenswidrig erlassenen Steuerbescheid gerichtlich aufheben lassen. Grundsätzlich ergibt sich damit kein wesentlicher Unterschied zu der oben dargestellten Situation, in der sich die zuständige Behörde nach erfolgreichem Abschluss des Verständigungsverfahrens weigert, die gemeinsam mit der Behörde des anderen Vertragsstaates geschlossene Verständigungsvereinbarung umzusetzen[541]. Allerdings können sich als Besonderheit dazu auch Fälle ergeben, in denen die Finanzgerichte im Rahmen solcher Prozesse, in denen sie über

---

537 Dabei wird vorausgesetzt, dass der Steuerbescheid zu diesem Zeitpunkt bereits erlassen wurde. Dies entspricht dem Regelfall. Ist der Steuerbescheid jedoch zu diesem Zeitpunkt noch nicht erlassen, so wird er erstmalig mit dem entsprechenden Inhalt der Schiedsentscheidung erlassen.

538 Siehe dazu 2.Teil.C.II.4.

539 Ziff. 42 der Erläuterungen zur Musteranwendungsvereinbarung; *Schmitz* in Strunk/ Kaminski/ Köhler, Außensteuergesetz/ Doppelbesteuerungsabkommen, Art. 25 Rn 80 (Oktober 2009); *Lehner* in Vogel/ Lehner, DBA, Art. 25 OECD-MA Rn 237.

540 *Lehner* in Vogel/ Lehner, DBA, Art. 25 OECD-MA Rn 237.

541 Siehe dazu 2.Teil.C.II.4.

die ordnungsgemäße Umsetzung des Schiedsspruchs zu entscheiden haben, zusätzlich prüfen müssen, ob die Entscheidung im Schiedsverfahren unter einem schweren Verfahrensfehler leidet[542].

Denkbar wäre, dass hinsichtlich der im Verfahren nach Art. 25 Abs. 5 OECD-MA im Ausland erlassenen Schiedssprüche, auch das New Yorker Übereinkommen über die Anerkennung und Vollstreckung ausländischer Schiedssprüche[543] anwendbar ist. Das New Yorker Übereinkommen regelt die Anerkennung und Durchsetzung internationaler Schiedssprüche, die durch ein Schiedsgericht im Ausland erlassen wurden[544]. Im Musterkommentar und der Musteranwendungsvereinbarung findet das New Yorker Übereinkommen keine Erwähnung. Zudem wäre nur ein Teil der Bestimmungen des New Yorker Übereinkommens für die DBA Schiedsverfahren von Bedeutung[545]. Für den Steuerpflichtigen hätte eine Verweisung im OECD-MA auf das New Yorker Übereinkommen den Vorteil, dass ihm ein zusätzliches rechtliches Mittel zur Verfügung stehen würde, um die Vollstreckung des Schiedsspruchs effektiver vor den nationalen Gerichten durchzusetzen.

Es ist jedoch fraglich, ob DBA Schiedsverfahren vom Anwendungsbereich des New Yorker Übereinkommens umfasst werden, da das Schiedsverfahren nach Art. 25 Abs. 5 OECD-MA nur als unselbstständiger Verfahrensbestandteil des Verständigungsverfahrens ausgestaltet ist[546]. Das New Yorker Übereinkommen bezieht sich zudem auf Schiedsverfahren zwischen privaten Streitparteien und nicht auf völkerrechtliche Schiedsverfahren zwischen zwei Staaten. So werden Streitigkeiten zwischen Staaten über die Vollstreckbarkeit eines völkerrechtlichen Schiedsspruchs in der Regel nicht vor innerstaatlichen Gerichten entschieden[547].

---

542 Zur Aufhebung von Schiedssprüchen durch die innerstaatlichen Gerichte, siehe 4.Teil.B.II.3.e).

543 *UN Convention on Recognition and Enforcement of Foreign Arbitral Awards* (New York, 10 June 1958).

544 Im deutschen Zivilprozessrecht ist die Anerkennung und Vollstreckung ausländischer Schiedssprüche in § 1061 ZPO geregelt. Die Vorschrift orientiert sich inhaltlich am New Yorker Übereinkommen. *Lachmann*, Handbuch für die Schiedsgerichtspraxis, S. 598 Rn 2502.

545 Beispielsweise wäre es anders als bei handelsrechtlichen Schiedsverfahren gar nicht notwendig, den Schiedsspruch eines DBA Schiedsverfahrens weltweit vollstrecken zu können. Ausreichend ist insoweit, dass der Schiedsspruch in den beiden Vertragsstaaten vollstreckbar ist. *Park/ Tillinghast*, Income Tax Treaty Arbitration, S. 57 f.

546 *Rütters*, SteuerStud 2010, 23 (26); *Baumgartner/ Schelling*, IFF 2008, 159 (167).

547 *Park/ Tillinghast*, Income Tax Treaty Arbitration, S. 58, die Autoren nennen beispielhaft für solche klassischen zwischenstaatlichen Konflikte, Meinungsverschiedenheiten über den Grenzverlauf.

Obwohl sich auch im abkommensrechtlichen Schiedsverfahren nach Art. 25 Abs. 5 OECD-MA beide Vertragsstaaten als Verfahrensparteien gegenüberstehen, ist die Konstellation gleichwohl anders als im herkömmlichen Staatenstreit. So ist der Steuerpflichtige unmittelbar von dem Besteuerungskonflikt betroffen und kann zudem vor den nationalen Gerichten abkommenswidrige Verstöße der Vertragsstaaten, wie die unterlassene innerstaatliche Umsetzung des Schiedsspruchs, geltend machen[548]. Insofern weist das steuerrechtliche Schiedsverfahren nach Art. 25 Abs. 5 OECD-MA einige Parallelen zu den Schiedsverfahren im Zusammenhang mit Investitionsschutzverträgen auf. Nach den Vorgaben des Nordamerikanischen Freihandelsabkommens wird es dem privaten Investor dort ausdrücklich ermöglicht, den Schiedsspruch nach den Regelungen des New Yorker Übereinkommens zu vollstrecken[549]. Zu berücksichtigen ist allerdings – und darin liegt wiederum ein Unterschied im Vergleich zum Schiedsverfahren im internationalen Steuerrecht – dass der private Investor, anders als der Steuerpflichtige beim DBA Schiedsverfahren, selbst Verfahrenspartei ist und den Staat, in dem er grenzüberschreitend tätig ist, wegen einer Ungleichbehandlung vor dem Schiedsgericht verklagt. Gleichwohl zeichnen sich beide Fälle aber dadurch aus, dass der Schiedsspruch die Rechtsposition eines Privaten unmittelbar regelt und dieser an der ordnungsgemäßen innerstaatlichen Vollstreckung ein besonderes Interesse geltend machen kann. Es wäre daher denkbar, auch im Zusammenhang mit abkommensrechtlichen Schiedsverfahren nach Art. 25 Abs. 5 OECD-MA einen der NAFTA ähnlichen Ansatz zu wählen. Die Vertragsstaaten könnten zu diesem Zweck im DBA selbst oder in der Anwendungsvereinbarung die (teilweise) Anwendbarkeit des New Yorker Übereinkommens verbindlich festlegen[550].

e) Aufhebung des Schiedsspruchs

Der Schiedsspruch ist grundsätzlich endgültig und zwingend[551]. Nach der Musteranwendungsvereinbarung kann der Schiedsspruch bei Verletzung bestimmter

---

548 *Park/ Tillinghast*, Income Tax Treaty Arbitration, S. 58.

549 NAFTA Art. 1136 Abs. 6 und 7; *Park/ Tillinghast*, Income Tax Treaty Arbitration, S. 58.

550 Vgl. dazu *Park/ Tillinghast*, Income Tax Treaty Arbitration, S. 58.

551 Ziff. 18 der Musteranwendungsvereinbarung zum OECD-Musterkommentar zu Art. 25. Es sei denn, die Vertragsstaaten machen von der in Ziff. 66 des OECD Kommentars enthaltenen Möglichkeit Gebrauch und behalten sich die Befugnis einer vom Schiedsspruch abweichenden Einigung vor; *Lehner* in Vogel/ Lehner, DBA, Art. 25 OECD-MA Rn 237; *Baumgartner/ Schelling*, IFF 2008, 159 (177).

Voraussetzungen jedoch von einem Gericht in einem der Vertragsstaaten für nicht anwendbar erklärt werden. Dazu sollen die nationalen Gerichte der Vertragsstaaten immer dann befugt sein, wenn Art. 25 Abs. 5 OECD-MA oder eine Verhaltensregel der Anwendungsvereinbarung bzw. der Entscheidungsvorlage verletzt und die Schiedsentscheidung hierdurch „bei vernünftiger Betrachtung beeinflusst" sein könnte[552]. In diesem Fall gilt der Antrag auf Einleitung des Schiedsverfahrens nachträglich als nicht gestellt und das Schiedsverfahren als nicht stattgefunden[553]. Denkbar sind solche Entscheidungen im deutschen Recht vor allem im Rahmen einer vom Steuerpflichtigen gegen die Finanzverwaltung erhobenen, auf Umsetzung des Schiedsspruchs gerichteten Verpflichtungsklage nach §§ 40 Abs. 1 Alt. 2, 101 Abs. 1 FGO[554]. Die Finanzbehörde wird sich in einem solchen Verfahren dahingehend einlassen, dass der Schiedsspruch aufgrund einer Verletzung der in Ziff. 18 der Musteranwendungsvereinbarung aufgeführten Voraussetzungen innerstaatlich nicht umsetzbar ist. Sie sei daher nicht nach § 175a S. 1 AO verpflichtet, den Steuerbescheid entsprechend der Verständigungsvereinbarung zu erlassen, aufzuheben oder zu ändern. Gleichzeitig hat der Steuerpflichtige die Möglichkeit, einen auf der Basis eines fehlerhaften Schiedsspruches erlassenen, geänderten oder aufgehobenen[555] Steuerbescheid vor dem Finanzgericht nach §§ 40 Abs. 1 Alt. 1, 100 FGO anzufechten[556].

---

552 Ziff. 18 der Musteranwendungsvereinbarung zum OECD-Musterkommentar zu Art. 25.

553 Ziff. 18 der Musteranwendungsvereinbarung zum OECD-Musterkommentar zu Art. 25, als Ausnahme hiervon gelten die Regelungen über die Übermittlung von Informationen und Vertraulichkeit nach Ziff. 8 der Musteranwendungsvereinbarung und der Kosten nach Ziff. 13 der Musteranwendungsvereinbarung fort.

554 *Lehner* in Vogel/ Lehner, DBA, Art. 25 OECD-MA Rn 235.

555 Bei der Aufhebung des Steuerbescheides wird sich die Anfechtungsklage gegen die Aufhebung selbst richten, mit dem Ziel, dass der Steuerbescheid in seiner ursprünglichen Form wieder auflebt.

556 Diese zweite Konstellation der Anfechtungsklage wird in der Praxis kaum Bedeutung haben. Das liegt daran, dass der Steuerpflichtige die Möglichkeit besitzt den Schiedsspruch abzulehnen. Zudem wird der Schiedsspruch in der Mehrzahl der Fälle zu einer Verbesserung seiner Rechtsposition führen, sodass der Steuerbescheid in seiner nunmehr geänderten Form für ihn vorteilhafter ist, als in seiner ursprünglichen Form. Der von manchen Autoren, z.B. *Herlinghaus*, IStR 2010, 125 (130); *Baumgartner/ Schelling*, IFF 2008, 159 (177) verwendete Begriff der „Anfechtbarkeit von Schiedssprüchen" gibt daher m. E. den Inhalt von Ziff. 18 der Musteranwendungsvereinbarung – zumindest hinsichtlich der Situation im deutschen Recht – nicht treffend wieder. In der Regel wird sich nämlich nur die

Die von der OECD vorgeschlagene Regelung zur Nichtanwendbarkeit von Schiedssprüchen wird in der Literatur zum Teil kritisiert. Desax/Veit vertreten die Ansicht, die in Ziff. 18 der Musteranwendungsvereinbarung vorgesehene Regelung sei mit der Natur des Schiedsverfahrens in Art. 25 OECD-MA nicht vereinbar. So würden die Bestimmungen der OECD den nationalen Gerichten schon bei einem geringfügigen Verstoß gegen die Terms of Reference die Befugnis geben, die Umsetzung des Schiedsspruchs zu vereiteln. Im Vergleich dazu sei es im Rahmen der handelsrechtlichen Schiedsgerichtsbarkeit in vielen Ländern gar nicht, in anderen hingegen nur sehr eingeschränkt möglich, Schiedssprüche durch nationale Gerichte aufheben zu lassen. Auch im OECD Verfahren solle daher die Aufhebung des Schiedsspruchs nur in einigen wenigen Fallkonstellationen möglich sein. Dabei sollen nur am Ort des Schiedsgerichtes ansässige nationale Gerichte befugt sein aufgrund folgender Verstöße die Schiedsentscheidung aufzuheben: (a) Das Schiedsgericht hat seine Kompetenzen dadurch überschritten, dass es über die vorgelegten Fragen hinaus eine Entscheidung getroffen hat; (b) Das Schiedsgericht hat gar keine Entscheidung hinsichtlich der vorgelegten Fragen getroffen; (c) Das Recht der Parteien auf rechtliches Gehör wird verletzt; (d) Der Gleichbehandlungsgrundsatz wird missachtet. Die Vertragsstaaten sollten sich daher in der Anwendungsvereinbarung nur auf diese vier Punkte beschränken[557].

Gildemeister erkennt zwar die Möglichkeit an, dass durch die gerichtliche Überprüfung von Schiedssprüchen die rechtliche Qualität des steuerlichen Schiedsverfahrens verbessert werden könnte. Gleichzeitig sieht er aber das Risiko einer falschen Signalwirkung an die zuständigen Behörden. Diese könnten aufgrund des unbestimmten, weit gefassten Wortlauts der Musteranwendungsvereinbarung schneller dazu verleitet werden, den Schiedsspruch als fehlerhaft zu betrachten und ihn daher innerstaatlich nicht umsetzen[558].

Ault sieht zudem die Gefahr, dass die nationalen Gerichte beider Vertragsstaaten gleichzeitig mit der Überprüfung des Schiedsspruchs befasst seien und dabei

Finanzverwaltung und weniger der Steuerpflichtige auf eine Nichtanwendbarkeit des Schiedsspruchs berufen. Im Rahmen eines gerichtlichen Verfahrens vor einem deutschen Finanzgericht wird dabei hauptsächlich die dargestellte Untätigkeitsklage (hinsichtlich der Umsetzung des Schiedsspruchs durch die Finanzverwaltung) des Steuerpflichtigen von Bedeutung sein.

557 *Desax/ Veit*, Arbitration International 2007, 405 (428f.).

558 *Gildemeister*, "Transnational Dispute Management, Arbitration of Tax Treaty Disputes, March 2007", 1 (10), verfügbar unter: http://www.transnational-dispute-management.com/article.asp?key=1143 (Stand: Januar 2014).

zu unterschiedlichen Entscheidungen gelangen könnten[559]. Letztlich richtet sich die Kritik der Literatur vor allem gegen den von der OECD vorgesehenen Umfang der Aufhebungsgründe und deren Unbestimmtheit.

Der Vorschlag der OECD ist aber dem Grunde nach zu begrüßen. Ohne die generelle Möglichkeit die Entscheidungen des Schiedsgerichtes im innerstaatlichen Gerichtsverfahren zu überprüfen, wäre es unmöglich, einen unter gravierenden Verfahrensfehlern erlassenen Schiedsspruch im Nachhinein noch zu korrigieren und so dessen fehlerhafte Umsetzung zu verhindern[560]. Entsprechend den Grundsätzen der allgemeinen Schiedsgerichtsbarkeit sieht das Schiedsverfahren nach Art. 25 Abs. 5 OECD-MA nämlich nur eine Verfahrensinstanz vor.

Mit hoher Wahrscheinlichkeit werden zudem die zuständigen Behörden nicht bereit sein, den Steuerbescheid auf der Grundlage eines aus ihrer Sicht fehlerhaften Schiedsspruchs zu erlassen, zu ändern oder aufzuheben. Beabsichtigt nun der Steuerpflichtige im Falle eines solchen behördlichen „Unterlassens" die Finanzbehörde im Klageweg zu verpflichten, den Schiedsspruchs ordnungsgemäß umzusetzen, so wird das zuständige Finanzgericht im Rahmen der zu treffenden Urteilsentscheidung auch die Rechtmäßigkeit des Schiedsspruchs überprüfen. Aus diesem Grund muss dem Gericht auch die Befugnis zustehen, fehlerhafte Entscheidungen des Schiedsgerichts für nicht anwendbar bzw. für nicht vollstreckbar[561] zu erklären.

Diese Befugnisse der Gerichte, einem fehlerhaften Schiedsspruch die Anwendbarkeit bzw. Vollstreckbarkeit abzusprechen, werden explizit auch in Art. 5 des New Yorker Übereinkommens geregelt. Auch vor diesem weiteren Hintergrund wäre eine Bezugnahme des betreffenden DBA oder der Anwendungsvereinbarung auf das New Yorker Übereinkommen empfehlenswert. So wäre es möglich, Bestimmungen nach dem Vorbild des Art. 5 Abs. 1 a) – d) des New Yorker Übereinkommens[562] in den Wortlaut des Abkommens aufzunehmen. Außerdem sollten

---

559 *Ault,* Liber Amicorum Sven-Olof Lodin, S. 55 (62).

560 Vgl. hierzu 4.Teil.B.II.3.d).

561 Diesen Begriff verwendet *Lehner* in Vogel/ Lehner, DBA, Art. 25 OECD-MA Rn 235.

562 Art. 5 (1) des New Yorker Übereinkommens lautet:
Die Anerkennung und Vollstreckung des Schiedsspruchs darf auf Antrag der Partei, gegen die er geltend gemacht wird, nur versagt werden, wenn diese Partei der zuständigen des Landes, in dem die Anerkennung und Vollstreckung nachgesucht wird, den Beweis erbringt,
a) dass die Parteien, die eine Vereinbarung im Sinne des Artikels II geschlossen haben, nach dem Recht, das für sie persönlich maßgebend ist, in irgendeiner Hinsicht hierzu nicht fähig waren, oder dass die Vereinbarung nach dem Recht, dem die Parteien

Einreden gegen den Schiedsspruch möglich sein, wenn die Schiedsrichter befangen oder korrupt sind[563].

Die Befugnis der Gerichte, Schiedssprüche für nicht anwendbar zu erklären, wäre dadurch eindeutig umgrenzt. Die Schiedsentscheidungen wären nur im Ausnahmefall bei ganz wesentlichen Verstößen nicht vollstreckbar. Dies würde auch nicht dem Grundsatz widersprechen, dass die Entscheidungen des Schiedsgerichts endgültig und für die Vertragsstaaten verbindlich sind. Die relevanten Verfahrensfehler sollten hierfür von den Vertragsstaaten im Abkommen selbst oder in der Anwendungsvereinbarung eindeutig festgelegt und konkretisiert werden. Um der Gefahr widersprüchlicher Gerichtsentscheidungen in beiden Vertragsstaaten entgegen zu wirken, sollte man zudem bestimmen, dass nur die Gerichte des Ansässigkeitsstaates des Steuerpflichtigen die Befugnis haben über die Anwendbarkeit des Schiedsspruchs zu entscheiden[564].

---

sie unterstellt haben, oder, falls die Parteien hierüber nichts bestimmt haben, nach dem Recht des Landes, in dem der Schiedsspruch ergangen ist, ungültig ist, oder

b) dass die Partei, gegen die der Schiedsspruch geltend gemacht wird, von der Bestellung des Schiedsrichters oder von dem schiedsrichterlichen Verfahren nicht gehörig in Kenntnis gesetzt worden ist, oder dass sie aus einem anderen Grund ihre Angriffs- oder Verteidigungsmittel nicht hat geltend machen können, oder

c) dass der Schiedsspruch eine Streitigkeit betrifft, die in der Schiedsabrede nicht erwähnt ist oder nicht unter die Bestimmungen der Schiedsklausel fällt, oder dass er Entscheidungen enthält, welche die Grenzen der Schiedsabrede oder der Schiedsklausel überschreiten; kann jedoch der Teil des Schiedsspruchs, der sich auf Streitpunkte bezieht, die dem schiedsrichterlichen Verfahren unterworfen waren, von dem Teil, der Streitpunkte betrifft, die ihm nicht unterworfen waren, getrennt werden, so kann der erstgenannte Teil des Schiedsspruchs anerkannt und vollstreckt werden, oder

d) dass die Bildung des Schiedsgerichts oder das schiedsrichterliche Verfahren der Vereinbarung der Parteien oder mangels einer solchen Vereinbarung, dem Recht des Landes, in dem das schiedsrichterliche Verfahren stattfand, nicht entsprochen hat, oder

e) dass der Schiedsspruch für die Parteien noch nicht verbindlich geworden ist, oder dass er von einer zuständigen Behörde des Landes, in dem oder nach dessen Recht er ergangen ist, aufgehoben oder in seinen Wirkungen einstweilen gehemmt worden ist.

563 So *Park/ Tillinghast*, Income Tax Treaty Arbitration, S. 60 und S. 97. Die Autoren haben dort (S. 97) eine Mustervorlage für ein (zu diesem Zeitpunkt noch nicht existentes) obligatorisches Schiedsverfahren im OECD-Musterabkommen entwickelt. In Art. 25A Abs. 7 b) dieses Musterentwurfs werden die Bestimmungen von Art. 5 a)-d) sinngemäß übernommen. Außerdem wird die Befangenheit von Schiedsrichtern als weiterer Aufhebungsgrund genannt.

564 So auch *Desax/ Veit*, Arbitration International 2007, 405 (429).

4. Fazit

Die Einbeziehung einer obligatorischen Schiedsklausel in das OECD-MA könnte ein entscheidender Schritt bei der endgültigen Bewältigung von abkommenswidrigen Besteuerungskonflikten sein. Auch wenn das in Art. 25 Abs. 5 OECD-MA geregelte Schiedsverfahren nur als unselbstständiger Verfahrensabschnitt des Verständigungsverfahrens ausgestaltet ist – dem Gedanken an ein eigenständiges Schiedsverfahren seitens der OECD also eine Absage erteilt worden ist – so stellt die neue Bestimmung doch zumindest sicher, dass die abkommenswidrige Besteuerung auch tatsächlich beseitigt wird. Die OECD misst dem Schiedsverfahren dabei einen eher präventiven Charakter bei. So dient dieses mehr als Drohkulisse um die zuständigen Behörden zu veranlassen, sich möglichst noch im Verständigungsverfahren zu einigen. Das Schiedsverfahren soll dabei nur im äußersten Fall, nämlich dann, wenn zwischen den beiden zuständigen Behörden im Verständigungsverfahren keine Einigung erzielt werden kann, durchgeführt werden.

Gleichwohl trägt die Existenz des Art. 25 Abs. 5 OECD-MA wesentlich dazu bei, dass das gesamte Streitbeilegungsverfahren zeitlich wesentlich beschleunigt wird und zusätzliche Verfahrenskosten gespart werden. Dafür muss allerdings sichergestellt werden, dass der Steuerpflichtige einen gebundenen Anspruch auf Einleitung des Verständigungsverfahrens geltend machen kann. Andernfalls könnte die zuständige Behörde stets einen Grund finden seinen Antrag auf Einleitung des Verständigungsverfahrens abzulehnen, um so die Durchführung des gesamten Streitbeilegungsverfahrens zu verhindern.

Den Vertragsstaaten steht es frei, die genauen Verfahrensregelungen in einer Anwendungsvereinbarung festzuhalten, um den für ihre Rechtsordnung passenden Ansatz auszuwählen. Sie werden sich dabei in der Regel aber an der OECD-Musteranwendungsvereinbarung orientieren oder diese gleich gänzlich übernehmen. Gleichwohl sind die in der Musteranwendungsvereinbarung enthaltenen Bestimmungen über den Ablauf des Schiedsverfahrens wie aufgezeigt zum Teil verbesserungswürdig.

So sollte beispielsweise festgelegt werden, dass nur unabhängige Schiedsrichter bei der Entscheidung im Schiedsverfahren mitwirken dürfen. Zudem ist es wünschenswert, dass die Aufhebung von Schiedssprüchen durch die nationalen Gerichte nur im Rahmen klar umgrenzter Fallgruppen erfolgen kann. Wenig realistisch ist hingegen die Aussicht, dass die Beteiligten darin übereinkommen könnten, den Schiedsspruch zu veröffentlichen. So stehen die gegenläufigen Interessen der Vertragsstaaten und des Steuerpflichtigen einem solchen Vorgehen voraussichtlich entgegen.

Der Umstand, dass einige Staaten bereits dazu übergegangen sind, Schiedsklauseln nach dem OECD Muster in ihre Abkommen aufzunehmen, ist für die Fortentwicklung des Schiedsverfahrens hingegen positiv. Auch Deutschland hat bereits in seinem DBA mit Großbritannien eine dem Art. 25 Abs. 5 OECD-MA entsprechende Regelung vereinbart. Neben der Abkommensregelung des Art. 26 Abs. 6 DBA Großbritannien stimmt auch die zwischen beiden Vertragsstaaten abgeschlossene Verständigungsvereinbarung inhaltlich mit den OECD Bestimmungen überein. Dies verdeutlicht die besondere Bedeutung des OECD-MA bei der Fortentwicklung der bilateralen Abkommenspraxis. Durch die zeitnahe Übernahme der obligatorischen Schiedsklausel in die Abkommen der Vertragsstaaten, kann die OECD zudem bereits erste praktische Erkenntnisse über den Ablauf des Schiedsverfahrens erlangen.

5. Teil: Obligatorische Schiedsklauseln in deutschen DBA

A. Art. 25 Abs. 5 und 6 DBA USA

I. Allgemeines

Die USA und Deutschland haben im Rahmen ihres am 1. Juni 2006 unterzeichneten Änderungsprotokolls zum DBA USA erstmals eine obligatorische Schiedsklausel in ihr Abkommen aufgenommen. Die Änderung ist am 28. Dezember 2007 in Kraft getreten[565]. Das nunmehr in Art. 25 Abs. 5 und 6 DBA USA geregelte obligatorische Schiedsverfahren ersetzt die bisherige, im Jahr 1989 eingeführte fakultative Schiedsklausel[566]. Für die Vereinigten Staaten war es das erste DBA mit einer obligatorischen Schiedsklausel[567]. Das US-Musterabkommen enthält bisher noch keine entsprechende Bestimmung zu einem obligatorischen Schiedsverfahren[568].

Die grundlegenden Voraussetzungen des Schiedsverfahrens sind in Art. 25 Abs. 5 DBA USA geregelt. Art. 25 Abs. 6 DBA USA, Ziff. 22 des Protokolls zum Abkommen und die von den Vertragsstaaten über die Anwendung des Schiedsverfahrens geschlossene Verständigungsvereinbarung[569] enthalten hierzu ergänzende Regelungen[570]. Vor allem die auf der Grundlage von Ziff. 22 a) und q) des Protokolls zur Änderung des Abkommens geschlossene Verständigungsvereinbarung regelt alle näheren Details über den Ablauf des Schiedsverfahrens.

565 BMF vom 29.5.2008, BStBl. I 2008, 639.

566 Das fakultative Schiedsverfahren wurde in der Praxis nie durchgeführt. Siehe hierzu die Denkschrift der Bundesregierung in BT-Drucks. 16/ 2708, S. 39; *Eimermann* in Debatin/ Wassermeyer, DBA, Art. 25 DBA USA Rn 40 (Mai 2009); *Loh/ Peters*, RIW 2006, 294.

567 *Kessler/ Eicke*, IStR 2007, 159 (162). Inzwischen hat die USA aber obligatorische Schiedsklauseln mit ähnlichem Inhalt in ihren DBA mit Belgien v. 27.11.2006, Kanada v. 21.9.2007, Frankreich und der Schweiz vereinbart.

568 Ähnlich der OECD und der UN unterhält auch die USA ein eigenes Musterabkommen für DBA; United States Model Tax Convention of November 15th 2006, abrufbar unter: http://www.irs.gov/pub/irs-trty/model006.pdf (Stand: Januar 2014).

569 Verständigungsvereinbarung über die Anwendung des Schiedsverfahrens, BMF vom 16. Januar 2009, BStBl. I 2009, 345.

570 *Eimermann* in Debatin/ Wassermeyer, DBA, Art. 25 DBA USA Rn 40 (Mai 2009).

Art. 25 Abs. 5 und 6 DBA USA zeigt viele Ähnlichkeiten zum OECD Schiedsverfahren auf und diente diesem zum Teil auch als Vorbild. Um Wiederholungen zum vorherigen Kapitel zu vermeiden, werden im Folgenden nur die Besonderheiten des Art. 25 Abs. 5 DBA USA gegenüber den Regelungen des OECD-MA hervorgehoben.

II. Verfahrensvoraussetzungen

Nach Art. 25 Abs. 1 DBA USA hat der Steuerpflichtige die Pflicht innerhalb von 4 Jahren[571] nach Bekanntgabe der Steuerfestsetzung den Antrag auf Einleitung des Verständigungsverfahrens bei der zuständigen Behörde seines Ansässigkeitsstaates zu stellen. Außerdem muss der Steuerpflichtige nach Art. 25 Abs. 5 S. 1 a) DBA USA in mindestens einem der Vertragsstaaten Steuererklärungen für die in diesem Fall betroffenen Steuerjahre eingereicht haben[572]. Ansonsten gelten hinsichtlich der Durchführung des Verständigungsverfahrens die Ausführungen zu Art. 25 Abs. 1 und 2 OECD-MA entsprechend[573].

Das Schiedsverfahren wird im Anschluss erst dann eingeleitet, wenn die zuständigen Behörden beider Vertragsstaaten im Verständigungsverfahren nicht in der Lage waren, innerhalb eines Zeitraums von 2 Jahren alle Fragen des vorgelegten Falls zu lösen. Es beginnt dann nach Art. 25 Abs. 6 S. 1 c) DBA USA nach Ablauf dieser 2-jährigen Frist oder, sofern dies zeitlich später geschieht, nach Eingang der Einverständniserklärung im Sinne von Art. 25 Abs. 6 d) DBA USA.

Das Schiedsverfahren nach Art. 25 Abs. 5 und 6 DBA USA ist anders als das OECD Schiedsverfahren – zumindest hinsichtlich seines obligatorischen Charakters – auf bestimmte Anwendungsbereiche des Abkommens begrenzt. Nach Ziff. 22 des Protokolls zum Abkommen sind Streitfragen über die

571 Nach Art. 25 Abs. 1 OECD-MA hat der Steuerpflichtige vom Zeitpunkt der ersten Mitteilung über die zur abkommenswidrigen Besteuerung führende Maßnahme lediglich 3 Jahre Zeit, den Antrag auf Einleitung des Verständigungsverfahrens zu stellen. Ansonsten ist der Wortlaut der Regelungen aber nahezu identisch.

572 Aus diesem Erfordernis ergibt sich gleichzeitig auch der Schluss, dass Verfahren, die in die Zukunft gerichtet sind, nicht vom Anwendungsbereich des Art. 25 Abs. 5 und 6 DBA USA erfasst sein können. Ein APA wird daher nur unter bestimmten Voraussetzungen Gegenstand eines Schiedsverfahrens sein können. Siehe hierzu Ziff. 19 des Schreibens betr. DBA USA; Verständigungsvereinbarung über die Anwendung des Schiedsverfahrens, BMF vom 16. Januar 2009, BStBl. I 2009, 345; *Eimermann* in Debatin/ Wassermeyer, DBA, Art. 25 DBA USA Rn 45 (Mai 2009).

573 Siehe dazu 2.Teil.C.II.2.

folgenden Fallgruppen einer Entscheidung im Schiedsverfahren zugänglich: Art. 4 (Ansässigkeit)[574], Art. 5 (Betriebsstätte), Art. 7 (Gewerbliche Gewinne), Art. 9 (Verbundene Unternehmen) und Art. 12 (Lizenzgebühren). Allerdings können die zuständigen Behörden nach einer Vereinbarung auf ad-hoc Basis den Anwendungsbereich des Schiedsverfahrens von Fall zu Fall auf alle anderen unter das DBA USA fallenden Fallgruppen erweitern. Die Entscheidung, ob das Schiedsverfahren in diesen Fällen durchgeführt wird, liegt im Ermessen der zuständigen Behörden[575]. Für diese übrigen Fallgruppen ergibt sich im Vergleich zur alten Abkommensfassung mit der dort enthaltenen fakultativen Schiedsklausel faktisch keine Veränderung[576]. Sofern die in Ziff. 22 S. 1 des Protokolls zum Abkommen erwähnten fünf Fallgruppen nicht einschlägig sind, kann der Steuerpflichtige keinen gebundenen Anspruch auf Einleitung des Schiedsverfahrens geltend machen[577]. Zudem wäre es für ihn schwierig, gegen eine ablehnende Entscheidung innerstaatlichen Rechtschutz zu suchen. Das liegt daran, dass die Entscheidung über die Einleitung des Schiedsverfahren – anders als bei der Einleitung des Verständigungsverfahrens – gemeinsam von den beiden zuständigen Behörden in Deutschland und den USA getroffen wird. Der Steuerpflichtige müsste in einem solchen Fall sowohl Klage gegen die amerikanische Finanzbehörde vor einem amerikanischen Finanzgericht als auch gegen die deutsche Finanzbehörde vor einem deutschem Finanzgericht mit dem Ziel erheben, jede Behörde zur Einleitung des Schiedsverfahrens zu verpflichten.

Selbst in den Fällen, in denen das Schiedsverfahren nach Ziff. 22 S. 1 des Protokolls ausdrücklich für anwendbar erklärt wird, können die zuständigen Behörden nach Art. 25 Abs. 5 S. 1 b) bb) B) DBA USA darin übereinkommen, dass der betreffende Fall für eine Entscheidung im Schiedsverfahren ungeeignet ist. Die Entscheidung über die „Ungeeignetheit“ des Falles ist nur bis zu dem Zeitpunkt

---

574 Vom Anwendungsbereich des Art. 4 DBA USA sind jedoch nur Streitfragen über die Ansässigkeit von natürlichen Personen erfasst. Dies hat für doppelansässige Gesellschaften den negativen Effekt, dass beim Scheitern einer Verständigung über die Bestimmung der Ansässigkeit der Gesellschaft, dieser die Abkommensberechtigung versagt wird. Solche Gesellschaften können nach wie vor nur die Einleitung eines Verständigungsverfahrens beantragen. *Schönfeld*, Ubg 2008, 544 (546); *Dannecker/ Werder*, BB 2006, 1716 (1717).

575 *Jacob*, IStR 2011, 98 (108).

576 *Dannecker/ Werder*, BB 2006, 1716 (1717).

577 *Eimermann* in Debatin/ Wassermeyer, DBA, Art. 25 DBA USA Rn 45 (Mai 2009); *Jacob,* IStR 2011, 98 (108). Die Annahme von Schönfeld, Ubg 2008, 544 (546), dass eine Reduktion des Ermessens der Behörde bei der Entscheidung über die Einleitung des Schiedsverfahrens in Frage kommt, ist dabei zu weitgehend.

möglich, in dem das Schiedsverfahren andernfalls begonnen hätte[578]. Der Anspruch des Steuerpflichtigen auf Einleitung des Schiedsverfahrens steht folglich unter dem Vorbehalt, dass die zuständigen Behörden den Fall nicht für „ungeeignet" befinden[579]. Wann genau ein Fall als ungeeignet gelten soll, wird ansatzweise in der zwischen den USA und Deutschland getroffenen Verständigungsvereinbarung über die Anwendung des Schiedsverfahrens durch Regelbeispiele erläutert. Danach können die zuständigen Behörden einen Fall als ungeeignet erachten, wenn der Steuerpflichtige wiederholt einer Anfrage nach Informationen verspätet oder gar nicht nachgekommen ist. Zudem soll ein Fall nicht für das Schiedsverfahren geeignet sein, wenn der Steuerpflichtige hinsichtlich eines Sachverhaltes einen Antrag auf Einleitung des Verständigungsverfahrens gestellt hat und zusätzlich ein innerstaatliches gerichtliches oder außergerichtliches Rechtsbehelfsverfahren angestrengt hat und dieses Rechtsmittel für die Dauer des Verständigungsverfahrens nicht ausgesetzt wurde. Allerdings soll das Schiedsverfahren für die Dauer des innerstaatlichen Rechtsbehelfsverfahrens bloß aufgeschoben werden[580]. Die Bundesregierung hat in ihrer Denkschrift zum DBA USA zusätzlich den Fall genannt, dass der Steuerpflichtige seine Mitwirkung im Verständigungsverfahren verweigert[581]. Als weitere Umstände aus der Sphäre des Steuerpflichtigen kommen Fälle des Gestaltungsmissbrauchs sowie des Steuerstrafrechts in Frage[582].

Die unbestimmte Formulierung des Kriteriums „ungeeignet" hat erhebliche Rechtsunsicherheit für den Steuerpflichtigen zur Folge. Den zuständigen Behörden wird bei der Entscheidung, welche Fälle als „ungeeignet" für ein Schiedsverfahren einzustufen sind, ein großer Interpretationsspielraum eingeräumt. Die Missbrauchsgefahr wird dadurch gesteigert[583]. So könnten die zuständigen Behörden einen Fall stillschweigend als „ungeeignet" bezeichnen, wenn ihnen die Einleitung des Schiedsverfahrens im betreffenden Fall nicht gelegen wäre. Allein die Existenz einer solchen Blockademöglichkeit ist mit den Grundsätzen eines obligatorischen Schiedsverfahrens schwer zu vereinbaren. Der Normzweck obligatorischer Schiedsklauseln liegt gerade darin, dem Steuerpflichtigen die Gewähr zu geben, dass die abkommenswidrige Besteuerung zu seinen Lasten – unabhängig

578 *Schönfeld*, Ubg 2008, 544 (546).
579 Siehe Stellungnahme der Bundesregierung in in BT-Drucks. 16/2708, S. 39.
580 Ziff. 3 des Schreibens betr. DBA USA; Verständigungsvereinbarung über die Anwendung des Schiedsverfahrens, BMF vom 16. Januar 2009, BStBl. I 2009, 345.
581 Siehe Stellungnahme der Bundesregierung in BT-Drucks. 16/2708, S. 39.
582 *Puls/* Nientimp, RIW 2006, 673 (675); Schönfeld, Ubg 2008, 544 (546).
583 *Nientimp/ Tomson*, IStR 2009, 615 (619).

vom Ausgang des Verständigungsverfahrens – auf jeden Fall beseitigt wird. Diese Zweckbestimmung wird ausgehöhlt, wenn die Einleitung des Schiedsverfahrens unter dem Vorbehalt steht, dass die zuständigen Behörden den Fall nicht für „ungeeignet“ halten. Der obligatorische Charakter des Art. 25 Abs. 5 und 6 DBA USA wird dadurch zumindest in Frage gestellt.

Vorzugswürdiger wäre es, den Begriff „ungeeignet“ eindeutiger im Abkommen zu bestimmen, indem man hierfür einen abschließenden Katalog mit einschlägigen Fallgruppen bilden würde. Ein solcher Katalog würde den zuständigen Behörden bei der Bestimmung des Begriffs „ungeeignet“ deutlich weniger Interpretationsspielraum überlassen und wäre für die nationalen Finanzgerichte besser nachprüfbar[584]. Zugleich würde dies dem Steuerpflichtigen mehr Sicherheit vermitteln, dass, sofern er die Vorgaben einhält, das Schiedsverfahren auch tatsächlich eingeleitet wird.

Unklar ist zudem, wie sich der Steuerpflichtige innerstaatlich zur Wehr setzen kann, wenn ihm das Schiedsverfahrens aus Gründen der „Ungeeignetheit“ versagt wird. Die Situation stellt sich insoweit anders dar als beim Verständigungsverfahren, wo die Entscheidungsbefugnis über die Einleitung des Verfahrens nur bei der Behörde liegt, bei der der Antrag eingegangen ist. Nach Art. 25 Abs. 5 S. 1 b) aa) B) DBA USA müssen die zuständigen Behörden beider Vertragsstaaten darin übereinkommen, dass der Fall für das Schiedsverfahren nicht geeignet ist. Dabei sind zwei übereinstimmende Willenserklärungen notwendig. Nicht ausreichend ist, wenn nur eine Behörde den Fall für ungeeignet hält[585]. Dem Steuerpflichtigen reicht es daher aus, wenn er durch innerstaatliche Rechtsmittel durchsetzen kann, dass es der deutschen Finanzbehörde untersagt wird, mit der amerikanischen Behörde hinsichtlich der Ungeeignetheit des Falles übereinzukommen. In Deutschland steht dem Steuerpflichtigen der Rechtsweg zu den Finanzgerichten nach § 33 Abs. 1 Nr. 1 FGO offen. Zunächst wäre denkbar, dass der Steuerpflichtige eine Verpflichtungsklage nach §§ 40 Abs. 1 2. Alt., 101 Abs. 1 2. Alt FGO gegen die deutsche Finanzbehörde erheben könnte, um diese zu verpflichten der Einleitung des Schiedsverfahrens zuzustimmen.

In diesem Zusammenhang ergeben sich einige Fragestellungen. Zunächst ergibt sich die Besonderheit, dass die zuständige deutsche Finanzbehörde mit der amerikanischen Finanzbehörde in einem gemeinsamen Willensakt übereinkommen

584 Das gilt unabhängig davon, ob man die Bestimmung des Begriffs „ungeeignet für ein Schiedsverfahren“ in das Ermessen der zuständigen Behörden stellt oder aber die Ansicht vertritt, bei diesem Merkmal handele es sich um einen (gerichtlich voll überprüfbaren) unbestimmten Rechtsbegriff.

585 *Eimermann* in Debatin/ Wassermeyer DBA, Art. 25 DBA USA Rn 46 (Mai 2009).

muss, dass der Fall für das Schiedsverfahren nicht geeignet ist. An diesen Umstand schließt sich die Frage an, ob eine bereits getroffene Übereinkunft über die fehlende Eignung des Falles vollendete Tatsachen schafft. Die Folge wäre dann, dass die Einleitung des Schiedsverfahrens durch innerstaatliche Rechtsmittel nicht mehr durchgesetzt werden könnte. Ein gerichtliches Vorgehen wäre dann nur noch in Form einer vorbeugenden Unterlassungsklage nach § 40 Abs. 1 Alt. 3 FGO[586] möglich. Die Unterlassungsklage wäre darauf gerichtet, der deutschen Finanzbehörde im Vorfeld einer solchen Übereinkunft zu untersagen, den Fall gegenüber der US-Finanzbehörde als ungeeignet einzustufen. Damit der Steuerpflichtige überhaupt in die Lage versetzt wird, gegen die deutsche Finanzbehörde im vorbeugenden Rechtsschutz vorgehen zu können, müsste die zuständige Behörde ihn aber vorher über ihre Entscheidungstendenz in Kenntnis gesetzt haben. Denkbar ist, dass die deutsche Finanzbehörde eine solche Mitteilung unterlässt und später im Einvernehmen mit der US-Finanzbehörde entscheidet, dass der Fall für ein Schiedsverfahren nicht geeignet ist. Wenn daraufhin die abkommenswidrige Besteuerung zu Lasten des Steuerpflichtigen bestehen bleibt, könnte die unterlassene Mitteilung in einem späteren Amtshaftungsprozess gegen die deutsche Finanzbehörde Bedeutung erlangen.

Zudem ist nicht eindeutig erkennbar, ob die Bestimmung des Begriffs „Eignung des Falles für ein Schiedsverfahren“ im Ermessen der beiden zuständigen Behörden steht und damit die Rechtsfolgenseite betrifft. Der Steuerpflichtige hätte in diesem Fall nur einen Anspruch auf ermessensfehlerfreie Entscheidung[587]. Man könnte den entsprechenden Abkommenswortlaut aber auch als unbestimmten Rechtsbegriff auf der Tatbestandsseite auslegen. Dies wäre für den Steuerpflichtigen vorteilhafter, da das angerufene Finanzgericht die Entscheidung der Behörde dann (vorbeugend) voll überprüfen könnte[588]. Sofern die zuständigen Behörden aber bereits darin übereingekommen sind, dass der Fall nicht geeignet ist für ein Schiedsverfahren und die Durchführung des Schiedsverfahrens daraufhin dauerhaft unmöglich wird, bleibt dem Steuerpflichtigen nur noch die Möglichkeit Amtshaftungsansprüche geltend zu machen.

Die Regelung des Art. 25 Abs. 5 b) aa) B) DBA USA enthält demnach einige Unstimmigkeiten. Sie steht im Widerspruch zu dem mit der Abkommensänderung

---

586 So auch *Lehner* in Vogel/ Lehner, DBA, Art. 25 OECD-MA Rn 262. Siehe zur vorbeugenden Unterlassungsklage im finanzgerichtlichen Verfahren, *Seer* in Tipke/ Kruse, AO, § 40 AO Rn 27 f (Mai 2010).

587 *Lehner* in Vogel/ Lehner, DBA, Art. 25 OECD-MA Rn 262.

588 *Lehner* in Vogel/ Lehner, DBA, Art. 25 OECD-MA Rn 262.

verfolgten Zweck, den Rechtsschutz des Steuerpflichtigen durch die Aufnahme einer obligatorischen Schiedsklausel zu verbessern.

Vor Beginn des Schiedsverfahrens müssen sich nach Art. 25 Abs. 5 c) i.V.m. Abs. 6 d) DBA USA alle betroffenen Personen und deren bevollmächtigte Vertreter gegenüber den Finanzbehörden beider Vertragsstaaten verpflichten, keine im Laufe des Schiedsverfahrens erlangten Informationen – außer der Schiedsentscheidung selbst – offen zu legen. Zu den betroffenen Personen zählen nach Art. 25 Abs. 6 a) DBA USA die Person, die gegenüber der zuständigen Behörde die Durchführung des Verständigungsverfahrens beantragt haben, sowie alle weiteren Steuerpflichtigen, die von dem Fall unmittelbar betroffen sind[589]. Unklar ist hingegen, ob und wie ein Verstoß gegen die Geheimhaltungspflicht sanktioniert werden soll. Im deutschen Recht sind diesbezüglich keine Sanktionsmöglichkeiten geregelt[590]. Wenn die betroffenen Personen es unterlassen sich zur Geheimhaltung zu verpflichten, wird das Schiedsverfahren nicht durchgeführt. Art. 25 Abs. 5 DBA USA sieht – anders als etwa Art. 25 Abs. 5 OECD-MA – kein formelles Antragsrecht des Steuerpflichtigen vor, um das Schiedsverfahrens einzuleiten. Allerdings kann der Steuerpflichtige über die Durchführung des Schiedsverfahrens entscheiden, indem er sich entweder zur Geheimhaltung verpflichtet oder dies unterlässt[591]. Auch Fälle, die den zuständigen Behörden ursprünglich im Rahmen eines Advance Pricing Agreement vorgelegt worden sind, können einem Schiedsverfahren unterworfen werden, sofern die Steuererklärungen für alle betroffenen Steuerjahre eingereicht worden sind[592].

III. Ablauf des Schiedsverfahrens

Sofern die dargelegten Verfahrensvoraussetzungen erfüllt sind, wird das Schiedsverfahren eingeleitet. Der Ablauf des Schiedsverfahrens ist in Art. 25 Abs. 6

---

589 Als weitere unmittelbar von dem Verfahren Betroffene kommen vor allem andere mit dem Antragsteller verbundene Unternehmen in Betracht, wenn das Verfahren die Anwendung des Fremdvergleichsgrundsatzees betrifft. *Eimermann* in Debatin/ Wassermeyer DBA, Art. 25 DBA USA Rn 47 (Mai 2009); *Oestreicher* in Endres/ Jacob/ Gohr/ Klein, DBA Deutschland/ USA Art. 25 Rn 39; *Dehnen/ Ruchelman*, BFIT 2009, 137 (140).

590 *Lehner* in Vogel/ Lehner, DBA, Art. 25 OECD-MA Rn 263.

591 *Oestreicher* in Endres/ Jacob/ Gohr/ Klein, DBA Deutschland/ USA, Art. 25 Rn 38.

592 Ziff. 2 b) des Schreibens betr. DBA USA; Verständigungsvereinbarung über die Anwendung des Schiedsverfahrens, BMF vom 16. Januar 2009, BStBl. I 2009, 345.

DBA USA und Ziff. 22 des Protokolls zum DBA USA und in der Verständigungsvereinbarung über die Anwendung des Abkommens geregelt.

Mit Beginn des Schiedsverfahrens werden die Personen für die Schiedsstelle[593] (arbitration board) ernannt. Zunächst hat jeder Vertragsstaat nach Ziff. 22 e) des Protokolls binnen einer Frist von 60 Tagen ab dem Beginn des Schiedsverfahrens einen Schiedsrichter zu ernennen und den anderen Vertragsstaat hierüber in einer schriftlichen Mitteilung zu unterrichten[594]. Die beiden von den Vertragsstaaten nominierten Schiedsrichter ernennen dann innerhalb von 60 Tagen ab dem Zeitpunkt der Übersendung der zeitlich zweiten Mitteilung, den dritten Schiedsrichter, der gleichzeitig der Vorsitzende ist. Die zuständigen Behörden haben zu diesem Zweck eine Liste mit fünf bis zehn Personen zu erstellen, aus der im Falle eines Schiedsverfahrens der Vorsitzende gewählt wird[595]. Sofern ein Vertragsstaat keinen Schiedsrichter ernennt oder die beiden ernannten Schiedsrichter sich nicht hinsichtlich der Ernennung des Vorsitzenden einigen können, setzt der höchstrangige Bedienstete für Steuerpolitik bei der OECD den vorsitzenden Schiedsrichter fest[596]. Die Schiedsrichter sollen mit internationalen Steuersachen vertraut sein, müssen jedoch ausdrücklich keine Erfahrung als Richter oder Schiedsrichter haben[597]. Außerdem dürfen als Schiedsrichter keine aktiven oder erst innerhalb der letzten zwei Jahre ausgeschiedenen Mitarbeiter des öffentlichen Dienstes ernannt

---

593 Anders als das OECD-MA verwendet Art. 25 Abs. 5 und 6 DBA USA für die Bezeichnung des Schiedsgerichts den Begriff „Schiedsstelle".

594 Siehe ergänzend zu Ziff. 22 des Protokolls zum Abkommen, Ziff. 6 a) des Schreibens betr. DBA USA; Verständigungsvereinbarung über die Anwendung des Schiedsverfahrens, BMF vom 16. Januar 2009, BStBl. I 2009, 345.

595 Ziff. 8 des Schreibens betr. DBA USA; Verständigungsvereinbarung über die Anwendung des Schiedsverfahrens, BMF vom 16. Januar 2009, BStBl. I 2009, 345. Allerdings dürfen die beiden von den zuständigen Behörden ernannten Schiedsrichter sich auch einigen, eine Person als Vorsitzenden zu ernennen, die nicht in der Liste steht. Siehe hierzu und zu weiteren Details, Anlage 2, Ziff. 1 Verständigungsvereinbarung über die Anwendung des Schiedsverfahrens, BMF vom 16. Januar 2009, BStBl. I 2009, 345.

596 Siehe ergänzend zu Ziff. 22 des Protokolls zum Abkommen, Ziff. 6 c) des Schreibens betr. DBA USA; Verständigungsvereinbarung über die Anwendung des Schiedsverfahrens, BMF vom 16. Januar 2009 BStBl. I 2009, 345.

597 Siehe ergänzend zu Ziff. 22 des Protokolls zum Abkommen, Ziff. 6 e) des Schreibens betr. DBA USA; Verständigungsvereinbarung über die Anwendung des Schiedsverfahrens, BMF vom 16. Januar 2009 BStBl. I 2009, 345. Dieses Kriterium wird in Ziff. 8) c) der Verständigungsvereinbarung in Bezug auf die Person des Vorsitzenden wiederholt.

werden[598]. Im Vergleich zu Art. 25 Abs. 5 OECD-MA wird die Unabhängigkeit der Schiedsrichter dadurch stärker betont. Nach Art. 25 Abs. 6 f) DBA USA und Ziff. 22 n) des Protokolls zum Abkommen gelten die Mitglieder der Schiedsstelle und ihre Mitarbeiter zum Zwecke des Schiedsverfahrens als „Personen oder Behörden“, denen nach Artikel 26 (Informationsaustausch und Amtshilfe) des Abkommens Informationen offen gelegt werden dürfen. Nach deutschem Recht sind sie damit Amtsträger i.S.d. § 30 AO i.V.m. § 7 AO[599]. Die Schiedsstelle kann die für ihre Tätigkeit erforderlichen Verfahrensregelungen selbst festlegen, vorausgesetzt, diese sind mit den Bestimmungen des Art. 25 DBA USA und dem Protokoll zum Abkommen vereinbar[600]. Die Räumlichkeiten und die zugehörigen Ausstattungen für die Sitzungen der Schiedsstelle, das Finanzmanagement und der sonstige logistische Bedarf werden von dem Vertragsstaat bereitgestellt, dessen zuständige Behörde zuvor im betreffenden Fall das Verständigungsverfahren eingeleitet hat[601].

Nachdem der Vorsitzende ernannt wurde, hat jede zuständige Finanzbehörde nach Ziff. 22 g) des Protokolls 90 Tage Zeit, um der Schiedsstelle ihren Lösungsvorschlag und ein ergänzendes Positionspapier zu übermitteln. Außerdem soll die Schiedsstelle der jeweils anderen zuständigen Behörde zeitnah Kopien des Lösungsvorschlags und des Positionspapiers übermitteln. Alle Mitteilungen zwischen den Vertragsstaaten und der Schiedsstelle sollen schriftlich abgegeben werden. Aus Ziff. 22 h) des Protokolls zum DBA USA ergibt sich, dass die Entscheidungsbefugnis der Schiedsstelle dahingehend begrenzt ist, dass die Schiedsentscheidung zwingend nach der Methode des letzten Angebots (final offer approach oder baseball approach) zu erfolgen hat. Die Schiedsstelle kann damit lediglich entscheiden, welcher der von den beiden zuständigen Behörden jeweils

---

598 Ziff. 6 d) des Schreibens betr. DBA USA; Verständigungsvereinbarung über die Anwendung des Schiedsverfahrens, BMF vom 16. Januar 2009, BStBl. I 2009, 345. Für den Vorsitzenden ist dies zusätzlich in Ziff. 8 c) der Verständigungsvereinbarung bestimmt.

599 *Eimermann* in Debatin/ Wassermeyer, DBA, Art. 25 DBA USA Rn 63 (Mai 2009).

600 Ziff. 22 f) des Protokolls zum DBA USA und Ziff. 4 der Anlage 2 des Schreibens betr. DBA USA; Verständigungsvereinbarung über die Anwendung des Schiedsverfahrens, BMF vom 16. Januar 2009.

601 Ziff. 22 l) des Protokolls zum DBA USA und Ziff. 13 b) des Schreibens betr. DBA USA; Verständigungsvereinbarung über die Anwendung des Schiedsverfahrens, BMF vom 16. Januar 2009, BStBl. I 2009, 345.

vorgelegte Lösungsvorschlag bindend werden soll[602]. Inhaltlich ist die Entscheidung der Schiedsstelle nach Ziff. 22 b) des Protokolls auf die Festlegung der Höhe der den Vertragsstaaten zu erklärenden Einkünfte, Ausgaben und Steuern begrenzt. Daher muss sich auch der Lösungsvorschlag nach Ziff. 22 g) des Protokolls auf die Aufteilung der Einkünfte, Ausgaben oder die Höhe der Steuern beziehen[603]. Versäumt es eine zuständige Behörde innerhalb der 90-tägigen Frist, der Schiedsstelle einen Lösungsvorschlag zu übermitteln, so wird der Lösungsvorschlag der anderen zuständigen Behörde automatisch bindend und das Schiedsverfahren endet insoweit. Ansonsten hat jede Behörde weitere 90 Tage Zeit (180 Tage seit der Ernennung des Vorsitzenden), um sich gegebenenfalls zu dem Lösungsvorschlag der anderen Behörde zu äußern. Außerdem kann die Schiedsstelle die zuständigen Behörden auffordern, zusätzliche Informationen vorzulegen.

Nach der Bestimmung in Ziff. 22 h) des Protokolls zum DBA USA, trifft die Schiedsstelle ihre Entscheidung durch Anwendung und in der Reihenfolge der folgenden Rechtssätze: (1) Der Bestimmungen des DBA USA; (2) der vereinbarten Kommentare oder Erläuterungen der Vertragsstaaten zum DBA USA; (3) der Gesetze der Vertragsstaaten, soweit sich diese nicht widersprechen und (4) der OECD-Kommentare, -Leitlinien oder –Berichte zu den jeweils einschlägigen Teilen des OECD-Musterabkommens.

Auch hierin offenbart sich ein Unterschied zu Art. 25 OECD-MA, der eine solche explizite Auflistung der Rechtssätze nicht vornimmt[604]. Der zu entscheidende Fall kann mehrere Streitfragen enthalten. Die Lösungsvorschläge der zuständigen Behörden sollten dann gesondert zu jeder einzelnen Streitfrage Stellung nehmen. Auf der anderen Seite wird dann auch die Schiedsstelle zu jeder Streitfrage

602 Nicht geregelt ist hingegen der Fall, dass beide zuständigen Behörden es unterlassen, der Schiedsstelle einen Lösungsvorschlag zu übermitteln. Dass die Schiedsstelle, wie Schönfeld, Ubg 2008, 544 (547) befürwortet, in einem solchen Fall eine eigene Entscheidung treffen dürfte, wäre aus Gründen des Rechtsschutzes sinnvoll. Andernfalls hätten die beiden zuständigen Behörden jederzeit ein Mittel, mit dem sie – in gegenseitiger Absprache – die Durchführung des Schiedsverfahren verhindern könnten. Dies würde wiederum dem Normzweck der in Art. 25 Abs. 5 und 6 DBA USA verankerten obligatorischen Schiedsklausel – widersprechen.

603 Konkretisierend hierzu Ziff. 9 b) des Schreibens betr. DBA USA; Verständigungsvereinbarung über die Anwendung des Schiedsverfahrens, BMF vom 16. Januar 2009, BStBl. I 2009, 345. Siehe auch *Eimermann* in Debatin/ Wassermeyer, DBA, Art. 25 DBA USA Rn 54 (Mai 2009).

604 Siehe dazu 4.Teil B.II.2.d).

gesondert entscheiden[605]. Die Schiedsstelle hat den beiden zuständigen Behörden ihre Entscheidung binnen neun Monaten nach Ernennung des Vorsitzenden mitzuteilen[606]. Die Entscheidung enthält keine Begründung und hat keinen Präzedenzcharakter[607]. Sie entspricht nach Art. 25 Abs. 6 e) DBA USA einer Verständigungsvereinbarung nach Art. 25 Abs. 1 und 2 DBA USA, sofern die betroffene Person binnen 30 Tagen, nachdem ihr die Entscheidung übermittelt worden ist, der Entscheidung zustimmt[608]. Anders als beim OECD Schiedsverfahren müssen die Vertragsstaaten also keine zusätzliche Verständigungsvereinbarung mit dem Inhalt des Schiedsspruchs abschließen. Dieser Umsetzungssakt vollzieht sich vielmehr automatisch. Unterlässt die betroffene Person aber binnen dieser Frist die Erklärung an die zuständige Behörde, so gilt die Entscheidung der Schiedsstelle als nicht angenommen. Der Fall kann dann nicht erneut Gegenstand eines Verständigungsverfahrens sein[609]. Nimmt die betroffene Person den Schiedsspruch hingegen an, so muss die Entscheidung in beiden Staaten umgesetzt werden. Hinsichtlich der Umsetzung in deutsches Recht nach § 175a AO wird auf die obigen Erläuterungen zum Verständigungs- und Schiedsverfahren verwiesen[610]. Die Behandlung von Zinsen oder Strafzuschlägen richtet sich nach dem innerstaatlichen Recht der Vertragsstaaten[611].

---

605 Ziff. 11 des Schreibens betr. DBA USA; Verständigungsvereinbarung über die Anwendung des Schiedsverfahrens, BMF vom 16. Januar 2009, BStBl. I 2009, 345.

606 Ziff. 22 h) des Protokolls zum DBA USA und Ziff. 16 a) der Anlage 2 des Schreibens betr. DBA USA; Verständigungsvereinbarung über die Anwendung des Schiedsverfahrens, BMF vom 16. Januar 2009, BStBl. I 2009, 345.

607 Ziff. 22 j) des Protokolls zum DBA USA und Ziff. 16 d) der Anlage 2 des Schreibens betr. DBA USA; Verständigungsvereinbarung über die Anwendung des Schiedsverfahrens, BMF vom 16. Januar 2009, BStBl. I 2009, 345.

608 Ziff. 22 k) des Protokolls zum DBA USA. Die Entscheidung wird dem Steuerpflichtigen (betroffene Person) von der zuständigen Behörde übermittelt, der der Fall zuerst vorgelegen hat. Binnen 30 Tagen hat er dann gegenüber der gleichen Behörde zu erklären, ob er die Entscheidung annehmen will. Die zuständige Behörde, der der Fall zuerst vorgelegen hat, wird normalerweise die Behörde sein, bei der der Steuerpflichtige den Antrag auf Durchführung des Verständigungsverfahrens gestellt hat, s. hierzu *Eimermann* in Debatin/ Wassermeyer, DBA, Art. 25 DBA USA Rn 57 (Mai 2009).

609 Ziff. 22 k) des Protokolls zum DBA USA.

610 Siehe dazu 2.Teil.C.II.4. und 4.Teil.B.II.3.d); Rn 4.1 BMF-Merkblatt zum internationalen Verständigungs- und Schiedsverfahren vom 13.7.2006, BStBl. I 2006, 462 (466).

611 Ziff. 22 m) des Protokolls zum DBA USA und Ziff. 16 c) der Anlage 2 des Schreibens betr. DBA USA; Verständigungsvereinbarung über die Anwendung des

Die Kosten des Schiedsverfahrens werden von den zuständigen Behörden zu gleichen Teilen getragen. Als Honorar erhalten die Mitglieder der Schiedsstelle einen festen Betrag in Höhe von USD 2.000,- pro Tag[612]. Anders als im Schiedsverfahren nach dem OECD-MA, enthalten die Bestimmungen zu Art. 25 DBA USA keine Angaben für den Fall, dass der Schiedsspruch fehlerhaft zustande gekommen ist. Es ist daher nicht geregelt, ob die innerstaatlichen Gerichte die Befugnis haben, den Schiedsspruch für nicht anwendbar bzw. für nicht vollstreckbar zu erklären[613].

IV. Fazit

Die Schiedsklausel im DBA USA enthält viele Parallelen zum zeitlich später eingeführten OECD Schiedsverfahren, zeigt in einigen Punkten aber auch gewisse Unterschiede auf. Zudem sind die Bestimmungen zum Schiedsverfahren nach dem DBA USA in manchen Punkten wesentlich detaillierter geregelt. Die Ursache hierfür liegt darin, dass der OECD Entwurf als bloßes Musterabkommen den Vertragsstaaten naturgemäß noch ausreichend Freiraum bei der Aushandlung ihrer Abkommensbestimmungen überlässt. Im Gegensatz hierzu entfaltet die Schiedsklausel des DBA USA bereits unmittelbare rechtliche Wirkung in beiden Vertragsstaaten. Es besteht somit die Möglichkeit, dass entsprechende Schiedsverfahren durchgeführt werden und praktische Erkenntnisse aus der Durchführung des Verfahrens für die Fortentwicklung obligatorischer Schiedsverfahren im DBA Recht verwendet werden können[614]. Die USA haben auf der Basis des

---

Schiedsverfahrens, BMF vom 16. Januar 2009. Zu der Problematik der Ausfallzinsen siehe die Ausführungen zum Verständigungsverfahren unter 2.Teil.C.II.2.

612 Ziff. 22 o) des Protokolls zum DBA USA und Ziff. 16 des Schreibens betr. DBA USA; Verständigungsvereinbarung über die Anwendung des Schiedsverfahrens, BMF vom 16. Januar 2009, BStBl. I 2009, 345. Allerdings werden jedem Schiedsstellenmitglied danach nur höchstens drei Vorbereitungstage, zwei Sitzungstage sowie Reisetage vergütet. Die Aufwendungen der Schiedsrichter werden ferner nach der Honoraraufstellung für Schiedsrichter des Internationalen Zentrums zur Beilegung von Investitionsstreitigkeiten festgesetzt.

613 Vgl. dazu die Ausführungen unter 4.Teil.B.II.3.e).

614 Die Bundesregierung äußert sich in ihrer Denkschrift zur Änderung des Abkommens mit den USA, in BT-Drucks. 16/2708, S. 34, hinsichtlich der Einführung einer obligatorischen Schiedsklausel sogar wie folgt: „*Nichtsdestoweniger sind beide Vertragsstaaten der Meinung, dass das Abkommen eine Rechtsgrundlage und ein Verfahren bieten sollte, welches den Steuerpflichtigen die Vermeidung*

Art. 25 Abs. 5 und 6 DBA USA in einigen weiteren Abkommen, ähnliche obligatorische Schiedsklauseln vereinbart[615]. Auch die Schweiz und Deutschland haben in ihrer aktuellen Abkommensänderung eine obligatorische Schiedsklausel vereinbart, die in weiten Teilen dem US-Ansatz entspricht[616]. Die Abkommenspraxis der USA folgt dabei hinsichtlich der Methode der Entscheidungsfindung einheitlich dem Ansatz des letzten Angebots (last best offer).

Zu kritisieren ist die Regelung des Art. 25 Abs. 5 b) aa) B) DBA USA, wonach die zuständigen Behörden übereinkommen können, dass ein Fall für ein Schiedsverfahren nicht geeignet ist. Eine solche faktische Umgehungsmöglichkeit stellt den obligatorischen Charakter der Schiedsklausel in Frage. Gleiches gilt für die Bestimmung, dass das Schiedsverfahren nur in bestimmten Fallgruppen durchgeführt werden soll und in allen anderen Fällen die Einleitung des Schiedsverfahrens im Ermessen der zuständigen Behörden steht. Vorzugswürdiger wäre es stattdessen gewesen, den Anwendungsbereich der Schiedsklausel auf alle Fallgruppen zu beziehen.

B. Art. 25 Abs. 5 DBA Österreich

I. Allgemeines

Deutschland und Österreich haben in ihrem am 24. August 2000 unterzeichneten DBA eine weltweit bisher einmalige obligatorische Schiedsklausel[617] aufgenommen.

---

der Doppelbesteuerung verbindlich zusagt. Sie wollen damit auch ein Beispiel für andere Staaten geben.“

615 Die USA haben entsprechende Schiedsklauseln in den DBA mit Belgien v. 27.11.2006, Kanada v. 21.9.2007, Frankreich und der Schweiz vereinbart.

616 1.D. Gleiches gilt im Übrigen auch für das DBA Liechtenstein, vgl. 5.Teil.E.

617 Laut der ganz herrschenden Meinung in der Literatur wird der EuGH nach Art. 25 Abs. 5 DBA Österreich i.V.m. Art. 273 AEUV als Unionsorgan und damit als internationales Gericht und nicht als völkerrechtliches Schiedsgericht tätig (siehe hierzu 5.Teil.B.IV). Begrifflich wäre das entsprechende Verfahren auch nicht als Schiedsverfahren zu bezeichnen. Da sowohl der Wortlaut des Art. 25 Abs. 5 (*...im Rahmen eines Schiedsverfahrens...*) als auch der des Art. 273 AEUV (*...aufgrund eines Schiedsvertrages...*) den Begriff des Schiedsverfahrens aufgreift, wird für das in diesem Abschnitt behandelte Verfahren vor dem EuGH ebenfalls der Begriff „Schiedsverfahren“ verwendet. Davon abgesehen unterscheiden sich internationale Gerichte auch nur in einigen wenigen Punkten von völkerrechtlichen Schiedsgerichten. Beide Streitschlichtungsmethoden haben gemein, dass sich die Staaten freiwillig und einvernehmlich

Danach sind die zuständigen Behörden, sofern sie nicht in der Lage sind den Besteuerungskonflikt innerhalb von drei Jahren zu lösen, verpflichtet, den Fall auf Antrag des Steuerpflichtigen dem EuGH zur Entscheidung vorzulegen.

Die Mitgliedstaaten der EU haben neben Art. 272 AEUV in Art. 273 AEUV eine weitere Möglichkeit zur Prorogation der Zuständigkeit des EuGH zur Lösung zwischenstaatlicher Streitigkeiten[618]. Nach dieser Bestimmung ist der EuGH für jede mit dem Gegenstand der Verträge in Zusammenhang stehende Streitigkeit zwischen den Mitgliedstaaten zuständig, sofern diese auf der Grundlage eines Schiedsvertrags bei ihm anhängig gemacht wird[619]. Der Normzweck des Art. 273

---

den jeweiligen Entscheidungsinstanzen unterwerfen. Züger, Schiedsverfahren für Doppelbesteuerungsabkommen, S. 121. Siehe dazu auch 3.Teil A.

618 Art. 273 AEUV entspricht fast wörtlich dem Art. 239 EGV. Einzige Ausnahme ist, dass Art. 273 AEUV nunmehr vorgibt, dass der Gerichtshof „...für jede mit dem Gegenstand ***der Verträge*** in Zusammenhang stehende Streitigkeit zwischen Mitgliedstaaten zuständig“ ist, wohingegen nach Art. 239 EGV der Gerichtshof „...für jede mit dem Gegenstand ***dieses Vertrages*** in Zusammenhang stehende Streitigkeit zwischen Mitgliedstaaten zuständig“ war. *Karpenstein* in Grabitz/ Hilf/ Nettesheim, Art. 273 AEUV Rn 1 (August 2011).

619 Die praktische Bedeutung von Art. 273 AEUV ist bis zum Dezember 2011 gering geblieben. So sind bis zu diesem Datum neben Art. 25 Abs. 5 DBA Österreich nur die Internen Abkommen zur Durchführung der Abkommen von Lomé (Abl. 1991 L 229/301) und Art. 29 Abs. 2 des Übereinkommens vom 19. April 1972 über die Gründung eines Europäischen Hochschulinstituts als weitere Abkommen zu nennen, die von der Möglichkeit der Prorogation der Zuständigkeit des EuGH Gebrauch gemacht haben. Der EuGH wurde aber nach keinem dieser Abkommen jemals angerufen, *Karpenstein* in Grabitz/ Hilf/ Nettesheim, Art. 273 AEUV Rn 3 (August 2011). Besondere Beachtung hat Art. 273 AEUV aber im Rahmen der Verhandlungen über einen europäischen Fiskalpakt im Dezember 2011 erhalten. Dabei haben sich die Staats- und Regierungschefs der EU-Mitgliedstaaten – mit Ausnahme von Großbritannien – zur Schaffung eines neuen, zwischenstaatlichen Vertrages zur Stärkung der Haushaltsdisziplin und der wirtschaftspolitischen Koordinierung geeinigt. Der Vertrag (*Vertrag über Stabilität, Koordinierung und Steuerung in der Wirtschafts- und Währungsunion* oder kurz *SKS-Vertrag*) wurde dann am 02.03.2012 von allen damaligen EU-Mitgliedstaaten, außer Großbritannien und Tschechien unterzeichnet. In Art. 3 und 8 dieses Vertrages wurde die Einführung einer Schuldenbremse vereinbart. Die angemessene Umsetzung der Schuldenbremse in den Mitgliedstaaten soll in der Form überwacht werden, dass die EU-Kommission in Zukunft regelmäßige Berichte über die Einhaltung der Schuldenbremse erstellt. Sofern sie hierbei einen Verstoß feststellt, sollen gemäß Art. 8 Abs. 1 S. 2 des SKS Vertrages ein oder mehrere Mitgliedstaaten auf der Grundlage von Art. 273 AEUV den EuGH anrufen. In welchem Verfahren die Anrufung des EuGH in diesem Zusammenhang erfolgen soll, wird zum jetzigen Stand

AEUV liegt darin, die im Umfeld der EU entstandene zwischenstaatliche Streitigkeit nicht allein dem Völkerrecht und seinen Streitschlichtungsverfahren zu überlassen[620].

Die auf dem österreichischen Musterabkommen beruhende Regelung des Art. 25 Abs. 5 DBA Österreich bezieht sich ebenfalls auf Art. 273 AEUV und setzt somit den EuGH als Schiedsinstanz zur Lösung abkommensrechtlicher Besteuerungskonflikte ein[621]. Aufgrund der mehrfachen Neunummerierung der Verträge[622] ist der ursprüngliche Verweis des Art. 25 Abs. 5 DBA Österreich auf Art. 182 EGV nunmehr als Verweis auf Art. 273 AEUV zu verstehen[623].

Bisher wurde dem EuGH allerdings noch kein Fall nach Art. 25 Abs. 5 DBA Österreich zur Entscheidung vorgelegt. Praktische Erkenntnisse hinsichtlich des Verfahrens liegen daher nicht vor. Nicht genau festgelegt ist zudem, wie der Steuerpflichtige die Einleitung des Schiedsverfahrens durchsetzen kann, wenn die zuständigen Behörden der Vertragsstaaten sich weigern nach einem gescheiterten Verständigungsverfahren den Fall vor dem EuGH anhängig zu machen. Zudem gibt es verschiedene Ansichten hinsichtlich der prozessualen Mitwirkungsmöglichkeiten des Steuerpflichtigen im Verfahren vor dem EuGH. Da Deutschland und Österreich gleichzeitig auch die EU-Schiedskonvention unterzeichnet haben, bedarf es zudem einer Abgrenzung zwischen beiden Verfahren.

---

noch von den Mitgliedstaaten erarbeitet. Unabhängig von dem Votum der Kommission kann aber auch jeder Mitgliedstaat gemäß Art. 8 Abs. 1 letzt. S. 3 des SKS Vertrages Klage wegen Nichteinhaltung des Vertrages vor dem EuGH erheben. Der SKS Vertrag soll am 1. Januar 2013 in Kraft treten. Er ist auf der Website der EU abrufbar unter: http://european-council.europa.eu/media/639244/04_-_tscg.de.12.pdf (Stand: Januar 2014).

620 *Karpenstein* in Grabitz/ Hilf/ Nettesheim, Art. 273 AEUV Rn 1 (August 2011); *Gaitanides* in von der Groeben/ Schwarze, Art.239 EGV Rn 1.

621 Art. 25 Abs. 5 des österreichischen Abkommensentwurfs vom 29.5.1998, abgedruckt in Gassner/ Hemetsberger-Koller/ M. Lang/ Sasseville/ K. Vogel, Die Zukunft des Internationalen Steuerrechts, S. 109 ff.: *„Können Schwierigkeiten oder Zweifel, die bei der Auslegung oder Anwendung dieses Abkommens entstehen, von den zuständigen Behörden nicht im Verständigungsverfahren nach den vorstehenden Absätzen dieses Artikels innerhalb einer Frist von zwei Jahren ab der Verfahrenseinleitung beseitigt werden, sind die Staaten verpflichtet, auf Antrag der in Abs. 1 genannten Person den Fall vor dem Gerichtshof der Europäischen Gemeinschaft anhängig zu machen“.*

622 Erst Art. 182 EGV, dann Art. 239 EGV und nunmehr Art. 273 AEUV, wobei inhaltlich keine Veränderungen vorgenommen wurden.

623 *Züger* in Holoubek/ Lang, Das EuGH-Verfahren in Steuersachen, 2000, S. 301 (305 f.).

II. Die Zuständigkeit des EuGH nach Art. 273 AEUV

Nach dem in den Art. 13 Abs. 2 S. 1, Art. 5 Abs. 1 S. 1 und Abs. 2 AEUV geregelten Prinzip der begrenzten Einzelermächtigung, verfügt der EuGH nur über die Zuständigkeiten, die ihm nach Art. 19 AEUV ausdrücklich im AEUV oder in den auf dessen Grundlage erlassenen Vorschriften eingeräumt werden[624]. Die Mitgliedstaaten der EU können demnach nur auf der Grundlage des Unionsrechts den EuGH zur Lösung ihrer zwischenstaatlichen Streitigkeiten anrufen. Im Fall des Art. 25 Abs. 5 DBA Österreich eröffnet Art. 273 AEUV beiden Vertragsstaaten die Möglichkeit den EuGH zur Lösung ihrer abkommensrechtlichen Konflikte anzurufen[625]. Nach Art. 273 AEUV müssen hierfür drei Voraussetzungen erfüllt sein.

Es muss sich a) um Streitigkeiten zwischen den Mitgliedstaaten handeln, diese müssen b) mit dem Gegenstand der europäischen Verträge in Zusammenhang stehen und c) aufgrund eines wirksamen Schiedsvertrages beim EuGH anhängig gemacht werden.

Vom Anwendungsbereich des Art. 273 AEUV werden keine Streitigkeiten erfasst, die auf einer Verletzung einer unmittelbar aus dem Gemeinschaftsrecht folgenden Verpflichtung durch einen anderen Mitgliedstaat beruhen. Für derartige Streitigkeiten besteht bereits eine ausschließliche Zuständigkeit des EuGH nach Art. 259 AEUV[626]. Die Verfahren nach Art. 259 AEUV und Art. 273 AEUV schließen sich demnach gegenseitig aus. Damit neben Art. 259 AEUV für die Anwendung des Art. 273 AEUV noch ausreichend Freiraum bleibt, wird der Begriff „mit dem Gegenstand der Verträge in Zusammenhang“ stehend weit ausgelegt[627]. Die Bestimmungen des DBA Österreich bezwecken die Beseitigung von

---

624 Pechstein, EU-Prozessrecht, Rn 9.

625 Die Zuständigkeitsübertragung aus Art. 273 AEUV gilt ausschließlich nur für den EuGH als Rechtssprechungsorgan und nicht für das EuG (Europäisches Gericht). Das ergibt sich aus Art. 256 AEUV, der die Zuständigkeit des EuG bestimmt, Art. 273 AEUV aber nicht als Anwendungsfall erwähnt. Dazu *Schwarz* in Rengeling/ Middeke/ Gellermann, Rechtsschutz in der EU, § 15 Rn 5; Pechstein, EU-Prozessrecht, Rn 992.

626 Art. 259 AEUV ist aus dem vormaligen Art. 227 EGV hervor gegangen. *Karpenstein* in Grabitz/ Hilf/ Nettesheim, Art. 273 AEUV Rn 9 (August 2011); *Kischel* in Hailbronner/ Wilms, Art. 239 EGV Rn 3 (August 2006).

627 *Kischel* in Hailbronner/ Wilms, Art. 239 EGV Rn 4 (August 2006); *Züger* in Gassner/ M. Lang/ Lechner, Das neue Doppelbesteuerungsabkommen Österreich-Deutschland, 1999, S. 245 (249); *Schwarz* in Rengeling/ Middeke/ Gellermann, Rechtsschutz in der EU, § 15, Rn 15.

Doppelbesteuerung zwischen den beiden EU-Mitgliedstaaten Deutschland und Österreich. Die Beseitigung der Doppelbesteuerung innerhalb der Europäischen Union steht mit dem Gegenstand der Verträge in Zusammenhang[628].

Art. 273 AEUV begründet nicht direkt die Zuständigkeit des EuGH, sondern überlässt es den Mitgliedstaaten, diesen im Konfliktfall durch eine völkerrechtliche Schiedsvereinbarung für zuständig zu erklären. Art. 25 Abs. 5 DBA Österreich enthält eine solche Schiedsvereinbarung. Deutschland und Österreich sind zwar gleichzeitig auch Mitgliedstaaten der Vereinten Nationen, völkerrechtlich ist dies jedoch nicht zu beanstanden, da die Charta der Vereinten Nationen den Mitgliedstaaten in Art. 95 ausdrücklich gestattet, eine Beilegung von Streitigkeiten auch anderen Gerichten als dem IGH zuzuweisen[629].

In der Sache hat der EuGH eine Entscheidung hinsichtlich des Konflikts zwischen Deutschland und Österreich über die Auslegung und Anwendung des Abkommens zu erlassen[630]. Nach der Bestimmung des Art. 25 Abs. 5 DBA Österreich wird er zuständig, wenn „Schwierigkeiten oder Zweifel, die bei der Auslegung oder Anwendung dieses Abkommens entstehen, von den zuständigen Behörden nicht im Verständigungsverfahren innerhalb von einer Frist von drei Jahren ab der Verfahrenseinleitung beseitigt werden“ können und der Steuerpflichtige den Antrag stellt, den ungelösten Fall dem EuGH zur Entscheidung vorzulegen. Art. 25 Abs. 5 DBA Österreich steckt insofern den Kompetenzrahmen des EuGH ab[631].

Züger vertritt die Ansicht, dass es Ziel und Zweck der Schiedsklausel sei, generell alle Streitigkeiten der Vertragsstaaten hinsichtlich der Auslegung des Abkommens beizulegen. Dies müsse daher auch für Fälle gelten, die ohne einen Bezug zu einer individuellen abkommenswidrigen Besteuerung des Steuerpflichtigen zu haben, zum Anwendungsbereich der Konsultationsverfahren nach Art. 25 Abs. 3 S. 1 und 2 DBA Österreich gehören. Es sei daher auch möglich, abstrakte Rechtsfragen vor dem EuGH anhängig zu machen[632].

Gegen diese Ansicht spricht der eindeutige Wortlaut des Art. 25 Abs. 5 DBA Österreich, „auf Antrag der Person im Sinne des Absatzes 1“. Nach dieser

---

628 Vgl. dazu die Ausführungen unter 1.Teil A.I.

629 *Schwarz* in Rengeling/ Middeke/ Gellermann, Rechtsschutz in der EU, §15 Rn 1.

630 *Lang/ Stephaner* in Debatin/ Wassermeyer, DBA, Art. 25 DBA Österreich Rn 5.

631 *Züger* in Gassner/ M. Lang/ Lechner, Das neue Doppelbesteuerungsabkommen Österreich-Deutschland, 1999, S. 245 (249).

632 *Züger* in Gassner/ M. Lang/ Lechner, Das neue Doppelbesteuerungsabkommen Österreich-Deutschland, 1999, S. 245 (250); ders. in SWI 1999, 19 (23). Dieser begründet seine Ansicht ferner damit, dass Art. 25 Abs. 5 DBA Österreich vom Wortlaut wie Art. 25 Abs. 3 DBA Österreich an „Schwierigkeiten oder Zweifel“ anknüpft.

Bestimmung und dem darin enthaltenen Willen der Vertragsstaaten soll der EuGH nur in Fällen des Art. 25 Abs. 1 und 2 DBA Österreich zuständig werden, also in Fällen, in denen ein Steuerpflichtiger konkret von einer abkommenswidrigen Besteuerung betroffen ist und daraufhin die Einleitung eines Verständigungsverfahrens beantragt hat[633]. Der Normzweck von obligatorischen Schiedsklauseln liegt zudem darin, die Schwächen des Verständigungsverfahrens im engeren Sinne zu überwinden. So soll nach dem Willen der Vertragsstaaten der aus der Sicht des Steuerpflichtigen unbefriedigende Zustand, dass das Verständigungsverfahren möglicherweise ergebnislos beendet werden könnte, überwunden werden. Obligatorische Schiedsklauseln haben damit den einzigen Zweck, den zwischenstaatlichen Rechtsschutz des Steuerpflichtigen gegen abkommenswidrige Besteuerungen zu seinen Lasten zu verbessern. Ihre Existenz soll dem Steuerpflichtigen gewährleisten, dass die abkommenswidrige Besteuerung beseitigt und das gesamte Verfahren beschleunigt wird[634]. Auch in den Bestimmungen anderer Abkommen wie Art. 25 Abs. 5 DBA USA und Art. 25 Abs. 5 OECD-MA ist das obligatorische Schiedsverfahren nach dem eindeutigen Wortlaut dieser Regelungen als integraler Bestandteil des Verständigungsverfahrens im engeren Sinne nach Art. 25 Abs. 1 und 2 DBA USA bzw. OECD-MA ausgestaltet. Andernfalls müssen die Vertragsstaaten explizit in einer zusätzlichen Vereinbarung den Anwendungsbereich des Schiedsverfahrens auf die Konsultationsverfahren erweitert haben[635]. Von Art. 25 Abs. 5 DBA Österreich werden somit im Regelfall keine abstrakten Streitigkeiten nach Art. 25 Abs. 3 S. 1 und 2 DBA Österreich umfasst. Der EuGH könnte im Anwendungsbereich des Art. 25 Abs. 5 DBA Österreich hinsichtlich solcher abstrakter Streitigkeiten nur als Entscheidungsinstanz fungieren, wenn die Vertragsstaaten ihn dazu durch den Abschluss einer zusätzlichen Vereinbarung ausdrücklich ermächtigt hätten. Eine solche Ermächtigung wurde dem EuGH – mangels einer entsprechenden Vereinbarung der Vertragsstaaten – aber nicht erteilt. Beide Vertragsstaaten sind nach erfolglosem dreijährigem Verständigungsverfahren daher nur auf Antrag des Steuerpflichtigen verpflichtet, den Fall

---

633 So auch *Turner*, TNI 2005, 1223 (1232), *„Most notable is the control that the taxpayer is afforded to initiate the arbitration procedure"*.

634 Siehe dazu die Ausführungen unter 4.Teil B.I.3.

635 Vgl. dazu 4.Teil B.I.1. Im Anwendungsbereich des Art. 25 Abs. 5 OECD-MA sind nach Ziff. 55 des OECD Musterkommentars in der Regel nur Schiedsentscheidungen über ungelöste Fragen, die sich aus einem Antrag nach Art. 25 Abs. 1 OECD-MA ergeben, vorgesehen. Allerdings haben die Vertragsstaaten die Wahl, ob sie das Schiedsverfahren, durch den Abschluss einer zusätzlichen Vereinbarung auf die beiden Konsultationsverfahren nach Art. 25 Abs. 3 OECD-MA ausdehnen wollen.

vor dem EuGH anhängig zu machen. Folgerichtig muss auch die Annahme fehlgehen, wonach sich im Verfahren vor dem EuGH beide Vertragsstaaten als Kläger und Beklagter gegenüberstehen und ihr Begehren in Form einer „Klageschrift" und „Klagebeantwortung" vorzutragen haben[636].

Züger vertritt ferner die Ansicht, dass der EuGH auch in Fällen zuständig bleibt, in denen sich die zuständigen Behörden zunächst zwar einigen und eine Verständigungsvereinbarung treffen, es aber unterlassen, diese innerstaatlich umzusetzen. Im Ergebnis liege dann gar keine Einigung vor[637]. Nach der hier vertretenen Ansicht zur Umsetzung von Verständigungsvereinbarungen im innerstaatlichen Recht ist diese Ansicht konsequenterweise abzulehnen[638]. Das zwischenstaatliche Verständigungsverfahren wird dadurch beendet, dass die zuständigen Behörden sich einigen und eine schriftliche Verständigungsvereinbarung treffen. Unterlässt es nun eine oder auch beide zuständigen Behörden diese Vereinbarung im innerstaatlichen Recht ihres Staates umzusetzen, so kann der Steuerpflichtige gegen das Untätigbleiben der betreffenden Behörde im innerstaatlichen Rechtsschutzverfahren vor den nationalen Gerichten vorgehen[639]. Da das eigentliche Verständigungsverfahren mit der inhaltlichen Einigung der Vertragsstaaten seinen Abschluss bereits gefunden hat, kann insofern auch der EuGH nicht mehr zuständig bleiben.

III. Anspruch des Steuerpflichtigen auf Einleitung des Schiedsverfahrens vor dem EuGH

Die Entscheidung, ob der Streitfall dem EuGH zur Entscheidung vorgelegt wird, steht nicht im Ermessen der zuständigen Behörden. Vielmehr sind diese verpflichtet

636 *Züger* in Gassner/ M. Lang/ Lechner, Das neue Doppelbesteuerungsabkommen Österreich-Deutschland, 1999, S. 245 (251). Nach dessen Ansicht tritt der eine Vertragsstaat dabei als Kläger auf und begehrt, dass der EuGH gegenüber dem anderen Vertragsstaat als Beklagtem feststellt, wie eine Abkommensbestimmung auszulegen ist. Gemeint sind wohl Fälle des Konsultationsverfahrens nach Art. 25 Abs. 3 DBA Österreich. Mehr dazu unter 5.Teil B.VI.

637 *Züger* in Gassner/ M. Lang/ Lechner, Das neue Doppelbesteuerungsabkommen Österreich-Deutschland, 1999, S. 245 (258).

638 Vgl. dazu 2.Teil.C.II.4. und 4.Teil.B.II.3.d).

639 Siehe hierzu 2.Teil.C.II.4. und 4.Teil.B.II.3.d).

den Streitfall vor dem EuGH anhängig zu machen[640]. Der Steuerpflichtige hat nach Art. 25 Abs. 5 DBA Österreich gegenüber den Vertragsstaaten einen gebundenen Anspruch auf Einleitung des Schiedsverfahrens vor dem EuGH, wenn sich die zuständigen Behörden innerhalb von drei Jahren im Verständigungsverfahren nicht einigen können[641]. Die Schiedsklausel des Art. 25 Abs. 5 DBA Österreich ist somit obligatorisch ausgestaltet.

Dasselbe muss konsequenterweise auch hinsichtlich der Einleitung des Verständigungsverfahrens gelten. Auch hier muss bereits sicher gestellt werden, dass dem Steuerpflichtigen ein gebundener Anspruch auf Verfahrenseinleitung zusteht. Andernfalls könnten die zuständigen Behörden bereits dadurch die spätere Befassung des EuGH mit dem Streitfall verhindern, indem sie den Antrag des Steuerpflichtigen auf Einleitung des Verständigungsverfahrens von vornherein ablehnen würden[642].

Unabhängig davon welcher Vertragsstaat im Einzelfall der Ansässigkeitsstaat oder der Quellenstaat ist, ist sowohl die österreichische als auch die deutsche zuständige Behörde nach einem 3-jährigen erfolglosen Verständigungsverfahren verpflichtet, den Fall vor dem EuGH anhängig zu machen[643]. Die Unterlassung dieser im DBA normierten völkerrechtlichen Pflicht durch die zuständige Behörde, stellt die Verweigerung einer Realhandlung dar. Der Steuerpflichtige kann weder den Streitfall selbst vor den EuGH bringen, noch kann er die völkerrechtliche Verpflichtung der Vertragsstaaten den EuGH anzurufen, vor dem EuGH klageweise durchsetzen[644]. Nach Art. 273 AEUV sind nur die Mitgliedstaaten befugt den Streitfall vor dem EuGH anhängig zu machen. Wenn die zuständigen Behörden die Einleitung

---

640 *Lang/ Stephaner* in Debatin/ Wassermeyer, DBA, Art. 25 Österreich Rn 6 (Oktober 2003); *Züger* in Gassner/ M. Lang/ Lechner, Das neue Doppelbesteuerungsabkommen Österreich-Deutschland, 1999, S. 245 (258).

641 *Züger*, IWB 1999, 755 (758). Anders als das Schiedsverfahren nach dem OECD-MA und dem DBA USA (2-jährige Frist für ein Verständigungsverfahren) wird das Schiedsverfahren nach dem DBA Österreich erst nach einem 3-jährigen erfolglosen Verständigungsverfahren eingeleitet. Diese 3-Jahresfrist wird in der Literatur bisweilen als zu lang kritisiert. *Zacherl*, SWI 1999, 53 (57 f.).

642 Siehe zur sog. „blocking method“ 4.Teil B.III.3. Im Ergebnis auch *Züger* in Gassner/ M. Lang/ Lechner, Das neue Doppelbesteuerungsabkommen Österreich-Deutschland, 1999, S. 245 (259).

643 *Züger* in Gassner/ M. Lang/ Lechner, Das neue Doppelbesteuerungsabkommen Österreich-Deutschland, 1999, S. 245 (261).

644 *Züger* in Gassner/ M. Lang/ Lechner, Das neue Doppelbesteuerungsabkommen Österreich-Deutschland, 1999, S. 245 (259).

des Verfahrens vor dem EuGH verweigern, hat der Steuerpflichtige aber die Möglichkeit den innerstaatlichen Rechtsweg zu beschreiten. In Deutschland kann der Steuerpflichtige die zuständige deutsche Behörde (BZSt) im Wege einer finanzgerichtlichen Leistungsklage nach § 40 Abs. 1 Alt. 3 FGO verpflichten, den Fall vor dem EuGH anhängig zu machen. Unter engen Voraussetzungen sind auch Amtshaftungsansprüche des Steuerpflichtigen nach § 839 BGB i.V.m. 34 GG gegen die zuständige Behörde denkbar. Die Erfolgsaussichten einer solchen Amtshaftungsklage vor einem Zivilgericht dürften aber äußerst gering sein[645].

IV. Das Verfahren vor dem EuGH

Nach Art. 273 AEUV wird der EuGH nicht als Schiedsgericht im völkerrechtlichen Sinne, sondern als EU-Organ tätig[646]. Anders als bei den obligatorischen Schiedsklauseln nach dem OECD-MA und dem DBA USA können die

645 So ist eine Amtshaftung bereits ausgeschlossen, wenn der Steuerpflichtige den Schaden (der in der abkommenswidrigen Besteuerung liegt) anderweitig mit Rechtsmitteln hätte abwenden können. Er hätte dafür zunächst mit innerstaatlichen Rechtsmitteln erfolglos gegen den Steuerbescheid vorgehen und anschließend nach Ablauf des Verständigungsverfahrens auch erfolglos per Leistungsklage den Versuch unternehmen müssen, die Anrufung des EuGH zu erzwingen. Erst danach stünde ihm überhaupt die Möglichkeit zu, Amtshaftungsansprüche geltend zu machen. Inhaltlich müsste dann im Amtshaftungsprozess festgestellt werden, dass die abkommenswidrige Besteuerung (als der Schaden des Steuerpflichtigen) im Falle der Anrufung und Befassung des EuGH auch beseitigt worden wäre und die zuständige Behörde pflichtwidrig zu Lasten des Steuerpflichtigen gehandelt hat. Hierzu ausführlich hinsichtlich der österreichischen Rechtslage, *Züger* in Gassner/ M. Lang/ Lechner, Das neue Doppelbesteuerungsabkommen Österreich-Deutschland, 1999, S. 245 (261).

646 So auch die ganz überwiegende Ansicht in der Literatur, *Schwarz* in Rengeling/ Middeke/ Gellermann, Rechtsschutz in der EU, § 15 Rn 2 und 17; *Cremer* in Calliess/ Ruffer, EUV/ AEUV, Art. 273 AEUV Rn 1; *Kotzur* in Geiger/ Khan/ Kotzur, EUV/ AEUV, Art. 273 AEUV Rn 2; Pechtstein, EU-Prozessrecht, Rn 991; *Karpenstein* in Grabitz/ Hilf/ Nettesheim, Art. 273 AEUV Rn 2 (August 2011); *Gaitanides* in von der Groeben/ Schwarze, Art.239 EGV Rn 3; *Ehricke* in Streinz, Art. 273 AEUV Rn 4; *Züger* in Gassner/ M. Lang/ Lechner, Das neue Doppelbesteuerungsabkommen Österreich-Deutschland, 1999, S. 245 (251); ders. in SWI 1999, 19 (23 f.). A.A. *Kischel* in Hailbronner/ Wilms, Art. 239 EGV Rn 2 (August 2006), der sich auf den Wortlaut des Art. 239 EGV bzw. 273 AEUV „Schiedsvertrag" beruft und davon ausgeht, dass der EuGH als institutionalisiertes Schiedsgericht und nicht als Unionsorgan tätig wird. Durch die Schiedsvereinbarung würden sich die Parteien aber zugleich

Vertragsstaaten daher nicht Aufgaben und Besetzung des Schiedsgerichts und die Verfahrensregeln selbst in einer Parteivereinbarung bestimmen. Der EuGH erlässt im Rahmen von Art. 25 Abs. 5 DBA Österreich i.V.m. Art. 273 AEUV eine Entscheidung als internationales Gericht[647]. Im Gegensatz zu Schiedsgerichten sind internationale Gerichte wie der IGH und der EuGH ständige Einrichtungen mit feststehender Zuständigkeit und Verfahrensordnung[648]. Das Verfahren und die Zusammensetzung richten sich daher ausschließlich nach der VerfO EuGH und der Satzung des EuGH. Sie stehen daher nicht zur Disposition der Parteien[649]. Wie bei der Zuständigkeitserklärung anderer völkerrechtlicher Gerichte sind die Zusammensetzung des Spruchkörpers und die anzuwendenden Verfahrensvorschriften also bereits im Voraus festgelegt. Parteien des Verfahrens vor dem EuGH sind die beiden Vertragsstaaten Deutschland und Österreich.

Das Verfahren vor dem EuGH gliedert sich nach Art. 20 Abs. 1 der Satzung des EuGH in ein schriftliches und ein mündliches Verfahren. In der Regel werden auch Verfahren, die auf einem Schiedsvertrag nach Art. 273 AEUV beruhen, dadurch eingeleitet, dass ein Vertragsstaat als Kläger auftritt und dem Gerichtshof eine Klageschrift übermittelt. Der andere Vertragsstaat ist dann automatisch der beklagte Staat. Die Klageschrift wird dem beklagten Staat nach Art. 20 Abs. 2 der Satzung des EuGH übermittelt. Fraglich ist nur, ob diese im Regelfall übliche Vorgehensweise auch auf das abkommensrechtliche Schiedsverfahren nach Art. 25 Abs. 5 DBA Österreich ohne weiteres übertragen werden kann. Züger vertritt die Ansicht, dass auch das Verfahren nach Art. 25 Abs. 5 DBA Österreich durch eine entsprechende Klageschrift eingeleitet wird. In der Regel würde es sich dabei um einen Feststellungsantrag handeln. Der klagende Staat begehre dabei, dass der EuGH gegenüber dem beklagten Staat festzustellen habe, wie eine Abkommensvorschrift zu interpretieren sei[650].

---

der Verfahrensordnung des EuGH unterwerfen. Im Ergebnis kommt also auch diese Meinung zu dem Schluss, dass allein das Verfahrensrecht des EuGH maßgeblich ist.

647 Zur Begrifflichkeit siehe 3.Teil A.

648 Stein/ von Buttlar, Völkerrecht, Rn 923.

649 *Lehner* in Vogel/ Lehner, DBA, Art. 25 OECD-MA Rn 268; *Schwarz* in Rengeling/ Middeke/ Gellermann, Rechtsschutz in der EU, § 15 Rn 2 und 17; Pechtstein, EU-Prozessrecht Rn 991; *Gaitanides* in von der Groeben/ Schwarze, Art.239 EGV Rn 3.

650 *Züger* in Gassner/ M. Lang/ Lechner, Das neue Doppelbesteuerungsabkommen Österreich-Deutschland, 1999, S. 245 (251). Dabei muss berücksichtigt werden, dass dieser – wie bereits oben beschrieben – auch die abstrakten Fälle (ohne unmittelbare Betroffenheit eines Steuerpflichtigen) des Art. 25 Abs. 3 DBA Österreich als vom Anwendungsbereich des Art. 25 Abs. 5 umfasst ansieht.

Nach der hier vertretenen Ansicht umfasst die Regelung des Art. 25 Abs. 5 DBA Österreich nur Fälle, die im Verständigungsverfahren im engeren Sinne nach Art. 25 Abs. 1 und 2 DBA Österreich – also ausschließlich mit konkretem Einzelfallbezug – nach 3 Jahren nicht gelöst werden konnten. Das Verfahren nach Art. 25 Abs. 5 DBA Österreich i.V.m. Art. 273 AEUV weicht folglich dahingehend vom normalen EuGH-Verfahren ab, als dass mit dem Steuerpflichtigen ein Privater nicht nur vom Ausgang des Verfahrens unmittelbar betroffen ist, sondern durch sein Antragsrecht auch über dessen Einleitung bestimmt. Dieses spezielle EuGH-Verfahren steht daher nicht im Einklang mit der in der Satzung und der Verfahrensordnung des EuGH vorgesehenen Verfahrenseinleitung durch Klageerhebung und Klageerwiderung durch einen klagenden und einen beklagten Mitgliedstaat. Vielmehr sind beide Vertragsstaaten gemeinsam verpflichtet, den Fall nach Ablauf eines dreijährigen, erfolglosen Verständigungsverfahrens dem EuGH in schriftlicher Form zur Entscheidung vorzulegen. Nicht zuletzt aufgrund des eindeutigen Wortlauts des Art. 25 Abs. 5 DBA Österreich hat somit kein Vertragsstaat die Befugnis eigenständig eine Klage gegen den anderen Vertragsstaat vor dem EuGH zu erheben[651]. Für diese Ansicht spricht auch der Wortlaut des Art. 25 Abs. 5 DBA Österreich, wonach das Verfahren vor dem EuGH ausdrücklich als Schiedsverfahren bezeichnet wird. Zwar handelt es sich technisch, wie bereits dargelegt, nicht um ein Schiedsverfahren, da der EuGH ein internationales Gericht ist und als Unionsorgan fungiert. Doch lässt der Ausdruck „Schiedsverfahren" den Willen der beiden Vertragsstaaten erkennen, dass der EuGH einem Schiedsgericht gleich Recht sprechen soll. So entspricht es den Grundsätzen der Schiedsgerichtsbarkeit, dass die Verfahrensparteien sich im Rahmen einer Schiedsabrede ausdrücklich darauf einigen (sei es vor oder nach Entstehen der Streitigkeit), im Falle eines Konflikts den Streitfall einem unabhängigen Schiedsgericht zur Entscheidung vorzulegen. Diesem Prinzip liefe es zuwider, wenn das in Art. 25 Abs. 5 DBA Österreich vorgesehene Verfahren vor dem EuGH wie bei einem herkömmlichen nationalen Gerichtsverfahren, durch die Klageerhebung eines Vertragsstaates gegen den anderen Vertragsstaat eingeleitet werden würde. Außerdem würde der Umstand, welcher Vertragsstaat als Kläger und welcher als Beklagter im Verfahren auftritt, einzig von dem zeitlichen Moment abhängen,

651 So in Ansätzen auch *Züger*, Schiedsverfahren für Doppelbesteuerungsabkommen, S. 130; ders. in Gassner/ M. Lang/ Lechner, Das neue Doppelbesteuerungsabkommen Österreich-Deutschland, 1999, S. 245 (259). Wobei diese Erkenntnis ihn nicht davon abhält die gegenläufige Ansicht zu vertreten, dass das Verfahren vor dem EuGH durch die Klageerhebung des klagenden Staates gegen den beklagten Staat eingeleitet wird.

wessen Klageschrift zuerst vor dem EuGH eingereicht worden ist. Anders als in der Satzung und der Verfahrensordnung des EuGH für den Regelfall vorgesehen, wird das EuGH Verfahren nach Art. 25 Abs. 5 DBA Österreich i.V.m. Art. 273 AEUV somit nicht durch die einseitige Klageerhebung eines Vertragsstaates eingeleitet. Vielmehr wird das Verfahren dadurch eröffnet, dass beide Vertragsstaaten – sofern der Steuerpflichtige vorher den entsprechenden Antrag gestellt hat – gemeinsam dem EuGH den Fall zur Entscheidung vorlegen.

Dabei hat jeder Vertragsstaat dem EuGH seine Position hinsichtlich des strittigen Falls in schriftlicher Form zu übermitteln. Nach Art. 20 Abs. 3 der Satzung des EuGH und Art. 79 VerfO ist der Kanzler[652] des EuGH für die Zustellung der Schriftsätze an die jeweils andere Partei zuständig. Die Zustellungen betreffen dabei sämtliche für das jeweilige Verfahren relevanten Schriftstücke. Zugestellt wird nach Art. 79 § 1 VerfO EuGH immer nur die Abschrift des betreffenden Schriftstücks[653]. Im Anschluss daran findet in der Regel die mündliche Verhandlung statt. Der Steuerpflichtige ist nicht Partei des Verfahrens, kann aber nach Art. 26 der Satzung des EuGH und Art. 47 VerfO EuGH als Zeuge vor dem EuGH vernommen werden. Die Zeugen werden nach Art. 47 § 1 Abs. 2 VerfO EuGH von Amts wegen oder auf Antrag der Parteien oder des Generalanwalts geladen. Dies wird regelmäßig dann notwendig sein, wenn der Besteuerungskonflikt daraus resultiert, dass die beiden zuständigen Behörden den Sachverhalt unterschiedlich gewürdigt haben und eine weitere Sachaufklärung geboten ist[654]. Im Gegensatz zu der Schiedskommission im Schiedsverfahren nach Art. 25 Abs. 5 OECD-MA und Art. 25 Abs. 5 DBA USA, hat der EuGH als unabhängiges Gericht somit die Möglichkeit den Sachverhalt selbstständig zu ermitteln und aufzuklären[655]. Dies verleiht ihm im Hinblick auf die Entscheidungsfindung eine größere Unabhängigkeit.

Dem Steuerpflichtigen bietet dies wiederum die Gelegenheit, seine Sicht des Falles dem Gerichtshof darzulegen. Allerdings ist er darauf beschränkt zum Sachverhalt vorzutragen, da das Vorbringen rechtlicher Argumentationen allein den

---

652 Der Kanzler des EuGH steht der Kanzlei des Gerichtshofs vor. Seine Aufgabe besteht darin, alle Verwaltungsgeschäfte des EuGH zu leiten. Der Kanzler wird vom EuGH für die Dauer von 6 Jahre ernannt und gewählt. Siehe dazu Pechstein, EU-Prozessrecht, Rn 98 ff.

653 *Wägenbaur*, EuGH VerfO, Art. 79 VerO EuGH Rn 1.

654 *Züger* in Gassner/ M. Lang/ Lechner, Das neue Doppelbesteuerungsabkommen Österreich-Deutschland, 1999, S. 245 (254).

655 *Züger* in Gassner/ M. Lang/ Lechner, Das neue Doppelbesteuerungsabkommen Österreich-Deutschland, 1999, S. 245 (254).

Parteien und ihren Streithelfern vorbehalten ist[656]. Nach Art. 40 Abs. 1 der Satzung des EuGH[657] kommen als Streithelfer andere Mitgliedstaaten der EU oder Unionsorgane in Betracht. Da es sich bei dem Verfahren nach Art. 25 Abs. 5 DBA Österreich um ein Verfahren zwischen zwei Mitgliedstaaten handelt, sind nach Art. 40 Abs. 2 der Satzung des EuGH andere private Personen ausdrücklich nicht als Streithelfer zugelassen. Der Steuerpflichtige kann auch keinen Drittwiderspruch erheben, da diese Möglichkeit nur solchen Dritten offen steht, die aus stichhaltigen Gründen daran gehindert waren, eine Zulassung als Streithelfer im Hauptverfahren zu beantragen. Der Steuerpflichtige kam aber als sonstige Person im Streit zwischen Mitgliedstaaten schon aus rechtlichen Gründen nicht als Streithelfer in Frage. Diese fehlende rechtliche Qualifikation als Streithelfer stellt keinen Hinderungsgrund im Sinne des Art. 42 der Satzung des EuGH und des Art. 97 VerfO EuGH dar[658].

Zumindest theoretisch möglich ist dagegen, dass ein anderer Mitgliedstaat dem Verfahren vor dem Gerichtshof zwischen Deutschland und Österreich als Streithelfer beitreten könnte. Nach Art. 40 Abs. 1 der Satzung des EuGH sind die Mitgliedstaaten der Union als Streithelfer privilegiert und müssen daher kein besonderes Interesse geltend machen[659]. Der Streitbeitritt eines Mitgliedstaates könnte dann bedeutsam werden, wenn die den Auslegungskonflikt betreffenden Regelungen des DBA Österreich den Regelungen des OECD-Musterabkommens entsprechen. Die Entscheidung des EuGH über die richtige Auslegung der Abkommensbestimmungen könnte in der Zukunft eine wichtige Auslegungshilfe für die zwischen anderen Mitgliedstaaten geschlossenen Abkommen darstellen, wenn diese dem OECD-MA entsprächen[660].

Nach Art. 251 AEUV tagt der Gerichtshof „in Kammern oder als Große Kammer entsprechend den hierfür in der Satzung des Gerichtshofs der Europäischen Union vorgesehenen Regeln". In der Regel bildet der EuGH dabei nach Art. 16 Abs. 1 der Satzung des EuGH aus seiner Mitte Kammern mit drei (kleine Kammer)

---

656 *Züger* in Gassner/ M. Lang/ Lechner, Das neue Doppelbesteuerungsabkommen Österreich-Deutschland, 1999, S. 245 (254).

657 Weitere Regelungen zur Streithilfe enthält Art. 93 VerfO EuGH.

658 Siehe hierzu *Wägenbaur*, EuGH VerfO, Art. 97 VerfO EuGH Rn 2; *Züger* in Gassner/ M. Lang/ Lechner, Das neue Doppelbesteuerungsabkommen Österreich-Deutschland, 1999, S. 245 (255 f.).

659 *Pechstein*, EU-Prozessrecht Rn 214; *Wägenbaur*, EuGH VerfO, Art. 40 Satzung EuGH, Rn 2.

660 So auch *Züger* in Gassner/ M. Lang/ Lechner, Das neue Doppelbesteuerungsabkommen Österreich-Deutschland, 1999, S. 245 (252).

bzw. fünf (erweiterte Kammer) Richtern. Daneben gibt es noch die große Kammer, die nach Art. 16 Abs. 2 der Satzung des EuGH mit dreizehn Richtern besetzt ist und nach Art. 16 Abs. 3 der Satzung des EuGH auf Antrag eines am Verfahren beteiligten Mitgliedstaates oder Unionsorgans tagt[661]. Innerhalb der Kammern wird dann nach Art. 16 Abs. 1 S. 2 der Satzung des EuGH ein Präsident gewählt, der den Vorsitz inne hat[662].

Außerdem sieht Art. 252 AEUV die Teilnahme von Generalanwälten im EuGH-Verfahren vor. Nach Art. 252 AEUV haben diese die Aufgabe, „öffentlich in völliger Unparteilichkeit und Unabhängigkeit begründete Schlussanträge zu den Rechtssachen zu stellen"[663].

Nach Art. 31 der Satzung des EuGH ist die Verhandlung im Regelfall öffentlich[664]. Der Gerichtshof kann jedoch von Amts wegen oder auf Antrag der Parteien aus wichtigen Gründen den Ausschluss der Öffentlichkeit beschließen. Ein solch wichtiger Grund kann immer dann vorliegen, wenn die individuellen Interessen einer oder mehrerer Parteien gegenüber dem Prinzip eines transparenten Gerichtsverfahrens deutlich überwiegen. Darunter fallen der Schutz der persönlichen Sphäre eines Verfahrensbeteiligten oder von Geschäftsgeheimnissen[665]. Wird die Öffentlichkeit ausgeschlossen, so darf der Inhalt der mündlichen Verhandlung nach Art. 56 § 2 VerfO EuGH nicht veröffentlicht werden.

Im abgabenrechtlichen Verfahren nach Art. 25 Abs. 5 DBA Österreich könnte auch das in den Rechtsordnungen beider Vertragsstaaten verankerte Steuergeheimnis

---

661 Daneben kann der Gerichtshof, wenn er der Ansicht ist, dass eine Rechtssache, mit der er befasst ist, von außergewöhnlicher Bedeutung ist, nach Art. 16 Abs. 5 der Satzung, die Rechtssache an das Plenum verweisen. Der Gerichtshof tagt dann mit all seinen insgesamt 27 Richtern. Allerdings wäre ein abkommensrechtlicher Konflikt in einem Verfahren nach Art. 25 Abs. 5 DBA Österreich i.V.m. Art. 273 AEUV wohl nicht von entsprechend außergewöhnlicher Bedeutung.

662 Dabei dauert das Mandat des Präsidenten einer mit fünf Richtern besetzten Kammer nach Art. 16 Abs. 1 S. 2 der Satzung drei Jahre und das Mandat des Präsidenten einer kleinen Kammer 1 Jahr. *Wägenbaur*, EuGH VerfO, Art. 16 Satzung EuGH Rn 2.

663 Siehe vertiefend zu der Stellung und den Aufgaben der Generalanwälte im Verfahren vor dem EuGH, Pechstein, EU-Prozessrecht, Rn 92 ff.; *Thiele,* Europäisches Prozessrecht, § 2 Rn 19 ff.; *Kotzur* in Geiger/ Khan/ Kotzur, EUV/ AEUV, Art. 252 AEUV Rn 1 ff.; *Wegener* in Calliess/ Ruffer, EUV/ AEUV, Art. 253 AEUV Rn 1 ff.

664 Dieser grundsätzliche Anspruch auf Beteiligung der Öffentlichkeit am Verfahren und seine Ausnahmen entstammt dem in Art. 6 Abs. 1 EMRK enthaltenen Grundprinzip der öffentlichen Gerichtsverhandlung. *Wägenbaur*, EuGH VerfO, Art. 31 Satzung EuGH Rn 1.

665 *Wägenbaur*, EuGH VerfO, Art. 31 Satzung EuGH Rn 4.

(in Deutschland in § 30 AO) einen wichtigen Grund für den Ausschluss der Öffentlichkeit darstellen[666]. Dessen Regelungszweck besteht darin, die im Rahmen des Steuerverfahrens erhobenen Daten hinsichtlich des Einkommens des Steuerpflichtigen dadurch zu schützen, dass sich die Finanzbehörden bzgl. dieser Daten zur Verschwiegenheit verpflichten[667]. Dieser Schutz könnte jedoch im Verfahren vor dem EuGH auch durch eine Anonymisierung der Daten des Steuerpflichtigen erreicht werden, ohne dass der Ausschluss der Öffentlichkeit hierfür notwendig wäre[668]. Ein zusätzlicher positiver Effekt einer bloßen Anonymisierung läge darin, dass durch die umfassende Veröffentlichung des Verfahrensstoffes und des Inhalts der mündlichen Verhandlungen, wichtige Erkenntnisse für die Bewältigung zukünftiger abkommensrechtlicher Konflikte erlangt werden könnten. Gerade eine allgemein anerkannte Rechtsprechungsinstanz wie der EuGH würde solchen abkommensrechtlichen Entscheidungen ein hohes Maß an Akzeptanz und Glaubwürdigkeit verleihen. Dies würde voraussichtlich auch dazu beitragen, zukünftige, ähnlich geartete abkommensrechtliche Besteuerungskonflikte bereits in einem früheren Stadium beizulegen.

V. Entscheidung und Umsetzung des Urteils

1. Erlass der Entscheidung durch den EuGH

Der EuGH wird im Rahmen des Art. 25 Abs. 5 DBA Österreich i.V.m. Art. 273 AEUV zwar als Unionsorgan tätig, hat jedoch über eine vom Recht der Union unabhängige völkerrechtliche Streitigkeit zwischen zwei Mitgliedstaaten zu entscheiden. Er ist in seinem Urteilstenor an die Schiedsabrede und die Anträge der Parteien gebunden[669]. Daher kann er normalerweise wie andere völkerrechtliche Schiedsgerichte auch, Leistungs-, Feststellungs- und Gestaltungsurteile fällen[670].

---

666 *Züger* in Gassner/ M. Lang/ Lechner, Das neue Doppelbesteuerungsabkommen Österreich-Deutschland, 1999, S. 245 (253).

667 Die Pflicht der finanzbehördlichen Amtsträger zur Verschwiegenheit hinsichtlich der offenbarten Daten ist insofern das Gegenstück zu den Offenbarungs- und Mitwirkungspflichten des Steuerpflichtigen, *Drüen* in Tipke/ Kruse, AO, § 30 AO Rn 8 (Januar 2012).

668 So auch *Züger* in Gassner/ M. Lang/ Lechner, Das neue Doppelbesteuerungsabkommen Österreich-Deutschland, 1999, S. 245 (253).

669 *Karpenstein* in Grabitz/ Hilf/ Nettesheim, Art. 273 AEUV Rn 17 (August 2011).

670 *Züger* in Holoubek/ Lang, Das EuGH-Verfahren in Steuersachen, 2000, S. 301 (309).

Aufgrund der bereits dargelegten Eigenheiten des abkommensrechtlichen Schiedsverfahrens nach Art. 25 Abs. 5 DBA Österreich ergeben sich diesbezüglich jedoch Besonderheiten. Nach Art. 25 Abs. 5 DBA Österreich stellen die Vertragsstaaten im Verfahren vor dem EuGH keine Anträge im klassischen Sinne, sondern sind vielmehr wie dargelegt nach Ablauf eines erfolglosen Verständigungsverfahrens auf Antrag des Steuerpflichtigen gemeinsam verpflichtet den Fall dem EuGH zur Entscheidung vorzulegen.

Die Entscheidungsbefugnis des EuGH beschränkt sich demnach darauf im Rahmen der Urteilsfindung die richtige Auslegung oder Anwendung des Abkommens für beide Staaten verbindlich festzustellen[671]. Die strittigen Abkommensnormen hat er dabei entsprechend den allgemeinen Auslegungsregeln für völkerrechtliche Verträge in der WÜRV zu interpretieren[672]. Verweisen die Abkommensbestimmungen auf innerstaatliches Recht der Vertragsstaaten, so hat der Gerichtshof auch dieses im Rahmen seiner Entscheidungsfindung zu beachten[673].

Der EuGH ist nicht an die Positionen der Vertragsstaaten gebunden, sondern trifft seine Entscheidung in seiner Funktion als unabhängige Rechtsprechungsinstanz. Da Art. 273 AEUV eine ausschließliche Kompetenz des EuGH begründet, ist dieser erste und gleichzeitig einzige Instanz. Eine einmal verkündete Entscheidung ist daher endgültig und bindend für beide Vertragsstaaten und kann somit von diesen nicht mehr angefochten werden[674]. Diese Rechtsfolge ist in Art. 81 des I. Haager Übereinkommens kodifiziert und stellt eines der Grundprinzipien der internationalen Schiedsgerichtsbarkeit und der internationalen Gerichtsbarkeit dar[675]. Die zuständigen Behörden der Vertragsstaaten haben daher anders als im Verfahren nach der EU-Schiedskonvention keine Möglichkeit mehr, sich nach Erlass der Entscheidung durch den EuGH noch anderweitig zu einigen. Davon zu unterscheiden ist die Situation, in der sich beide zuständigen Behörden nach Einleitung des Verfahrens vor dem EuGH, aber noch vor Erlass einer Entscheidung

---

671 *Züger* in Holoubek/ Lang, Das EuGH-Verfahren in Steuersachen, 2000, S. 301 (309).

672 Siehe zur Auslegung des DBA Österreich, Ziff. (12) des Protokolls zum DBA zwischen Österreich und Deutschland, abgebildet auf S. 333 (336) in Gassner/ M. Lang/ Lechner.

673 *Züger* in Gassner/ M. Lang/ Lechner, Das neue Doppelbesteuerungsabkommen Österreich-Deutschland, 1999, S. 245 (254).

674 *Karpenstein* in Grabitz/ Hilf/ Nettesheim, Art. 273 AEUV Rn 17 (August 2011); *Züger* in Holoubek/ Lang, Das EuGH-Verfahren in Steuersachen, 2000, S. 301 (310).

675 Wobei die Fälle der internationalen Gerichtsbarkeit in der Regel das Verfahren vor dem IGH betreffen, *Dolzer* in Graf Vitzthum, Völkerrecht, 7. Abschnitt Rn 81 und 100; Stein/ von Buttlar, Völkerrecht, Rn 940 und 979 (betrifft Verfahren vor dem IGH).

anderweitig einigen und dem Gerichtshof dies mitteilen. Eine solche Verständigungslösung zwischen den zuständigen Behörden im laufenden Verfahren dürfte einem außergerichtlichen Vergleich entsprechen und wäre daher von der in Art. 77 VerfO EuGH geregelten außergerichtlichen Erledigung mit umfasst[676]. Die zuständigen Behörden haben demnach bis zur Verkündung des Urteils durch den EuGH noch die Möglichkeit sich zu einigen und somit das Schiedsverfahren durch Erledigung der Streitsache zu beenden.

Da die Abkommensbestimmung des Art. 25 Abs. 5 DBA Österreich durch Parlamentsbeschluss in innerstaatliches Recht transformiert wurde und damit in beiden Staaten den Rang eines innerstaatlichen Gesetzes inne hat, haben die beiden zuständigen Behörden auch nicht die Befugnis, die Zuständigkeit des EuGH eigenmächtig wieder aufzuheben[677].

Nach Art. 72 VerfO EuGH ist das Verfahren vor dem Gerichtshof üblicherweise kostenfrei. Erstattungsfähig sind nach Art. 73 VerfO EuGH lediglich Auslagen für Zeugen und Sachverständige sowie die eigenen Aufwendungen der Parteien. Da sich nach der hier vertretenen Ansicht die Vertragsstaaten nicht als Kläger und Beklagter gegenüber stehen und der EuGH nur die richtige Auslegung oder Anwendung des Abkommens in seinem Urteil verbindlich feststellt, erscheint es sachgerecht, wenn jeder Vertragsstaat seine eigenen Aufwendungen selbst trägt und die weiteren Auslagen jeweils zur Hälfte zwischen den beiden Vertragsstaaten aufgeteilt werden.

2. Innerstaatliche Umsetzung der Entscheidung des EuGH

Vollstreckungsfähig sind nach Art. 280 AEUV i.V.m. Art. 299 AEUV nur Leistungsentscheidungen, nicht aber Feststellungs- und Gestaltungsentscheidungen. Da der EuGH im abkommensrechtlichen Verfahren nach Art. 25 Abs. 5 DBA Österreich i.V.m. Art. 273 AEUV bloß die richtige Auslegung oder Anwendung der betreffenden Abkommensbestimmung feststellt, ist das Urteil folglich nicht nach Art. 280 AEUV i.V.m. Art. 299 AEUV vollstreckungsfähig[678].

---

676 Siehe zur außergerichtlichen Erledigung, *Wägenbaur*, EuGH VerfO, Art. 77 VerfO EuGH Rn 1 ff. Das Verfahren nach Art. 239 EGV (Art. 77 Abs. 2 VerfO verweist insofern noch auf den alten EGV) bzw. nach dem jetzigen Art. 273 AEUV wird nicht ausdrücklich durch den Negativkatalog des Art. 77 Abs. 2 VerfO EuGH vom Anwendungsbereich des Art. 77 Abs. 2 VerfO EuGH ausgeschlossen.

677 *Züger* in Holoubek/ Lang, Das EuGH-Verfahren in Steuersachen, 2000, S. 301 (311).

678 *Kotzur* in Geiger/ Khan/ Kotzur, EUV/ AEUV, Art. 280 AEUV Rn 2; *Wegener* in Calliess/ Ruffer, EUV/ AEUV, Art. 280 AEUV Rn 2; *Karpenstein* in Grabitz/ Hilf/ Nettesheim, Art. 273 AEUV Rn 18 (August 2011).

Es obliegt vielmehr den Vertragsstaaten, den Inhalt des Schiedsurteils durch den EuGH innerstaatlich umzusetzen. Wie bei den in den anderen deutschen DBA geregelten Schieds- und Verständigungsverfahren ist die zuständige Finanzbehörde auch im Rahmen des Schiedsverfahrens nach dem DBA Österreich nach § 175a S. 1 AO verpflichtet, die Entscheidung des EuGH durch Erlass, Aufhebung oder Änderung des Steuerbescheides unabhängig von dessen Bestandskraft innerstaatlich umzusetzen[679].

VI. Abgrenzung zur EU-Schiedskonvention

Im Fall von Verrechnungspreiskonflikten mit Bezug zu Deutschland und Österreich, steht den betroffenen Steuerpflichtigen neben dem abkommensrechtlichen Schiedsverfahren nach Art. 25 Abs. 5 DBA Österreich, mit der EU-Schiedskonvention oder auch dem EU-Schiedsübereinkommen ein weiteres zwischenstaatliches Rechtsschutzverfahren zur Verfügung[680]. Die Schiedskonvention ist ein auf Grundlage des ehemaligen Art. 293 EGV zwischen den damaligen EG-Mitgliedstaaten vereinbartes multilaterales völkerrechtliches Abkommen[681]. Ihr Regelungszweck liegt in der Vermeidung der internationalen Doppelbesteuerung durch Verrechnungspreisanpassungen zwischen verbundenen Unternehmen und im Verhältnis zu Betriebsstätten[682]. Um dieses Ziel zu erreichen, ist die Schiedskonvention als mehrstufiges Streitschlichtungsverfahren ausgestaltet[683]. Neben den Regelungen der Art. 9 Abs. 1 und Art. 7 Abs. 2 OECD-MA überschneidet sich die Schiedskonvention zum Teil mit den Regelungen über die abkommensrechtlichen Verständigungs- und Schiedsverfahren. Aufgrund dieser Überschneidungen bei den Streitbeilegungsverfahren und der möglicherweise damit verbundenen unterschiedlichen Rechtsfolgen für den Steuerpflichtigen ergibt sich die Notwendigkeit, das Verfahren nach der EU-Schiedskonvention von den bilateralen Streitbeilegungsverfahren des Art. 25 DBA Österreich abzugrenzen.

---

679 2.Teil C.II.4. und 4.Teil B.II.3.d).

680 90/436/EWG, zit. in BStBl. 1993 I, 818 ff.

681 *Lehner* in Vogel/ Lehner, DBA, Art. 25 OECD-MA Rn 300.

682 *Krabbe* in Debatin/ Wassermeyer, DBA, Vor Art. 1 Rn 1 EU-SchÜ (Januar 2010).

683 So teilt beispielsweise *Menck* in Becker/ Höppner/ Grotherr/ Kroppen, DBA, Art. 25 OECD-MA, C. Anhang, Art. 6 SchÜ Rn 5 ff. (2000), das Verfahren in 4 Abschnitte ein: Die prüfungsbegleitende internationale Abstimmung (1. Stufe), das Verständigungsverfahren nach Art. 6 SchÜ (2.Stufe), das Schlichtungsverfahren nach Art. 7 bis 11 SchÜ (3. Stufe) und das Abschlußverfahren nach Art. 12 SchÜ (4. Stufe).

1. Die Grundzüge der EU-Schiedskonvention

a) *Entstehungsgeschichte und Anwendungsbereich*

Das EU-Schiedsübereinkommen[684] wurde bereits am 23. Juli 1990 als völkerrechtlicher Vertrag zwischen den damaligen EG Mitgliedstaaten auf der Grundlage des früheren Art. 293 EGV unterzeichnet[685]. Da es nicht als Richtlinie ausgestaltet wurde, genießt es nicht den Anwendungsvorrang des Europarechts[686]. Der EuGH hat deshalb weder die Möglichkeit hinsichtlich des Schiedsübereinkommens Recht zu sprechen, noch dessen konkrete Anwendung zu überwachen[687]. Das EU-Schiedsübereinkommen galt anfänglich nur für fünf Jahre vom 1. Januar 1995 bis zum 31. Dezember 1999[688]. Danach wurde das Abkommen zunächst nicht weiter verlängert. Nachdem aber am 4. August 2004 Italien als letzter der zu diesem Zeitpunkt 15 Vertragsstaaten sein Ratifikationsdokument hinterlegt hatte, trat es am 1. November 2004 rückwirkend zum 1. Januar 2000 wieder in Kraft. Das Abkommen galt damit wieder rückwirkend von diesem Zeitpunkt an zwischen den 15 „alten" Mitgliedstaaten. Hinsichtlich der später der EU beigetretenen Mitgliedstaaten wurde deren Beitritt in einem gesonderten Abkommen vereinbart, welches wiederum der Ratifikation durch alle Mitgliedstaaten bedurfte[689]. Das EU-Schiedsabkommen gilt in allen EU-Mitgliedstaaten außer Kroatien.

Nach Art. 4 EU-SchÜ ist der Anwendungsbereich der Schiedskonvention auf die Gewinnberichtigung bei verbundenen Unternehmen nach Art. 9 Abs. 1 OECD-MA

---

684 Abgedruckt in BStBl. Teil I 1993, 818 ff.

685 Um in Kraft zu treten, muss das Schiedsübereinkommen von allen Vertragsstaaten ratifiziert werden, *Engler/ Elbert* in Vögele/ Borstell/ Engler, Verrechnungspreise, F Rn 299; *Graf*, SteuerStud 2005, 98 (99).

686 So noch der ursprüngliche Vorschlag der EG-Kommission. *Saß*, DB 1991, 984; *Engler/ Elbert* in Vögele/ Borstell/ Engler, Verrechnungspreise, F Rn 298; *Krabbe* in Debatin/ Wassermeyer, EU-SchÜ Vor Art. 1 Rn 1 (Januar 2010); ders. in IStR 1996, 5; *Bödefeld/ Kuntschik*, IStR 2009, 268.

687 *Vögele/ Forster*, IStR 2006, 537; *Lehner* in Vogel/ Lehner, DBA, Art. 25 OECD-MA Rn 301.

688 Der Beitritt der Staaten Finnland, Österreich und Schweden bedurfte dabei der zusätzlichen Ratifikation durch alle Vertragsstaaten.

689 Am 8.12.2004 wurde für den Beitritt der neuen EU Staaten Estland, Lettland, Litauen, Malta, Polen, Slowakei, Slowenien, Tschechien, Ungarn und Zypern ein Übereinkommen unterzeichnet. *Engler/ Elbert* in Vögele/ Borstell/ Engler, Verrechnungspreise, F Rn 300; Graf, SteuerStud 2005, 98 (99); *Eicker*, IWB 2005, 203 (208).

und nach Art. 7 Abs. 2 OECD-MA begrenzt[690]. Es gilt somit für die Gewinnzurechnung zwischen Muttergesellschaft und rechtlich selbstständigen Tochtergesellschaften, wie auch zwischen Stammhaus und Betriebsstätten[691]. Dabei soll die Schiedskonvention die zuständigen Behörden der Vertragsstaaten zu einer größeren Konsensbereitschaft im Verständigungsverfahren veranlassen[692]. Zur Präzisierung des Ablaufs haben sich die Vertragsstaaten auf einen Verhaltenskodex zum Schiedsabkommen geeinigt[693].

b) Verfahrensablauf

Für die Beseitigung der Doppelbesteuerung sind im Schiedsabkommen drei Verfahrensschritte geregelt. Das Vorverfahren (Art. 5), das Verständigungsverfahren (Art. 6) und das Schlichtungsverfahren (Art. 7). Der Konflikt wird dabei in der Regel bereits im Verlauf der ersten beiden Verfahrensabschnitte gelöst, sodass das Schlichtungsverfahren in den meisten Fällen gar nicht erst durchgeführt wird[694].

Wenn eine zuständige Behörde beabsichtigt, eine Gewinnberichtigung nach Art. 4 EU-SchÜ durchzuführen, so ist sie nach Art. 5 S. 1 EU-SchÜ verpflichtet, das betroffene Unternehmen rechtzeitig von der bevorstehenden Maßnahme in Kenntnis zu setzen. Dem betroffenen Unternehmen wird dadurch nach Art. 5 EU-SchÜ die Gelegenheit gegeben, das verbundene Unternehmen in dem anderen Staat über die Korrekturmaßnahme zu informieren. Das andere verbundene Unternehmen kann in der Folge wiederum die Steuerbehörde seines Ansässigkeitsstaates informieren. Nach Art 5 S. 3 EU-SchÜ kann der Konflikt dann dadurch

---

690 Die Definition hierzu findet sich in Art. 4 SchÜ, zit.in BStBl. Teil I 1993, 818, (820 f.). Die Schiedskonvention ist dabei wie *Menck* in Becker/ Höppner/ Grotherr/ Kroppen, DBA, Art. 25 OECD-MA, C. Anhang, Vorbemerkung Rn 4 (2000), feststellt, wie ein auf die Gewinnberichtigung beschränktes „kleines DBA" ausgestaltet, da es sich nicht bloß auf Verfahrensregelungen beschränkt.

691 Nach Art. 1 Abs. 2 EU-SchÜ gilt eine Betriebsstätte für die Anwendung des Abkommens als eigenes Unternehmen. Siehe auch *Menck* in Becker/ Höppner/ Grotherr/ Kroppen, DBA, Art. 25 OECD-MA, C. Anhang, Vorbemerkung Rn 1 (2000).

692 *Menck* in Becker/ Höppner/ Grotherr/ Kroppen, DBA, Art. 25 OECD-MA, C. Anhang, Vorbemerkung Rn 1 (2000).

693 Zit. in ABl. EG Nr. C/ 176 v. 28.7.2006, S. 1. Dieser wurde zuletzt am 22.12.2009 durch den EU-Rat überarbeitet, zit. in ABlEU C 322/1 v. 30.12.2009. Anmerkungen zum überarbeiteten Verhaltenskodex enthält auch der Beitrag von *Bödefeld/ Kuntschik*, IStR 2010, 474.

694 *Menck* in Becker/ Höppner/ Grotherr/ Kroppen, DBA, Art. 25 OECD-MA, C. Anhang, Vorbemerkung Rn 3 (2000).

beseitigt werden, dass sich beide Unternehmen und der andere Vertragsstaat mit der Berichtigung einverstanden erklären[695].

Wenn auf diesem Weg im Vorverfahren keine Einigung erzielt wird, kann das betroffene Unternehmen innerhalb von drei Jahren nach der ersten Mitteilung über die den Gewinn berichtigende Maßnahme, bei der zuständigen Finanzbehörde seines Ansässigkeitsstaates nach Art. 6 EU-SchÜ einen Antrag auf Durchführung des Verständigungsverfahrens stellen. Im Anschluss daran wird die zuständige Behörde im Rahmen einer internen Prüfung feststellen, ob sie den Antrag für begründet hält und in der Lage ist selbstständig Abhilfe zu schaffen. Gelingt ihr das nicht ohne Mitwirkung der zuständigen Behörde des anderen Vertragsstaates, so ist sie verpflichtet diese zu benachrichtigen und auf diesem Wege das Verständigungsverfahren einzuleiten[696]. Anders als bei den Verständigungsverfahren der DBA liegt die Entscheidung über die Einleitung des Verständigungsverfahrens nach Art. 6 EU-SchÜ nach der zutreffenden überwiegenden Meinung im Schrifttum nicht im Ermessen der Behörde[697].

Dies ergibt sich aus einem Umkehrschluss zum Wortlaut des Art. 8 Abs. 1 EU-SchÜ und des Art. 7 Abs. 3 EU-SchÜ. Danach ist die zuständige Behörde in den Fällen „nicht verpflichtet" das Verständigungsverfahren einzuleiten, in denen nach Art. 8 Abs. 1 EU-SchÜ eines der beteiligten Unternehmen einen rechtskräftig festgestellten „empfindlich zu bestrafenden Verstoß" gegen steuerliche Vorschriften begangen hat. Gleiches gilt nach Art. 7 Abs. 3 EU-SchÜ, wenn der Fall bereits vor einem innerstaatlichen Gericht rechtshängig ist und die zuständige Behörde nach innerstaatlichem Recht nicht von der gerichtlichen Entscheidung abweichen

695 Auch wenn dies nicht ausdrücklich in Art. 5 S. 3 EU-SchÜ geregelt ist, so ist doch anzunehmen, dass die andere Finanzbehörde durch die Zustimmung gleichzeitig dazu verpflichtet wird, eine entsprechende Gegenberichtigung vorzunehmen. Ansonsten wäre der in Art. 5 S. 3 letzter Hs. EU-SchÜ erwähnte Ausschluss der in Art. 6 und 7 EU-SchÜ geregelten Verfahren nicht sinnvoll, *Engler/ Elbert* in Vögele/ Borstell/ Engler, Verrechnungspreise, F Rn 304; *Krabbe*, IStR 1996, 5 (7).

696 Zwar besagt der Wortlaut des Art. 6 Abs. 2 EU-SchÜ, dass sich die zuständige Behörde „bemühen wird", den Fall durch Verständigung mit der zuständigen Behörde des anderen beteiligten Vertragsstaates so zu regeln, dass eine Doppelbesteuerung vermieden wird. Allerdings wird damit nicht ausgedrückt, dass sie diese Hinzuziehung der anderen Behörde auch unterlassen kann. *Bödefeld/ Kuntschik*, IStR 2009, 268 (269); *Engler/ Elbert* in Vögele/ Borstell/ Engler, Verrechnungspreise, F Rn 306; *Saß*, DB 1991, 984 (986).

697 *Bödefeld/ Kuntschik*, IStR 2009, 268 (269); *Engler/ Elbert* in Vögele/ Borstell/ Engler, Verrechnungspreise, F Rn 306; *Saß*, DB 1991, 984 (986); *Lehner* in Vogel/ Lehner, DBA, Art. 25 OECD-MA Rn 303.

darf[698]. Wird der Antrag dennoch von der zuständigen Behörde abgelehnt, so kann das den Antrag stellende Unternehmen gegen diese Maßnahme der Behörde vor den nationalen Gerichten Klage erheben. Wie bei der ablehnenden Entscheidung hinsichtlich eines Antrags auf Durchführung des abkommensrechtlichen Verständigungsverfahrens kann der Steuerpflichtige in Deutschland hiergegen Verpflichtungsklage nach §§ 40 Abs. 1 Alt. 2, 101 FGO erheben. Hierbei kann er allerdings einen gebundenen Anspruch auf Einleitung des Verständigungsverfahrens nach Art. 6 Abs. 1 EU-SchÜ geltend machen[699].

Wenn das Verständigungsverfahren aber – wie im Regelfall üblich – durch die zuständigen Behörden eingeleitet wurde, sollen diese sich nach Art. 7 Abs. 1 EU-SchÜ innerhalb von zwei Jahren nach Unterbreiten des Falles einigen. Jedoch dauert die Verständigungsphase nach den bisherigen Erfahrungen in der Praxis regelmäßig länger als zwei Jahre. Eine Ursache dafür liegt in der Regelung des Art. 7 Abs. 3 EU-SchÜ, wonach sich die Hemmung der Fristen zur Durchführung des Verfahrens bei Rechtshängigkeit des nationalen Rechtsmittels bis zur letztinstanzlichen Gerichtsentscheidung hinaus zieht. Außerdem wird oft von der Möglichkeit des Art. 7 Abs. 4 EU SchÜ Gebrauch gemacht, bei Zustimmung aller beteiligten Behörden und des verbundenen Unternehmens, den Zwei-Jahres-Zeitraum zu verlängern[700].

Falls die zuständigen Behörden im Verständigungsverfahren innerhalb der zweijährigen Frist keine Einigung erzielen können, sind sie nach Art. 7 Abs. 1 EU-SchÜ verpflichtet, den Beratenden Ausschuss mit dem Auftrag einzusetzen, eine Stellungnahme abzugeben, wie die Doppelbesteuerung beseitigt werden soll. Der Beratende Ausschuss besteht nach Art. 9 Abs. 1 EU-SchÜ neben dem Vorsitzenden aus je einem Vertreter der beiden beteiligten Finanzbehörden und einer geraden Anzahl unabhängiger Personen. Als Voraussetzung für ihre Ernennung müssen die unabhängigen Personen die Staatsangehörigkeit eines EU Staates und ihren Wohnsitz innerhalb der EU haben. Außerdem müssen sie nach Art. 9 Abs. 4 EU-SchÜ über die notwendige Unabhängigkeit und fachliche Kompetenz verfügen. Beide zuständigen Behörden ernennen die unabhängigen Personen im gegenseitigen

---

698 *Bödefeld/ Kuntschik*, IStR 2009, 268 (269).

699 Wenn man die ablehnende Behördenentscheidung nicht als Verwaltungsakt einstuft, könnte man auch eine Leistungsklage als statthafte Klageart annehmen. Der BFH hat dies in seinem Urteil vom 26.5.1982, BStBl. II 1982, 583 ausdrücklich offen gelassen (Allerdings ging es in dieser Entscheidung um ein Verständigungsverfahren nach DBA und nicht nach der EU-Schiedskonvention). Vgl. hierzu auch 2.Teil C.3.

700 *Bödefeld/ Kuntschik*, IStR 2009, 268 (269).

Einvernehmen aus einer vorbereiteten Liste. Falls sich die zuständigen Behörden diesbezüglich aber nicht einigen können, werden die unabhängigen Personen per Los ausgewählt. Der Vorsitzende muss zudem die Voraussetzungen für die Ausübung höchstrichterlicher Aufgaben haben oder ein Jurist von allgemein bekannter Kompetenz sein (Art. 9 Abs. 5 EU-SchÜ)[701].

Die beteiligten verbundenen Unternehmen können nach Art. 10 Abs. 1 und 2 EU-SchÜ dem Beratenden Ausschuss alle Angaben, Beweismittel und Schriftstücke übermitteln, die nach ihrer Ansicht für die Entscheidungsfindung nützlich sein können. Sie haben ferner das Recht auf Antrag vom Beratenden Ausschuss gehört zu werden oder sich dort vertreten zu lassen. Nach Art. 11 Abs. 2 EU-SchÜ können die Mitgliedstaaten zusätzliche Regelungen zum Ablauf des Verfahrens treffen. Die Kosten des Verfahrens tragen nach Art. 11 Abs. 1 SchÜ die beteiligten Staaten je zur Hälfte, die Auslagen des betroffenen Unternehmens werden nicht ersetzt[702]. Der Beratende Ausschuss muss nach Art. 11 Abs. 1 EU-SchÜ innerhalb von sechs Monaten seine Stellungnahme mit einfacher Mehrheit abgeben[703]. Im Anschluss haben die zuständigen Behörden innerhalb der nächsten sechs Monate die Möglichkeit, sich gemeinsam auf einen abweichenden Kompromiss zu einigen, nach dessen Inhalt die Doppelbesteuerung ebenfalls vermieden wird. Können sich die zuständigen Behörden innerhalb dieses Zeitraums nicht einigen, so wird die Stellungnahme des Beratenden Ausschusses nach Art. 12 Abs. 1 S. 2 EU-SchÜ für die Vertragsstaaten bindend und muss von diesen innerstaatlich umgesetzt werden[704]. Die Entscheidung kann nach Art. 12 Abs. 2 EU-SchÜ mit Zustimmung des betroffenen Unternehmens

---

701 Siehe außerdem detailliert zur Ernennung des Beratenden Ausschusses in Art. 4.2 des Verhaltenskodexes zum Schiedsübereinkommen, zit. in ABlEU C 176 v. 28.07.2006, S. 11; *Engler/ Elbert* in Vögele/ Borstell/ Engler, Verrechnungspreise, F Rn 313.

702 *Vögele/ Forster*, IStR 2006, 537 (539); *Krabbe*, IStR 1996, 5 (9); *Lehner* in Vogel/ Lehner, DBA, Art. 25 OECD-MA Rn 305; *Saß*, DB 1991, 984 (986 f.).

703 Die inhaltlichen Anforderungen an die Stellungnahme des Beratenden Ausschusses ergeben sich aus Art. 4.4 des Verhaltenskodexes zum Schiedsübereinkommen, zit. in ABlEU C 176 v. 28.07.2006, S. 11.

704 Die Umsetzung der Stellungnahme vollzieht sich in Deutschland wie bei einer Verständigungsvereinbarung nach Art. 25 Abs. 1 und 2 OECD-MA nach der innerstaatlichen Vorschrift des § 175a AO. Vgl. dazu 2.Teil C.II.4 und 4.Teil B.II.3.d). *Krabbe* in Debatin/ Wassermeyer, DBA, Art. 12 EU-SchÜ Rn 3 ff. (Januar 2010); *Saß*, DB 1991, 984 (987); *Lehner* in Vogel/ Lehner, DBA, Art. 25 OECD-MA Rn 304; *Engler/ Elbert* in Vögele/ Borstell/ Engler, Verrechnungspreise, F Rn 311; *Bödefeld/ Kuntschik*, IStR 2009, 268 (270).

veröffentlicht werden. Grundsätzlich ergibt sich somit eine Gesamtlaufzeit des Verfahrens von maximal drei Jahren[705].

Wie die obligatorische Schiedsklausel nach dem DBA Österreich, bietet die EU-Schiedskonvention somit den verbundenen Unternehmen die Gewähr, dass eine durch Verrechnungspreiskorrekturen entstandene abkommendwidrige Besteuerung zeitnah beseitigt wird.

2. Verhältnis zum Schiedsverfahren nach Art. 25 Abs. 5 DBA Österreich

Da das Schiedsübereinkommen nur für die Gewinnberichtigung zwischen verbundenen Unternehmen und im Verhältnis zu Betriebsstätten gilt, kann es außerhalb dieses Bereichs zu keinen Überschneidungen kommen. Neben den Vorschriften über die Gewinnberichtigung[706], stimmen auch die Regelungen über das Verständigungsverfahren nach Art. 6 EU-SchÜ weitestgehend mit denen des Art. 25 Abs. 1 und 2 OECD-MA[707] überein. Unterschiedliche Rechtsfolgen ergeben sich erst auf der nächsten Verfahrensstufe, beim Vergleich der beiden Regelungen über ein Schiedsverfahren nach Art. 7 EU-SchÜ und nach Art. 25 Abs. 5 DBA Österreich. Beide Verfahren unterscheiden sich zunächst hinsichtlich der Einleitung der Schiedsphase. Im Verfahren nach der EU-Schiedskonvention wird das Schiedsverfahren automatisch eingeleitet, wenn sich die zuständigen Behörden im Verständigungsverfahren innerhalb von zwei Jahren nicht einigen konnten. Nach Art. 25 Abs. 5 DBA Österreich wird das Schiedsverfahren vor dem EuGH hingegen auf Antrag des Steuerpflichtigen eingeleitet, wenn die zuständigen Behörden innerhalb einer Frist von drei Jahren nicht in der Lage waren sich im Verständigungsverfahren zu einigen.

Die Verfahrensabläufe unterscheiden sich zudem in der Schiedsphase grundlegend voneinander. Bei der EU-Schiedskonvention ernennen die beteiligten

---

705 *Vögele/ Forster*, IStR 2006, 537 (539).

706 Hier haben die Art. 9 Abs. 1 und Art. 7 Abs. 2 DBA Österreich (entsprechen vom Wortlaut den Regelungen des OECD-MA) den gleichen Regelungsgehalt wie Art. 4 SchÜ, *Krabbe* in Debatin/ Wassermeyer, DBA, Vor Art. 1 EU-SchÜ Rn 10 (Januar 2010).

707 Art. 25 Abs. 1 und 2 DBA Österreich stimmt insoweit wörtlich mit Art. 25 Abs. 1 und 2 OECD-MA überein. Die Regelungen wurden deshalb explizit in das Schiedsübereinkommen übernommen, weil noch nicht zwischen allen EU Staaten bilaterale DBA bestanden oder in den bestehenden DBA abweichende Vorschriften enthalten waren. *Krabbe* in Debatin/ Wassermeyer, DBA, Vor Art. 1 EU-SchÜ Rn 10 (Januar 2010).

Vertragsstaaten für jedes einzelne Verfahren neue Schiedsrichter aus einer bereitgestellten Liste. Im Verfahren nach Art. 25 Abs. 5 DBA Österreich entscheidet dagegen mit dem EuGH ein bestehendes internationales Gericht und Unionsorgan über den Fall. Die vom EuGH erlassene Entscheidung ist für die Vertragsstaaten endgültig bindend. Im Verfahren nach der Schiedskonvention haben die zuständigen Behörden hingegen noch die Möglichkeit, sich nach Erlass der Stellungnahme des Beratenden Ausschusses innerhalb eines Zeitraums von sechs Monaten anderweitig zu einigen. Erst wenn sie sich nicht innerhalb dieses Zeitraums einigen können, wird die Stellungnahme des Beratenden Ausschusses für sie bindend.

Für den Steuerpflichtigen ergeben sich somit zum Teil höchst unterschiedliche Rechtsfolgen, je nachdem für welches Verfahren er sich entscheidet. Es bedarf daher der Klärung, ob eines der Verfahren Anwendungsvorrang besitzt oder beide Verfahren parallel nebeneinander anwendbar sind. Für letzteres spricht bereits die Regelung des Art. 3 Abs. 2 EU-SchÜ. Nach dieser Bestimmung knüpft das Schiedsübereinkommen insofern an DBA Bestimmungen an, als dass die Begriffsdefinitionen der DBA subsidiär gelten, falls das Schiedsübereinkommen keine eigenen enthält[708]. Noch aussagekräftiger ist der Wortlaut des Art. 15 EU-SchÜ. Danach lässt das Schiedsübereinkommen weitergehende Verpflichtungen auf dem Gebiet der Beseitigung der Doppelbesteuerung im Falle von Gewinnberichtigungen zwischen verbundenen Unternehmen, die sich aus anderen Übereinkünften der Vertragsstaaten ergeben, unberührt[709]. Gleichzeitig wird dadurch zum Ausdruck gebracht, dass die Bestimmungen des Schiedsübereinkommens dem Steuerpflichtigen dann nicht die Berufung auf DBA Bestimmungen versagen dürfen, wenn sich für ihn im Zusammenhang mit Gewinnberichtigungen aus den DBA Bestimmungen günstigere Rechtsfolgen ergeben[710]. Andererseits macht der Wortlaut „berührt nicht weiter gehende Verpflichtungen“ (Art. 15 EU-SchÜ) deutlich, dass die DBA Regelungen

708 *Krabbe* in Debatin/ Wassermeyer, DBA, Vor Art. 1 EU-SchÜ Rn 10 (Januar 2010).

709 Wäre das Schiedsübereinkommen hingegen als EU Richtlinie erlassen worden, so hätte sie aufgrund des Vorrangs europarechtlicher Bestimmungen Anwendungsvorrang gegenüber den per Zustimmungsgesetz ins nationale Recht übernommenen DBA Bestimmungen. *Züger* in Gassner/ M. Lang/ Lechner, Das neue Doppelbesteuerungsabkommen Österreich-Deutschland, 1999, S. 245 (265).

710 Der Umkehrschluss erklärt sich daraus, dass weitergehende Verpflichtungen auf Seiten der Vertragsstaaten Verpflichtungen gegenüber dem Steuerpflichtigen darstellen. Je größer die Verpflichtungen der Vertragsstaaten ausgestaltet sind, umso größer ist in der Regel spiegelbildlich der Schutz des Steuerpflichtigen ausgeprägt. *Krabbe* in Debatin/ Wassermeyer, DBA, Art. 15 EU-SchÜ Rn 1 ff. (Januar 2010).

wiederum keinen Vorrang vor denen des Schiedsübereinkommens haben[711]. Vielmehr soll es im Ermessen des Steuerpflichtigen liegen, auf welche Bestimmungen er sich berufen möchte. Bezogen auf Art. 25 Abs. 5 DBA Österreich bedeutet dies, dass der Steuerpflichtige im Falle von Gewinnberichtigungen bei verbundenen Unternehmen, wahlweise die Möglichkeit hat, entweder das Verfahren nach dem EU-Schiedsübereinkommen oder das Schiedsverfahren vor dem EuGH nach dem DBA Österreich zu beantragen. Dieser Ansicht schließt sich auch die deutsche Finanzverwaltung im BMF-Merkblatt zum Verständigungs- und Schiedsverfahren an. Darin wird der Steuerpflichtige aufgefordert, klarzustellen, ob sich sein Antrag auf die Einleitung eines Streitbeilegungsverfahrens nach DBA oder nach dem EU-Schiedsübereinkommen bezieht[712]. Eine solche Aufforderung zur Präzisierung des Antrags ist aber nur dann sinnvoll, wenn der Steuerpflichtige überhaupt eine Wahl zwischen beiden Verfahren hat. Es wäre nicht notwendig das beantragte Verfahren genauer zu bezeichnen, wenn ohnehin nur ein Verfahren in Frage käme.

Im Fall von Verrechnungspreiskorrekturen bei in Deutschland und Österreich ansässigen verbundenen Unternehmen haben diese somit die Möglichkeit, entweder einen Antrag auf Durchführung des Verfahrens nach der EU-Schiedskonvention oder nach bilateralen Regelung des Art. 25 Abs. 1, 2 und 5 DBA Österreich zu stellen. Beide Verfahren stehen dem Steuerpflichtigen insofern alternativ zur Verfügung.

VII. Fazit

Die Regelung des Art. 25 Abs. 5 DBA Österreich steht in Kontrast zu den übrigen Schiedsklauseln der deutschen DBA und somit auch zu Art. 25 Abs. 5 OECD-MA. Als weltweit einziges DBA setzt die Bestimmung den EuGH als Entscheidungsinstanz zur Lösung von Abkommenskonflikten ein. Im Gegensatz

711 *Lehner* in Vogel/ Lehner, DBA, Art. 25 OECD-MA Rn 306; *Krabbe* in Debatin/ Wassermeyer, DBA, Art. 1 EU-Schü Rn 10, Art. 6 EU-Schü Rn 6 und Art. 15 EU-SchÜ Rn 1 ff. (Oktober 2007); a.A. *Züger* Schiedsverfahren für Doppelbesteuerungsabkommen, S. 133. Dieser begründet seine Ansicht damit, dass das Verfahren nach Art. 25 Abs. 5 DBA Österreich weiter gehende Verpflichtungen enthält, da der EuGH im Gegensatz zum Beratenden Ausschuss eine endgültige Entscheidung treffen würde und als international anerkanntes Gemeinschaftsgericht eine besondere Autorität genießen würde.

712 Rn 2.1.1 und 13.1.1 BMF-Merkblatt zum internationalen Verständigungs- und Schiedsverfahren vom 13.7.2006, BStBl. I 2006, 462 (463); *Lehner* in Vogel/ Lehner, DBA, Art. 25 OECD-MA Rn 306.

zu den anderen DBA Schiedsverfahren entscheidet somit ein bestehendes internationales Gericht über den Besteuerungskonflikt. Dies hat den Vorteil, dass das Verfahren nach der Verfahrensordnung und der Satzung des EuGH bestimmt wird. Die Vertragsstaaten haben somit weniger die Möglichkeit, das Verfahren zu ihren Gunsten zu gestalten. Dadurch werden die Rechte des betroffenen Steuerpflichtigen gestärkt. Anders als bei einem unmittelbar von den Verfahrensparteien besetzten Schiedsgericht, werden im EuGH-Verfahren die Richter ohne Mitwirkung der Vertragsstaaten ernannt. Der zuständige Spruchkörper entscheidet somit in gänzlicher Unabhängigkeit und entzieht sich damit der Einflussnahme durch die Vertragsstaaten. Die Folgen, die sich aus einem solchen unparteilichen Verfahren ergeben, sind in mehrfacher Hinsicht vorteilhaft.

Zunächst wird der Druck, der durch ein solches Verfahren auf die Einigungsbereitschaft der zuständigen Behörden im Verständigungsverfahren ausgeübt wird, ungleich höher sein als bei einem Schiedsverfahren, in dem die Schiedsbehörde zum überwiegenden Teil aus Vertretern der beteiligten Finanzbehörden besteht. Sollte dennoch einmal dem EuGH ein ungelöster Fall zur Entscheidung vorgelegt werden, so wird der Verfahrensablauf durch die Verfahrensordnung und die Satzung des EuGH klar vorgezeichnet sein. Die Vertragsstaaten müssen somit im zeitlichen Vorlauf des Schiedsverfahrens keine unnötige Zeit für die Bestimmung der Verfahrensregeln und die Ernennung der Schiedsrichter aufwenden. Das große Ansehen, das der EuGH international genießt, würde zudem zur internationalen Akzeptanz und Beachtung der Schiedsentscheidung beitragen. Ihre Veröffentlichung könnte – mehr noch als bei der Entscheidung eines ad hoc Schiedsgerichtes – zur Fortentwicklung internationaler Auslegungsstandards beitragen, um so zukünftige Besteuerungskonflikte schneller zu überwinden.

Allerdings hatte der EuGH bisher noch nicht über abkommensrechtliche Auslegungs- und Anwendungskonflikte zu entscheiden. Dies wirft die Frage auf, ob er überhaupt die nötige Fachkompetenz besitzt, um solche Konflikte zu lösen. Dabei ist jedoch zu beachten, dass der EuGH bereits in der Vergangenheit mit Fragen auf dem Gebiet der direkten Steuern befasst war, sofern aufgrund von Doppelbesteuerungen Grundfreiheiten beschränkt wurden[713]. Dabei hat der EuGH bewiesen, dass er auch im Bereich des internationalen Steuerrechts in der Lage ist, sich mit komplexen Fragestellungen zu befassen und weithin beachtete Entscheidungen zu treffen. Dennoch wäre es auch im Hinblick auf die Kenntnisvertiefung der EuGH Spruchkörper in Fragen des DBA-Rechts von Vorteil, wenn möglichst viele EU Mitgliedstaaten dem

713 Vgl. dazu die Ausführungen unter 1.Teil A.

Beispiel Deutschlands und Österreichs folgen würden und ebenfalls nach Art. 273 AEUV die Prorogation des EuGH zur Lösung von Abkommenskonflikten in ihren DBA vereinbaren würden.

C. Art. 26 Abs. 5 DBA Großbritannien

Auf der Grundlage der Bestimmungen des OECD-MA haben Deutschland und Großbritannien eine obligatorische Schiedsklausel in ihr am 30. März 2010 unterzeichnetes und am 30. Dezember 2010 in Kraft getretenes DBA aufgenommen[714]. Die in Art. 26 Abs. 5 DBA Großbritannien geregelte obligatorische Schiedsklausel entspricht inhaltlich dem Art. 25 Abs. 5 OECD-MA[715].

Damit hat Deutschland erstmals die OECD Vorgaben für ein obligatorisches Schiedsverfahrens auch in seiner aktuellen Abkommenspraxis umgesetzt. Um die Durchführung des Schiedsverfahrens genauer zu regeln, haben beide Vertragsstaaten auf der Grundlage des Art. 26 Abs. 5 S. 4 DBA Großbritannien am 20. September 2011 eine Verständigungsvereinbarung getroffen, die am 10. Oktober 2011 vom Bundesfinanzministerium veröffentlicht wurde[716]. Diese Verständigungsvereinbarung entspricht inhaltlich ebenfalls der OECD-Musteranwendungsvereinbarung. Insofern gelten die Ausführungen zu Art. 25 Abs. 5 OECD-MA in vollem Umfang auch für das Schiedsverfahren nach Art. 26 Abs. 5 DBA Großbritannien. Nach der Verständigungsvereinbarung dürfen die zuständigen Behörden die

---

714 Der Abkommensentwurf ist zitiert in BGBl II 2010, 1333. Zu beachten sind in diesem Zusammenhang jedoch dessen unterschiedliche Anwendungszeitpunkte: In Deutschland ist dieses ab dem 1. Januar 2011, in Großbritannien ist es grundsätzlich ab dem 6. April 2011, d.h. mit Beginn des britischen Steuerjahres 2011/2012, anzuwenden (Art. 32 DBA).

715 Das gesamte DBA Großbritannien kann auf der Seite des Bundesfinanzministeriums abgerufen werden. Es ist abrufbar unter: http://www.bundesfinanzministerium.de/nn_318/DE/BMF__Startseite/Aktuelles/BMF__Schreiben/Internationales__Steuerrecht/Staatenbezogene__Informationen/Verein__Koenigreich/006.html (Stand: Januar 2014).

716 Verständigungsvereinbarung zur Regelung der Durchführung des Schiedsverfahrens vom 10. Oktober 2011. Abrufbar auf der Seite des Bundesfinanzministeriums unter: http://www.bundesfinanzministerium.de/nn_318/DE/BMF__Startseite/Aktuelles/BMF__Schreiben/Internationales__Steuerrecht/Staatenbezogene__Informationen/Verein__Koenigreich/007__1,templateId=raw,property=publicationFile.pdf (Stand: Januar 2014); *Kuntschik/ Bödefeld*, IStR 2012, 137 (138).

Verfahrensregeln durch einen Briefwechsel ändern oder ergänzen[717]. Die zuständigen Behörden haben dadurch die Möglichkeit, künftig solche Fragestellungen zu berücksichtigen, die sich erst im Laufe der praktischen Anwendung des Schiedsverfahrens ergeben und deshalb bislang noch keine Beachtung gefunden haben[718]. Zudem ist zu beachten, dass Großbritannien und Deutschland als EU Mitgliedstaaten auch das EU-Schiedsübereinkommen unterzeichnet haben. Das Verfahren nach der EU-Schiedskonvention und das Schiedsverfahren nach Art. 26 Abs. 5 DBA Großbritannien sind dabei parallel nebeneinander anwendbar, so dass der Steuerpflichtige bei Verrechnungspreissachverhalten in dem Gebiet der beiden Vertragsstaaten die Wahl hat, für welches Verfahren er sich entscheidet[719].

D. Art. 26 Abs. 5, 6 und 7 DBA Schweiz

Deutschland und die Schweiz haben am 27. Oktober 2010 in Bern ein Änderungsprotokoll unterzeichnet, durch welches das bestehende DBA Schweiz aus dem Jahre 1971[720] in mehreren Punkten revidiert wird[721]. Die Abkommensänderung wurde am 21. September 2011 durch den Bundestag und am 14. Oktober 2011 durch den Bundesrat verabschiedet und ist am 21. Dezember 2011 durch den Austausch der Ratifikationsurkunden in Kraft getreten[722]. Neben der Umsetzung des Informationsaustausches im Sinne von Art. 26 OECD MA (Art. 4 des

---

717 Siehe Einleitung der Verständigungsvereinbarung zur Regelung der Durchführung des Schiedsverfahrens vom 10. Oktober 2011.

718 *Kuntschik/ Bödefeld*, IStR 2012, 137 (139).

719 Siehe dazu die vergleichbare Thematik im Zusammenhang mit Art. 25 Abs. 5 DBA Österreich, 5.Teil B.VI.2.

720 Abkommen zwischen der Bundesrepublik Deutschland und der Schweizerischen Eidgenossenschaft zur Vermeidung der Doppelbesteuerung auf dem Gebiete der Steuern vom Einkommen und vom Vermögen vom 11. August 1971 (BGBl. 1972 II, 1022), geändert durch das Protokoll vom 30. November 1978 (BGBl. 1978 II, 751), das Protokoll vom 17.10.1989 (BGBl. 1990 II, 766), das Protokoll vom 21.12.1992 (BGBl. 1993 II, 1888) und das Revisionsprotokoll vom 12. März 2002 (BGBl. 2003 II, 68).

721 Das Änderungsprotokoll zum DBA Schweiz ist abrufbar unter: http://www.bundesfinanzministerium.de/nn_74882/DE/BMF__Startseite/Aktuelles/BMF__Schreiben/Internationales__Steuerrecht/Staatenbezogene__Informationen/Schweiz/017.html (Stand: Januar 2014). Das Gesetz zum Änderungsprotokoll vom 2. November 2011 ist in BGBl. 2011 II, 1090 veröffentlicht.

722 Siehe hierzu Änderungsprotokoll vom 2. November 2011 zum DBA Schweiz zit. in BGBl. II 2011, 1090.

Änderungsprotokolls) ist die bedeutendste Neuerung die Erweiterung des bisherigen Verständigungsverfahrens in Art. 26 DBA Schweiz um ein Schiedsverfahren (Art. 3 des Änderungsprotokolls)[723]. Die neuen Bestimmungen finden hinsichtlich des Informationsaustausches ab dem 1. Januar 2011 und für die restlichen Bestimmungen ab dem 1. Januar 2012 Anwendung[724].

Die nunmehr in Art. 26 Abs. 5, 6 und 7 DBA Schweiz geregelte Schiedsklausel entspricht in großen Teilen der Schiedsklausel, die Deutschland und die Schweiz in ihren Abkommen mit den USA vereinbart haben. Insofern gelten größtenteils die Ausführungen zum DBA USA entsprechend.

Im Gegensatz zur 2-jährigen Frist der Art. 25 Abs. 5 OECD-MA und Art. 25 Abs. 5 und 6 DBA USA, beginnt das Schiedsverfahren nach Art. 26 Abs. 6 c) aa) DBA Schweiz erst „drei Jahre nach dem Anfangszeitpunkt des Falles, sofern sich die zuständigen Behörden nicht vorher auf ein anderes Datum geeinigt haben", oder nach Art. 25 Abs. 6 c bb) DBA Schweiz sogar zu einem späteren Zeitpunkt, wenn die Zustimmung der betroffenen Personen nach Art. 25 Abs. 6 d) DBA Schweiz erst nach der 3-jährigen Frist erfolgt[725]. In der Denkschrift der Bundesregierung wird die Verlängerung der Verhandlungsfrist im Verständigungsverfahren mit den Erfahrungen in der Praxis begründet. Danach habe sich gezeigt, dass der Abschluss von komplexen Verständigungsverfahren innerhalb der kürzeren Frist mit Schwierigkeiten verbunden ist[726].

Anders als das Schiedsverfahren nach Art. 25 Abs. 5 und 6 DBA USA ist das Schiedsverfahren nach Art. 26 Abs. 5 DBA Schweiz nicht auf bestimmte Fallgruppen beschränkt, sondern vielmehr umfassend ausgestaltet. Aus diesem Grund enthält Art. 26 Abs. 5 DBA Schweiz auch keine Bestimmung, nach der sich die zuständigen Behörden im Rahmen einer ad hoc Vereinbarung darauf verständigen können, das

723 Eine wichtige Änderung ist zudem die Anpassung der Nullregelung an die EU-Mutter-Tochter-Richtlinie. Weitere Neuerungen sind die Ergänzung des Gleichbehandlungsgebots um das Diskriminierungsverbot für die grenzüberschreitende Zahlung von Zinsen und Lizenzgebühren und der Verzicht Deutschlands bis einschließlich 2016 (Art. 15 Abs. 3 DBA Schweiz), in der Schweiz ansässiges Flugpersonal deutscher Luftfahrtunternehmen zu besteuern. Näheres dazu in *Jacob*, SAM 2011, 170 ff.; *Kubaile*, IWB 2011, 20 ff.

724 Art. 6 Abs. 2 d) des Gesetzes zum Änderungsprotokolls zum DBA Schweiz vom 27.10.2010, zit. in BGBl. II 2011, 1090 (1094).

725 Kritisch zur 3-jährigen Frist des Verständigungsverfahrens im Vergleich zur 2-jährigen Frist des OECD-MA und des DBA USA, *Kubaile*, IWB 2011, 20 (22).

726 BT-Drucks. 17/6257 vom 22.6.2011, S. 13.

Schiedsverfahren auch auf andere Fallgruppen auszudehnen[727]. Im Hinblick auf den Rechtsschutz des Steuerpflichtigen ist dies zu begrüßen. Wie der Denkschrift der Bundesregierung ferner zu entnehmen ist, soll die Schiedsentscheidung nach der Methode des letzten Angebots (last best offer approach) getroffen werden[728]. Die Entscheidungsbefugnis der Schiedsstelle wäre demnach darauf beschränkt, einen, der von den zuständigen Behörden zuletzt angebotenen Lösungsvorschläge auszuwählen. Wenn der Steuerpflichtige danach den Schiedsspruch „anerkennt", wird dieser für die Vertragsstaaten nach Art. 26 Abs. 6 e) DBA Schweiz bindend.

Art. 26 Abs. 7 DBA Schweiz enthält die Bestimmung, dass die zuständigen Behörden der Vertragsstaaten die weiteren Einzelheiten der Anwendung und Durchführung des Schiedsverfahrens durch eine Verständigungsvereinbarung regeln sollen. Eine derartige Verständigungsvereinbarung ist von den beiden Vertragsstaaten bisher aber noch nicht veröffentlicht worden[729].

E. Art. 25 Abs. 5, 6 und 7 DBA Liechtenstein

Deutschland und Liechtenstein haben am 17. November 2011 erstmals ein DBA[730] unterzeichnet[731]. Das DBA Liechtenstein ist am 19. Dezember 2012 durch den Austausch der Ratifikationsurkunden in Kraft getreten. Die Vertragsstaaten haben in Art. 25 Abs. 5, 6 und 7 DBA Liechtenstein eine obligatorische Schiedsklausel aufgenommen. Die Bestimmung entspricht nahezu umfassend dem Wortlaut der Schiedsklausel im DBA Schweiz. Insoweit kann auf die Ausführungen zum DBA Schweiz verwiesen werden[732].

---

727 *Jacob*, SAM 2011, 170 (175).

728 BT-Drucks. 17/6257 vom 22.6.2011, S. 13. Allerdings finden sich weder im Änderungsprotokoll noch im Gesetz zum Änderungsprotokoll hierzu Anmerkungen, *Kuntschik/ Bödefeld*, IStR 2012, 137 (139).

729 *Kuntschik/ Bödefeld*, IStR 2012, 137 (139); *Jacob*, SAM 2011, 170 (175).

730 Das (noch nicht ratifizierte) DBA Liechtenstein ist abrufbar auf Seite des BMF unter: http://www.bundesfinanzministerium.de/nn_54192/DE/BMF__Startseite/Aktuelles/BMF__Schreiben/Internationales__Steuerrecht/Staatenbezogene__Informationen/Liechtenstein/005__1,templateId=raw,property=publicationFile.pdf (Stand: Januar 2014).

731 Zuvor bestand zwischen beiden Staaten lediglich ein Abkommen über die Zusammenarbeit und den Informationsaustausch in Steuerfragen. Dieses wurde im September 2009 abgeschlossen und trat am 28.10.2010 in Kraft, *Kuntschik/ Bödefeld*, IStR 2012, 137 (139).

732 Siehe zum DBA Schweiz, 5.Teil D.

Allerdings ergibt sich in Art. 25 Abs. 6 e) DBA Liechtenstein auch ein wesentlicher Unterschied zu der parallen Regelung in Art. 26 Abs. 6 e) DBA Schweiz. So enthält die Bestimmung im DBA Liechtenstein anders als im DBA Schweiz den Zusatz, dass der Schiedsspruch dann nicht bindend wird, wenn „die zuständigen Behörden innerhalb von drei Monaten nach Entscheidung der Schiedsstelle eine abweichende Einigung erzielen". Diese Zusatzbestimmung ähnelt in hohem Maße dem Verfahren nach der EU-Schiedskonvention, nur dass den zuständigen Behörden nach Art. 12 Abs. 1 EU-SchÜ sechs Monate eingeräumt werden, um eine noch abweichende Einigung zu erzielen. Aufgrund dieser Möglichkeit für die zuständigen Behörden, sich für einen gewissen Zeitraum nach Erlass der Entscheidung, noch anderweitig zu einigen, ist das Schiedsverfahren nach Art. 25 Abs. 5, 6 und 7 DBA Liechtenstein teilweise vergleichbar mit einem Mediationsverfahren.

Dem Abkommen ist nicht unmittelbar zu entnehmen, nach welcher Methode die Entscheidungsfindung stattfinden soll. Die Ähnlichkeit des Art. 25 Abs. 5, 6 und 7 DBA Liechtenstein zu den Schiedsklauseln in den DBA Schweiz und DBA USA deutet aber darauf hin, dass auch im Schiedsverfahren nach Art. 25 Abs. 5, 6 und 7 DBA Liechtenstein die Entscheidungsfindung der Schiedsstelle nach dem Ansatz des letzten Angebotes (last best offer) erfolgen soll. Die Entscheidungsbefugnis der Schiedsstelle wäre dann darauf begrenzt, einen der beiden Vorschläge der zuständigen Behörden auszuwählen. Es ist aber nahezu ausgeschlossen, dass sich die zuständigen Behörden, im Anschluss an eine Entscheidung der Schiedsstelle nach der Methode des letzten Angebots noch einmal anderweitig einigen werden. Dies liegt darin begründet, dass bei der Entscheidungsfindung nach der Methode des letzten Angebots, der Vorschlag der obsiegenden Finanzbehörde durch die Entscheidung der Schiedsstelle für beide Vertragsstaaten verbindlich wird[733]. So wird die zuständige Behörde, die im Schiedsverfahren ihre Position erfolgreich durchgesetzt hat, im Anschluss daran nicht mehr gewillt sein, sich anderweitig zu einigen und die einmal erlangte Position wieder aufzugeben. In dieser Hinsicht unterscheidet sich Art. 25 Abs. 6 e) DBA Liechtenstein von Art. 12 Abs. 1 EU-SchÜ. Nach dem Verfahren der EU-Schiedskonvention ist der Beratende Ausschuss unabhängig von den Positionen der Vertragsstaaten und trifft eine eigenständige Entscheidung. Im Vergleich dazu ist die Regelung des Art. 25 Abs. 6 e) letzter Hs. DBA Liechtenstein unabgestimmt und verfehlt.

733 Im Fall des Art. 25 Abs. 6 e) DBA Liechtenstein gilt dies natürlich nur unter dem Vorbehalt, dass sich die zuständigen Behörden nicht noch anderweitig innerhalb der 3-Monatsfrist einigen werden.

6. Teil: Abschließende Betrachtung und Würdigung

A. Chancen und Schwachstellen der DBA-Schiedsverfahren

Aufgrund des unterschiedlichen nationalen Rechts in den Abkommensstaaten und dem daraus resultierenden teilweise unterschiedlichen Rechtsverständnis der jeweiligen nationalen Behörden, kann es gelegentlich zu Konflikten bei der Auslegung und Anwendung der DBA kommen. Diese Besteuerungskonflikte sind besonders von Nachteil für den betroffenen Steuerpflichtigen. Wegen des zwischenstaatlichen Charakters von DBA-Konflikten ist es für den Steuerpflichtigen zudem vergleichsweise schwierig, sich gegen die jeweiligen Maßnahmen der beiden Vertragsstaaten mit Rechtsschutzmitteln zur Wehr zu setzen. So können die innerstaatlichen Gerichte von Natur aus nur über die Maßnahmen der eigenen innerstaatlichen Finanzbehörden, nicht aber über die Maßnahmen der Finanzbehörden im anderen Vertragsstaat, entscheiden. Daneben hat der Steuerpflichtige die Möglichkeit, die Durchführung eines Verständigungsverfahrens zu beantragen. Obwohl sich das Verständigungsverfahren durchaus bewährt hat und in den meisten Fällen[734] die Auslegungs- und Anwendungskonflikte zwischen den beteiligten Vertragsstaaten überwunden werden konnten, leidet das Verfahren auch unter einigen wesentlichen Schwächen. Besonders nachteilhaft für den Steuerpflichtigen ist dabei, dass die zuständigen Behörden im Verständigungsverfahren keinem Zwang unterliegen, sich zu einigen. Dies kann dazu führen, dass sich das Verfahren zeitlich sehr lange hinzieht und die zuständigen Behörden dennoch zu keiner Einigung gelangen. Diese Ungewissheit über den Verfahrensausgang führt für den Steuerpflichtigen zu Planungsunsicherheiten bei seiner beabsichtigten, grenzüberschreitenden Wirtschaftstätigkeit. Mittelbar kann sich dies auch negativ auf die betroffenen Volkswirtschaften auswirken, sodass auch die Vertragsstaaten

---

734 So ergibt sich aus einer von der OECD für Deutschland veröffentlichten Statistik für das Jahr 2010, dass von 150 beantragten Verständigungsverfahren letztlich nur zwei erfolglos blieben. Diese und weitere Statistiken zu anderen Zeiträumen und Mitgliedstaaten sind abrufbar auf der Seite der OECD unter: http://www.oecd.org/ctp/dispute/countrymutualagreementprocedurestatistics2006-2010.htm (Stand: Januar 2014).

ein Interesse an einer zwischenstaatlichen Lösung solcher Abkommenskonflikte haben. Aus diesem Grund sind einige Staaten mittlerweile dazu übergangen, Schiedsklauseln in ihre DBA aufzunehmen, um dadurch die Schwächen des Verständigungsverfahrens zu überwinden. Die Ausgestaltung eines solchen DBA-Schiedsverfahrens stellt sich indes, aufgrund der besonderen Ausgangslage, als schwierige Gratwanderung dar. So haben viele Vertragsstaaten hinsichtlich eines Schiedsverfahrens die Sorge, dass sie die Kontrolle über das Verfahren verlieren und dadurch allzu sehr in ihrer Besteuerungssouveränität eingeschränkt werden könnten. Andererseits erkennen sie die Notwendigkeit an, dem Steuerpflichtigen durch die Existenz des Schiedsverfahrens eine größere Sicherheit zu vermitteln, dass die abkommenswidrige Besteuerung beseitigt wird. Der Versuch beide Positionen miteinander zu vereinbaren, ist daher das bestimmende Element bei der Ausgestaltung des Schiedsverfahrens im DBA-Recht. Als Konsequenz sind sämtliche deutsche DBA-Schiedsverfahren nur als unselbstständiger zweiter Verfahrensabschnitt des Verständigungssverfahrens ausgestaltet. Dem abkommensrechtlichen Schiedsverfahren kommt nach dieser Konzeption weniger die Rolle zu, möglichst viele Besteuerungskonflikte im Schiedsverfahren zu beseitigen. Vielmehr soll es durch seine bloße Existenz so auf die zuständigen Behörden einwirken, dass diese sich veranlasst sehen, den Abkommensstreit bereits durch eine Einigung im Verständigungsverfahren zu beseitigen[735]. Durch fakultative Schiedsklauseln kann diese Zielbestimmung nicht erreicht werden, da es den zuständigen Behörden hiernach zwar offen steht ein Schiedsverfahren durchzuführen, sie aber nicht dazu verpflichtet sind. Sie unterliegen daurch im Verständigungsverfahren keinem psychologischen Druck sich zu einigen. Im Verhältnis zum Verständigungsverfahren gewähren sie dem betroffenen Steuerpflichtigen kein zusätzliches Maß an Rechtsschutz. So entscheiden im Anschluss an ein erfolgloses Verständigungsverfahren nicht der Steuerpflichtige, sondern einzig die beiden zuständigen Behörden, über die Durchführung des Schiedsverfahrens.

Allein die obligatorischen Schiedsklauseln können dem Steuerpflichtigen die Gewähr liefern, dass die abkommenswidrige Besteuerung zu seinen Lasten, spätestens mit dem Ende des Schiedsverfahrens, beseitigt wird. Nach der Vorstellung der OECD und nach der Konzeption des gesamten Streitbeilegungsverfahrens nach Art. 25 OECD-MA, sollen die Besteuerungskonflikte dabei im Regelfall bereits auf der Stufe des Verständigungsverfahrens gelöst werden. Um diese Zielsetzung zu erreichen, müssen obligatorische Schiedsverfahren in DBA bestimmte

735 *Kuntschik/ Bödefeld*, IStR 2012, 137 (140), bezeichnen diesen beabsichtigten Abschreckungseffekt des Schiedsverfahrens zutreffend als „Damoklesschwert“.

Vorgaben erfüllen. Vor allem muss dabei der „obligatorische“ Charakter solcher Bestimmungen gewahrt werden. Zumindest im Anwendungsbereich des deutschen Rechts sollte daher sichergestellt werden, dass dem Steuerpflichtigen hinsichtlich der Einleitung des Verständigungsverfahrens ein gebundener Anspruch zusteht. Würde der zuständigen Behörden hingegen, wie nach der bisherigen BFH Rechtsprechung[736], das Recht zustehen, den Antrag auf Einleitung des Verständigungsverfahrens nach freiem Ermessen abzulehnen, so hätte sie jederzeit die Möglichkeit, dem Steuerpflichtigen den Zugang zum Schiedsverfahren zu verweigern. In dieser Hinsicht wäre eine Orientierung an der EU-Schiedskonvention ratsam. Im dortigen Verfahren ist ein gebundener Anspruch des Steuerpflichtigen auf Einleitung des Verständigungsverfahrens grundsätzlich anerkannt.

Die gleiche Thematik stellt sich für den Fall, dass der Steuerpflichtige nach erfolglosem Verständigungsverfahren die Durchführung des Schiedsverfahrens beantragt. Die Bestimmungen des OECD-MA und des DBA Österreich verfolgen diesbezüglich einen konsequenten Ansatz, indem sie dem Steuerpflichtigen umfassend in allen Fällen einer abkommenswidrigen Besteuerung und unabhängig vom Willen der zuständigen Behörden den Zugang zum Schiedsverfahren ermöglichen. Art. 25 Abs. 5 S. 1 b) bb) B) DBA USA und die entsprechenden Bestimmungen der DBA Schweiz und Liechtenstein sehen dagegen vor, dass die zuständigen Behörden darin übereinkommen können, einen Fall als ungeeignet für ein Schiedsverfahren einzustufen. Der Begriff „ungeeignet für ein Schiedsverfahren“ wird in den Abkommensbestimmungen nicht weiter konkretisiert. Die zuständigen Behörden werden dadurch befugt, eigenmächtig bestimmte Fälle vom Schiedsverfahren auszuschließen. Im ungünstigsten Fall hätte der Steuerpflichtige zu befürchten, dass die zuständigen Behörden sich nicht im Verständigungsverfahren einigen und im Anschluss seinen Antrag auf Durchführung des Schiedsverfahrens mit der Begründung der Ungeeignetheit des Falles für ein Schiedsverfahren ablehnen würden. Das Recht des Steuerpflichtigen im Anschluss an ein erfolgloses Verständigungsverfahren, ein Schiedsverfahrens zu beantragen, wird durch Regelungen nach dem Muster des Art. 25 Abs. 5 S. 1 b) b b) B) DBA USA ausgehöhlt.

Ähnlich ist dies bei der Bestimmung des Protokolls 22 S. 1 zu Art. 25 Abs. 5 und 6 DBA USA, wonach der Anwendungsbereich des Schiedsverfahrens

---

736 BFH Urteil vom 26.5.1982, BStBl. I 1982, 583 (585 f.). So auch FG Hamburg Urteil vom 13.7.2000, EFG 2001, 27 ff. Allerdings betrafen beide Entscheidungen DBA Bestimmungen, die nur ein Verständigungsverfahren ohne anschließendes Schiedsverfahren vorsahen. Vgl. dazu 2.Teil C.II.3.

zunächst nur auf fünf Fallgruppen begrenzt wird, solange die zuständigen Behörden nicht mittels einer ad hoc Vereinbarung den Anwendungsbereich erweitern. Sinnvollerweise sollten hingegen alle im Abkommen geregelten Besteuerungsfälle vom Anwendungsbereich des Schiedsverfahrens umfasst werden.

Schiedsverfahren können zudem nur dann vollumfänglich dazu beitragen den Rechtsschutz des Steuerpflichtigen zu verbessern, wenn sichergestellt wird, dass die Schiedsrichter auch wirklich unabhängig und neutral sind. Mit Ausnahme des Art. 25 Abs. 5 DBA Österreich enthalten die deutschen DBA Schiedsverfahren keine Bestimmungen, die die Unabhängigkeit der Schiedsrichter regeln. Die OECD befürwortet sogar, dass die Vertragsstaaten Vertreter ihrer Finanzbehörde zu Schiedsrichtern ernennen sollen[737]. Dies vermittelt den Eindruck, die Vertragsstaaten könnten bestrebt sein, das Schiedsgericht mit eigenen Leuten auszustatten, um so die Kontrolle über das Verfahren aufrecht zu erhalten. Um zu verhindern, dass das Schiedsverfahren zu einem weiteren Behördenverfahren abgestuft wird, wäre es notwendig, einen anderen Ansatz zu wählen. So könnte eine unabhängige Institution eine Liste mit unabhängigen und neutralen Personen erstellen und verwalten, aus der die zuständigen Behörden im Falle eines Schiedsverfahrens je einen Schiedsrichter auswählen würden. Auf diese Weise stünde den zuständigen Behörden weiterhin das Recht zu, einen Schiedsrichter zu ernennen. Dieser wäre gleichzeitig unabhängig und neutral.

Nach den betreffenden Abkommensbestimmungen soll die Entscheidungsfindung nach der Methode der unabhängigen Rechtsauffassung oder der Methode des letzten Angebots erfolgen, wobei sich die Schiedsverfahren nach US-Muster gänzlich auf die Methode des letzten Angebots festlegen. Schiedsverfahren nach der Methode des letzten Angebots haben zwar den Vorteil, dass sie weniger zeit- und kostenaufwändig sind und die zuständigen Behörden dazu veranlassen, der Schiedsstelle maßvollere Positionen zu präsentieren. Allerdings werden auch die Mitwirkungsrechte des Steuerpflichtigen eingeschränkt, weil dieser allenfalls die Möglichkeit hat, die Position einer zuständigen Behörde zu unterstützen. Die Methode der unabhängigen Rechtsauffassung hat hingegen den Vorteil, dass das Schiedsgericht, ähnlich einer innerstaatlichen Gerichtsinstanz, eine eigenständige Entscheidung trifft und diese auch ausreichend begründet[738]. Der Steuerpflichtige kann dabei einen größeren Einfluss auf die Entscheidungsfindung nehmen, da er die Möglichkeit hat das Schiedsgericht von seiner Position zu überzeugen. Das Schiedsgericht ist zudem verpflichtet die Entscheidung zu begründen. Dadurch

737 Ziff. 15 der Erläuterungen zur Musteranwendungsvereinbarung zu Art. 25.

738 So auch *Verlinden/ Swenson/ Nauheim*, TNI 2008, 655 (657).

werden alle Beteiligten in die Lage versetzt, den Inhalt des Schiedsspruchs zu überprüfen. Dies erhöht nicht nur die Transparenz des Schiedsverfahrens, sondern bietet auch die Möglichkeit, die Entscheidung des Schiedsgerichts in einem gewissen Umfang zu veröffentlichen. So ist den OECD Bestimmungen zu entnehmen[739], dass der Schiedsspruch mit der Zustimmung des Steuerpflichtigen und der zuständigen Behörden veröffentlicht werden soll. Die Veröffentlichung der Entscheidung wäre im Hinblick auf die Lösung zukünftiger Besteuerungskonflikte von wesentlicher Bedeutung, da sie zu einer einheitlicheren Anwendung und Auslegung der DBA beitragen könnte. Es ist jedoch zweifelhaft, ob die beteiligten Finanzbehörden und der Steuerpflichtige einer Veröffentlichung des Schiedsspruchs die Zustimmung erteilen würden[740].

Zu begrüßen ist auch der Ansatz der OECD, wonach es den innerstaatlichen Gerichten unter bestimmten Umständen ermöglicht wird, einen fehlerhaften Schiedsspruch wieder aufzuheben. Die nachträgliche Aufhebung eines Schiedsspruchs stellt jedoch die Ausnahme von der Regel dar, wonach der Schiedsspruch für die Beteiligten endgültig und zwingend ist. Die Verfahrensverstöße, die eine Aufhebung des Schiedsspruchs rechtfertigen, müssen daher eindeutig umgrenzt und klar bestimmt sein. Die OECD Bestimmungen sind in dieser Hinsicht jedoch zu unbestimmt[741].

Im Vergleich zu den übrigen deutschen DBA-Schiedsverfahren nimmt die Regelung des Art. 25 Abs. 5 DBA Österreich eine Sonderstellung ein. Anders als bei den ad hoc Schiedsverfahren der übrigen Abkommen, übernimmt mit dem EuGH ein internationales Gericht die Rolle der Schiedsinstanz. Dies hat den Vorteil, dass viele verfahrensrechtliche Fragen, die im Rahmen der ad hoc Schiedsverfahren problematisch sind, in der Satzung und der Verfahrensordnung des EuGH bereits geregelt sind. So bestehen gemeinhin keine Zweifel an der Unabhängigkeit der entscheidungsbefugten EuGH-Richter. Desweiteren hat der EuGH die Befugnis zur vollen Sachverhaltsaufklärung. Er wird sich deshalb schon aus eigenem Interesse darum bemühen die Ansicht des Steuerpflichtigen einzuholen. Dem Steuerpflichtigen kommt dadurch eine größere Mitwirkung im Verfahren zu. Die besondere Autorität und das hohe Ansehen des Gerichtshofs kommen zudem der Akzeptanz der Entscheidung zugute. Gleichzeitig dürfte die Aussicht den Besteuerungsfall im Falle eines erfolglosen Verständigungsverfahrens dem EuGH vorlegen zu müssen, die Einigungsbereitschaft der zuständigen Behörden deutlich erhöhen.

---

739 Ziff. 15 der Musteranwendungsvereinbarung zum OECD-Musterkommentar zu Art. 25 und Ziff. 40 der Erläuterungen zur Musteranwendungsvereinbarung.

740 Siehe hierzu 4.Teil B.II.3.d).

741 Siehe hierzu 4.Teil B.II.3.e).

Auch wenn die fehlende Parteienstellung des Steuerpflichtigen im Verständigungs- und Schiedsverfahren teilweise kritisiert wird, so ist dieser Umstand eine notwendige Konsequenz aus der Verbindung beider Verfahren. Da das Schiedsverfahren im internationalen Steuerrecht der völkerrechtlichen Schiedsgerichtsbarkeit zugeordnet wird, kommen als Verfahrensparteien nur die beiden Vertragsstaaten in Betracht. Dabei wird die fehlende Parteienstellung des Steuerpflichtigen im Schiedsverfahren dadurch ausgeglichen, dass der Schiedsspruch nur mit seiner Zustimmung verbindlich wird.

In Deutschland verleiht die Regelung des § 175a S. 1 AO dem Steuerpflichtigen zudem den Anspruch, die ordnungsgemäße innerstaatliche Umsetzung des Schiedsspruchs notfalls vor den Finanzgerichten durchzusetzen.

B. Ausblick

Im Hinblick auf die Zielsetzung, die Dauer des Streitbeilegungsverfahrens zu beschleunigen und die Beilegung des Abkommenskonfliktes sicherzustellen, ist die Aufnahme von obligatorischen Schiedsklauseln in die DBA eine positive Entwicklung. In Ergänzung zu den Verständigungsverfahren sorgen die Schiedsverfahren für ein zusätzliches Maß an Rechtsschutz, da sie durch ihre bloße Existenz dazu beitragen werden, die größte Schwäche des Verständigungsverfahrens, dem fehlenden Einigungszwang für die zuständigen Behörden, zu überwinden. Wie die Erfahrungen aus der EU-Schiedskonvention zeigen, werden die zuständigen Behörden in höchstem Maße darum bemüht sein, noch im Verständigungsverfahren zu einer Einigung zu gelangen, um so die Einleitung des Schiedsverfahrens zu vermeiden. Verfehlt sind deshalb Bestimmungen wie die des Art. 25 Abs. 5 S. 2 b) aa) B) DBA USA, die den zuständigen Behörden im Anschluss an ein erfolgloses Verständigungsverfahren noch die Befugnis verleihen, die ungelösten Fragen des Streitfalls aufgrund ihrer fehlenden „Geeignetheit" vom Schiedsverfahren auszuschließen. Verständigungs- und Schiedsverfahren müssen vielmehr so ausgestaltet sein, dass die zuständigen Behörden, im Falle eines erfolglos verlaufenen Verständigungsverfahrens, keine Möglichkeit mehr haben die Durchführung des Schiedsverfahrens zu verhindern. Gleiches muss konsequenterweise bereits für den Zugang des Steuerpflichtigen zum Verständigungsverfahren gelten. Nur so erhält der Steuerpflichtige letztlich die Sicherheit, dass die abkommenswidrige Besteuerung auch tatsächlich beseitigt wird. Das gesamte Streitbeilegungsverfahren ist dabei darauf ausgerichtet, dass der Besteuerungskonflikt bereits im Verständigungsverfahren beigelegt wird. In der

Praxis werden Schiedsverfahren – wie die Erfahrungen mit der EU-Schiedskonvention zeigen – voraussichtlich gar nicht oder nur äußerst selten durchgeführt werden[742].

Aufgrund dieser Besonderheiten des abkommensrechtlichen Schiedsverfahrens, können Vergleiche zur handelsrechtlichen Schiedsgerichtsbarkeit oder zur Schiedsgerichtsbarkeit im Zusammenhang mit Investitionsstreitigkeiten nur schwer gezogen werden. Durch die Einführung einer obligatorischen Schiedsklausel in das Musterabkommen der OECD zeichnet sich ein positiver Trend ab. So bauen immer mehr Staaten ihre Ablehnung gegenüber obligatorischen Schiedsklauseln in DBA ab und gehen allmählich dazu über, entsprechende Bestimmungen in ihre Abkommen aufzunehmen. Wie die Aufnahme von weiteren obligatorischen Schiedsklauseln in den DBA mit Großbritannien, der Schweiz und Liechtenstein im Jahr 2011 und mit Luxemburg[743] im Jahr 2013 belegen, steht die deutsche Finanzverwaltung dieser Entwicklung sehr aufgeschlossen gegenüber. Es verwundert daher nicht, dass auch im neuen deutschen Muster DBA unter Art. 24 Abs. 5 ein obligatorisches Schiedsverfahren vorgesehen ist[744].

Der Trend zeigt aber gleichzeitig, dass die Vertragsstaaten nach wie vor Regelungen bevorzugen, die ihnen die weitgehende Kontrolle über das Streitbeilegungsverfahren ermöglichen. Vor diesem Hintergrund sind weiterführende Bestrebungen nach einem, vom Verständigungsverfahren losgelösten Schiedsverfahren, oder gar der Einführung eines internationalen Steuergerichts, in absehbarer Zeit wohl nicht durchsetzbar. Gleiches gilt auch für ein vereinzelt in Aussicht gestelltes Vorabverständigungsverfahren vor dem EuGH[745].

---

742 So sind bisher erst zwei Fälle bekannt, die im Schiedsverfahren nach der EU-Schiedskonvention entschieden wurden. Im ersten Fall aus dem Jahr 2003 ging es um eine Verrechnungspreiskorrektur zwischen zwei verbundenen Unternehmen des Elektrolux-Konzerns. Vgl. hierzu 12 Tax Management Transfer Pricing Report 320, August 20, 2003. Ein zweiter Fall wurde im Jahr 2005 vom Beratenden Ausschuss entschieden. Siehe dazu *Hinnekens*, EC Tax Review 2010, 109.

743 Das neue DBA Luxemburg wurde am 23. April 2012 zwischen den Finanzministern beider Staaten unterzeichnet, ist bisher jedoch noch nicht in Kraft getreten. Das neue Abkommen enthält in Art. 24 Abs. 5 eine obligatorische Schiedsklausel, welche weitestgehend mit dem Wortlaut der Schiedsklausel im DBA Großbritannien übereinstimmt.

744 4.Teil A.

745 *Züger*, Schiedsverfahren für Doppelbesteuerungsabkommen, S. 157 ff.; *Mössner*, RIW 1983, 360 (363 f.).

Umso bemerkenswerter ist die bereits aus dem Jahre 2000 stammende Regelung des Art. 25 Abs. 5 DBA Österreich, wonach die Aufgabe der Schiedsinstanz dem EuGH zukommen soll. Ein solcher Ansatz hat den bereits erwähnten Vorteil, dass das Verfahren vor dem EuGH durch eine bewährte Verfahrensordnung und Satzung bestimmt wird. Aus dieser Sicht wäre es wünschenswert, dass auch andere EU Mitgliedstaaten dem Beispiel Deutschlands und Österreichs folgen und ebenfalls von der Regelung des Art. 273 AEUV zur Lösung von DBA-Konflikten Gebrauch machen würden. Dies könnte zur Beseitigung der Doppelbesteuerung innerhalb der EU beitragen. Möglicherweise wird der jüngst am 2. März 2012 als Vertrag über Stabilität, Koordinierung und Steuerung in der Wirtschafts- und Währungsunion vereinbarte EU-Fiskalpakt[746], den EU Mitgliedstaaten wieder die Nutzung des Verfahrens nach Art. 273 AEUV, auch zur Beilegung von Streitigkeiten im Zusammenhang mit DBA, wieder in das Gedächtnis rufen.

Ein bisweilen vernachlässigter Aspekt ist zudem das unausgewogene Verhältnis der Positionen von Industrie- und Entwicklungsstaaten im Verständigungsverfahren. So müssen sich Entwicklungs- oder Schwellenstaaten aufgrund ihrer wirtschaftlichen Unterlegenheit häufig unter Verzicht ihrer eigenen Interessen den Positionen der Industriestaaten unterordnen oder verfügen selbst nicht über die nötige Fachexpertise, um solche Verfahren zu gestalten[747]. In diesem Zusammenhang könnten Schiedsverfahren diesen Staaten entgegenkommen, da sachkundige und im Idealfall unabhängige Schiedsrichter über den Besteuerungskonflikt entscheiden[748].

Letztlich bleibt festzuhalten, dass die obligatorischen Schiedsverfahren in den deutschen DBA und im OECD-MA in ihrer Ausgestaltung noch einige Mängel aufweisen. Der Hauptgrund für die teilweise unzulängliche Verfahrensausgestaltung liegt in den nach wie vor erheblichen Bedenken der Vertragsstaaten vor einem Verlust ihrer Steuersouveränität. So ergeben sich wie bei der Schiedsklausel des DBA USA bisweilen Zweifel an dem obligatorischen Charakter mancher Bestimmungen. Sofern die Bestimmungen über das obligatorische Schiedsverfahren jedoch sicherstellen, dass am Ende des einheitlichen Streitbeilegungsverfahrens, sei es wie im Regelfall durch Einigung im Verständigungsverfahren oder durch Entscheidung im Schiedsverfahren, die abkommenswidrige Besteuerung zu Lasten des Steuerpflichtigen beseitigt

746 Siehe zum EU-Fiskalpakt Fn 620.

747 *Lüdicke*, FR 2011, 1077 (1080); *Ault/ Sasseville*, BFIT 2009, 208 (214).

748 *Lüdicke*, FR 2011, 1077 (1080).

wird, verbessert dies im Vergleich zum reinen Verständigungsverfahren auch maßgeblich den Rechtsschutz des Steuerpflichtigen. Um dies zu gewährleisten, muss dem Steuerpflichtigen der ungehinderte Zugang zum Verständigungsverfahren und falls sich die zuständigen Behörden innerhalb der vorgegebenen Frist nicht im Verständigungsverfahren einigen können, der Zugang zum Schiedsverfahren ermöglicht werden. Außerdem sollte sichergestellt werden, dass die zuständigen Behörden der Vertragsstaaten nur unabhängige und neutrale Personen zu Schiedsrichtern ernennen dürfen.

Literaturverzeichnis

Albert, Marcus	DBA-Verständigungsverfahren – Probleme und Verbesserungsvorschläge, IFST-Schrift Nr. 457, Bonn, November 2009
	Schiedsverfahren im Internationalen Steuerrecht, IFST-Schrift Nr. 462, Bonn, Juni 2010
Altman, Zvi Daniel	Dispute Resolution under Tax Treaties, Diss., Amsterdam 2005
Anzinger, Heribert M. (Hrsg.)	Analysen zum Wirtschafts- und Steuerrecht, Darmstadt 2010; URN: urn:nbn:de:tu-darmstadt-22407; URL: http://tuprints.ulb.tu-darmstadt.de/2240 (Stand: Januar 2014)
Ault, Hugh J.	Improving the Resolution of International Tax Disputes, Florida Tax Review 2005, S. 138 ff.
	Reflections on the role of the OECD in developing international tax norms, Brooklyn Journal of International Law 2009, S. 757 ff.
Ault, Hugh J./ Sasseville, Jacques	2008 OECD Model: The New Arbitration Provision, Bulletin For International Taxation 2009, S. 208 ff.
	Arbitration in International Tax Matters: Some Structural Issues, in: Liber Amicorum Sven-Olof Lodin, 2001, S. 55 ff.
Bächle, Ekkehard/ Rupp, Thomas/ Ott, Johann-Paul/ Knies, Jörg	Internationales Steuerrecht, 2. Auflage, Stuttgart 2008

Baumgartner, Peter/ Schelling, Christoph	Schiedsgerichtsbarkeit im internationalen Steuerrecht wird Realität, Wichtige Ergänzungen des OECD-Musterabkommens, IFF Forum für Steuerrecht 2008, S. 159 ff.
Beermann, Albert (Begr.) / Gosch, Dietmar (Hrsg.)	Abgabenordnung – Finanzgerichtsordnung, mit Nebengesetzen/ EuGH Verfahrensrecht, Kommentar-Loseblatt, November 2011
Beiser, Reinhold	Doppelbesteuerungsabkommen im Gemeinschaftsrecht, ÖStZ 2009, S. 211 ff.
Beiser, Reinhold	Kohärenz und Steuersymmetrie im Gemeinschaftsrecht, IStR 2009, S. 236 ff.
	Verrechnungspreise im Gemeinschaftsrecht, IStR 2008, S. 587 ff.
Bell, Kevin A.	Treaty Arbitration Finds Favor in U.K., U.S., Tax Notes International 2007, 631 ff.
Bendlinger, Stefan	Internationale Steuerfälle systematisch gelöst und umgesetzt Erfahrungen aus dem In- und Ausland, in: Steuerwissenschaften und betriebliches Rechnungswesen, 2009, S. 29 ff.
Benecke, Andreas/ Schnitger, Arne	Lösung von Qualifikationskonflikten im internationalen Steuerrecht – der „abgeleitete" Qualifikationskonflikt, RIW 2002, S. 439 ff.
	Neuerungen im internationalen Steuerrecht durch das JStG 2010, IStR 2010, S. 432 ff.
Bertolini, Michelle S.	Mandatory Arbitration Provisions within the Modern Tax Treaty Structure – Policy Implications of Confidentiality and the Rights of the Public to Arbitration Outcomes, Verfügbar unter: http://works.bepress.com/michelle_bertolini/1, Oktober 2010, S. 1 ff.

Birnkrant, Henry J.	Fixing the Black Box: The OECD Proposals to Amend the Model Treaty to Improve the Mutual Agreement Procedure, Tax Management International Journal 2006, S. 615 ff.
Bödefeld, Axel/ Kuntschik, Nina	Der überarbeitete Verhaltenskodex zur Anwendung des EU-Schiedsübereinkommens, IStR 2010, S. 474 ff.
	Verständigungs- und Schiedsverfahren nach dem EU-Schiedsabkommen – Theorie und Praxis, IStR 2009, S. 268 ff.
	Schiedsverfahren nach DBA, IStR 2009, S. 449 ff.
Burnett, Chloe	International Tax Arbitration, Australian Tax Review 2007, S. 173 ff.
Calliess, Christian/ Ruffert, Matthias	EUV/ AEUV, Das Verfassungsrecht der Europäischen Union mit Europäischer Grundrechtscharta Kommentar, 4. Auflage, München 2011
Carl, Dieter/ Klos, Joachim	Das völkerrechtliche Verständigungsverfahren der DBA, RIW 1995, S. 493 ff.
Couzin, Robert	Arbitration in Tax Treaties, Tax Planning International Review 2002, S. 12 ff.
Crest, Sed/ Kissel, Benedetta	US to arbitrate tax disputes – Treasury's Benedetta Kissel tells Sed Crest why arbitration is now firmly part of US tax convention policy, International Tax Review 2007, S. 21 f.
Dannecker, Achim/ Werder, Alexander	Komplizierte Erleichterungen: Änderung des deutsch-amerikanischen Doppelbesteuerungsabkommens, BB 2006, S. 1716 ff.
Debatin, Helmut	Das neue Doppelbesteuerungsabkommen mit den USA (Teil I), DB 1990, S. 598 ff.
	Doppelbesteuerungsabkommen und innerstaatliches Recht, DStR 1992, Beihefter zu Heft 23, S. 1 ff.

Debatin, Helmut / Wassermeyer, Franz (Hrsg)	Doppelbesteuerung – Kommentar zu allen deutschen Doppelbesteuerungsabkommen, Loseblatt, München
Decker, Cordula	Das internationale Verständigungs- und Schiedsverfahren in Steuersachen, PIStB 2002, S. 193 ff.
Dehnen, Peter H.	Das Verständigungsverfahren nach den Doppelbesteuerungsabkommen – Behördenhandeln im rechtsfreien Raum?, DB 1998, S. 540 ff.
Dehnen, Peter H./ Bacht, Silke	Compatibility of the Recent OECD Proposals with Germany's Tax Dispute Resolution Mechanism, BFIT 2006, S. 463 ff.
Dehnen, Peter H./ Ruchelman, Stanley C.	Procedures Announcement for Mandatory Arbitration under the Germany-United States Tax Treaty, BFIT 2009, S. 137 ff.
Desax, Marcus/ Veit, Marc	Arbitration of Tax Treaty Disputes: The OECD Proposal, Arbitration International 2007, S. 405 ff.
Djanani, Christiana/ Brähler, Gernot/ Hartmann, Thomas	Die Finanzverwaltung und die autonome Abkommensauslegung – zugleich Besprechung des BMF Schreibens vom 19.03.2004, IStR 2004, 351 -, IStR 2004, S. 481 ff.
Dürrschmidt, Daniel	„Europäisches Steuerrecht" nach Lissabon, NJW 2010, S. 2084 ff.
Dworaczek, M./ Scheibe, H.	Vorabverständigungsverfahren über Verrechnungspreise: Advance Pricing Agreements – APA, StWK 2007, Gruppe 13, S. 19 ff.
Eicker, Klaus	Internationale Verfahren zur Beseitigung der Doppelbesteuerung – Überblick und Folgerungen für die Praxis anlässlich des rückwirkenden Wiedereintritts der EU-Schiedskonvention zum 1.11.2004, IWB 2005, S. 203 ff.
Endres, Dieter/ Jacob, Friedhelm/ Gohr, Marion/ Klein, Martin (Hrsg.)	DBA Deutschland/ USA Doppelbesteuerungsabkommen, München 2009

Englisch, Joachim	The European Treaties' Implications for Direct Taxes, Intertax 2005, S. 310 ff.
Farah, Ehab	Mandatory Arbitration of international Tax Disputes: A solution in search of problems, Florida Tax Review 2009, S. 703 ff.
Frotscher, Gerrit	Internationales Steuerrecht, 3. Auflage, München 2009
	Zur Zulässigkeit des „Treaty Override", in: Steuerzentrierte Rechtsberatung, Festschrift für Harald Schaumburg zum 65. Geburtstag, 2009, S. 687 ff.
Fuller, James P./ Basset, Barton W.S.	The United States Introduces Mandatory Arbitration for Resolving Certain Treaty Disputes, International Tax Journal 2007, S. 15 ff. und S. 58.
Gehm, Matthias	Advance Pricing Agreements – Eine kritische Betrachtung, Stbg 2005, S. 149 ff.
Geiger, Rudolf/ Khan, Daniel-Erasmus/ Kotzur, Markus	EUV/ AEUV Vertrag über die Europäische Union und Vertrag über Arbeitsweise der Europäischen Union, Kommentar, 5. Auflage, München 2010
Gildemeister, Arno E.	Breakthrough at the OECD – Arbitration of Tax Treaty Disputes; The 2008 OECD Model for income tax treaties will contain an arbitration clause, Transnational Dispute Management (TDM), March 2007, S. 1–12, verfügbar unter: http://www.transnational-dispute-management.com/article.asp?key=1143 (Stand: Januar 2014)
Gloria, Christian	Das steuerliche Verständigungsverfahren und das Recht auf diplomatischen Schutz – Zu gleich ein Beitrag zur Lehre von der Auslegung der Doppelbesteuerungsabkommen, Diss., Berlin 1988
Gosch, Dietmar/ Kroppen, Heinz-Klaus/ Grotherr, Siegfried (Hrsg.)	DBA-Kommentar, Loseblatt, Stand: November 2009

Grabitz, Eberhard/ Hilf, Meinhard/ Nettesheim, Martin (Hrsg.) — Das Recht der Europäischen Union, Kommentar, Loseblatt, München, Stand 08/2011

Graf Vitzthum, Wolfgang (Hrsg.) — Völkerrecht, 5. Auflage, 2010

Graf, Mathias — Neuerungen beim EU-Schiedsübereinkommen, Steuer & Studium 2005, S. 98 ff.

Groen, Gerrit — Arbitration in Bilateral Tax Treaties, Intertax, Volume 30, Issue 1, 2002, S. 1 ff.

Grotherr, Siegfried — Advance Pricing Agreements – Verfahren zur Vermeidung von Verrechnungspreiskonflikten, Plädoyer für die Schaffung spezieller Verfahrensvorschriften, BB 2005, S. 855 ff.

Grotherr, Siegfried (Hrsg.) — Handbuch der internationalen Steuerplanung, 2. Auflage 2003

Grotherr, Siegfried/ Herfort, Claus/ Strunk, Günther — Internationales Steuerrecht, 3. Auflage, Achim 2010

Gündisch, Stephan — Analoge Abkommensanwendung zur Überwindung von Qualifikationskonflikten, IStR 2005, S. 829 ff.

Personengesellschaften im DBA-Recht – Eine Analyse des OECD-Partnership-Reports, Diss., München 2004

Haase, Florian — Internationales und Europäisches Steuerrecht, 3. Auflage 2011

Haase, Florian (Hrsg.) — Außensteuergesetz Doppelbesteuerungsabkommen, Kommentar, Heidelberg 2009

Hailbronner, Kay/ Wilms, Heinrich (Hrsg.) — Recht der Europäischen Union, Kommentar, Loseblatt, Januar 2009

Happ, Richard — Beilegung von Steuerstreitigkeiten zwischen Investoren und ausländischen Staaten durch Schiedsgerichte, IStR 2006, S. 649 ff.

Harrington, John — No Dispute About the Increasing Importance of Arbitration in Tax Treaties, Tax Notes International 2010, S. 753 ff.

Heinrich, Rolf/ Schmitt, Volker — Bilaterales Advance Pricing Agreement: Ein Erfahrungsbericht, DB 2006, S. 2428 ff.

Herlinghaus, Andreas — Gedanken zum abkommensrechtlichen Schiedsverfahren nach Art. 25 Abs. 5 OECD-MA, IStR 2010, S. 125 ff.

Hinnekens, Luc — European Arbitration Convention: Thoughts on its Principles, Procedures and First Experience, EC Tax Review 2010, S. 109 ff.

Hobe, Stephan — Einführung in das Völkerrecht, 9. Auflage, Tübingen 2008

Hübschmann, Walter/ Hepp, Ernst/ Spitaler, Armin (Begr.) — Abgabenordnung – Finanzegerichtsordnung, Loseblatt-Kommentar, Köln, Stand: Juli 2011

Hummel, Lars — Zur innerstaatlichen Bindungswirkung von auf Doppelbesteuerungsabkommen beruhenden Konsultationsvereinbarungen – Betrachtungen anlässlich der Ergänzung von § 2 AO durch das Jahressteuergesetz 2010, IStR 2011, S. 397 ff.

Ipsen, Knut — Völkerrecht, 5. Auflage 2004, München

Ismer, Roland — Rechtswidrige Gewährung von Rechtsschutz? – Zugleich eine Besprechung des Urteils FG Hamburg vom 13.07.2000, V2/97 -, IStR 2003, S. 394 ff.

DBA-Konkretisierung durch die Exekutive? – Zur Bindungswirkung von Verständigungsvereinbarungen nach Art. 25 Abs. 3 S. 1 OECD-MA, IStR 2009, S. 366 ff.

Jacob, Friedhelm	Das revidierte DBA Eckpfeiler – Fortentwicklungen – Neuland (Teil II), IStR 2011, S. 98 ff.
	Änderungsprotokoll zum DBA Schweiz: Mehr als nur Amtshilfe, SAM 2011, S. 170 ff.
Jacobs, Otto H.	Internationale Unternehmensbesteuerung – Deutsche Investitionen im Ausland, Ausländische Investitionen im Inland, 7. Auflage, München 2011
Jirousek, Heinz	Das OECD Update des OECD-Musterabkommens, ÖStZ 2009, S. 195 ff.
	Methodische Ansätze zur Konfliktvermeidung bei der Anwendung von Doppelbesteuerungsabkommen, in: Praxis des Internationalen Steuerrechts, Festschrift für Helmut Loukota zum 65. Geburtstag, 2005, S. 175 ff.
Keerl, Markus	Internationale Verrechnungspreise in der globalisierten Wirtschaft – Die Bestimmung von Transferpreisen und das Verständigungsverfahren, Diss. Göttingen 2008
Kessler, Wolfgang/ Eicke, Rolf	Hinter dem Horizont – Das neue US-Musterabkommen und die Zukunft der US-Steuerpolitik, IStR 2007, S. 159 ff.
Kessler, Wolfgang/ Kröner, Michael/ Köhler, Stefan (Hrsg.)	Konzernsteuerrecht, National – International, 2. Auflage, München 2008
Klein, Franz (Begr.)	Abgabenordnung Kommentar, 11. Auflage, München 2012
Kluge, Volker	Das Internationale Steuerrecht, Gemeinschaftsrecht Außensteuerrecht Abkommensrecht, 4. Auflage, München 2000

Knebel, Andreas/ Heidemann, Maren	Zur autonomen Auslegungsmethode im internationalen Steuerrecht – am Beispiel der atypisch stillen Unterbeteiligung an Personengesellschaften im DBA Großbritannien, EuZW 2008, S. 681 ff.
Kofler, Georg	Treaty Override, juristische Doppelbesteuerung und Gemeinschaftsrecht, SWI 2006, S. 62 ff.
	Seminar D: Doppelbesteuerung und EU-Recht, IStR 2011, S. 668 ff.
Krabbe, Helmut	Seminar C: Verständigungsverfahren, IStR 2002, S. 548 ff.
	Das Schiedsübereinkommen zwischen den Mitgliedstaaten der Europäischen Union, IStR 1996, S. 5 ff.
	EG-Schiedsverfahren bei Berichtigung von Verrechnungspreisen im Konzern, RIW 1982, S. 269 ff.
	Doppelbesteuerungsabkommen, StWK Heft 12, Gruppe 13, S. 23 ff. (12/2008)
	UN-Musterabkommen 2000, IStR 2000, S. 618 ff.
Kraft, Gerhard (Hrsg.)	AStG Außensteuergesetz Kommentar, München 2009
Kramer, Jörg-Dietrich	APA – Verständigungsverfahren und Vorabzusagen über Verrechnungspreise, IStR 2007, S. 174 ff.
Krämer, Ralph	Das neue BMF-Schreiben zum internationalen Verständigungs- und EU Schiedsverfahren – Anmerkungen zum Schreiben des BMF vom 13.7.2006, IV B 6 – S 1300 – 340/06, BStBl. I 2006, S. 461, IWB Fach 3, Gruppe 2, S. 1331 ff.
Kubaile, Heiko	DBA-Änderungen und Erklärung zur Aufnahme von Steuerverhandlungen – Weitere Analyse des neuen DBA mit der Schweiz, IWB 2011, S. 20 ff.

Kühn, Rolf/ von Wedelstädt (Hrsg.) — Abgabenordnung und Finanzgerichtsordnung, Kommentar, 18. Auflage, Stuttgart 2004

Kuntschik, Nina/ Bödefeld, Axel — Schiedsverfahren nach den DBA mit Großbritannien, der Schweiz und Liechtenstein, IStR 2012, S. 137 ff.

Lachmann, Jens Peter — Handbuch für die Schiedsgerichtspraxis, 3. Auflage 2008, Köln

Lang, Michael — Qualifikations- und Zurechnungskonflikte im DBA-Recht, IStR 2010, S. 114 ff.

DBA und Personengesellschaften – Grundfragen der Abkommensauslegung, IStR 2007, S. 606 ff.

Seminar B, Teil 2: Das OECD-Musterabkommen – 2001 und darüber hinaus: Welche Bedeutung haben die nach Abschluss eines Doppelbesteuerungsabkommens erfolgten Änderungen des OECD-Kommentars?, IStR 2001, S. 536 ff.

Doppelte Nichtbesteuerung, IFA-Generalbericht CDFI 89a, 2004, S. 2004, S. 21 ff.

Lehner, Moris — Die Umsetzung von abkommensrechtlichen Konsultationsvereinbarungen zur Vermeidung von Doppelbesteuerung und Doppelnichtbesteuerung durch Rechtsverordnungen, IStR 2011, S. 733 ff.

Der Einfluss des Europarechts auf die Doppelbesteuerungsabkommen, IStR 2001, S. 329 ff.

Beseitigt die neue Verfassung für Europa die Verpflichtung der Mitgliedstaaten zur Vermeidung der Doppelbesteuerung?, IStR 2005, S. 397 ff.

Streitbeilegung im internationalen Steuerrecht, in: Festschrift für Wolfram Reiss zum 65. Geburtstag 2008, S. 665 ff.

Leising, Jürgen	Die Klage auf Einleitung eines Verständigungsverfahrens nach Art. 25 Abs. 2 OECD-MA, IStR 2002, S. 114 ff.
Lindencrona, Gustaf/ Mattson, Nils	Arbitration in Taxation, Stockholm, 1981
Loh, Alexander/ Peters, Holger	Das neue Schiedsverfahren im DBA-USA, RIW 2008, S. 294 ff.
Loh, Alexander/ Peters, Holger	Die neuen Regelungen zu Advance Pricing Agreements im deutschen Steuerrecht, RIW 2007, S. 116 ff.
Loh, Alexander/ Steinert, Ronald	Scheitern internationale Lösungen von Verrechnungspreisfragen an § 175a AO?, BB 2008, S. 2383 ff.
Loukota, Helmut/ Jirousek, Heinz	Doppelbesteuerung und Gemeinschaftsrecht – Double Taxation and EU Law, SWI 2007, S. 295 ff.
Lüdicke, Jürgen	DBA-Politik der Bundesregierung, FR 2011, S. 1077 ff.
Lühn, Tim	Scheitern internationale Lösungen von Verrechnungspreisfragen an § 175a AO?, BB 2009 S. 412 ff.
Martinek, Michael/ Semler, Franz Jörg/ Habermeier, Stefan/ Flohr, Eckhard (Hrsg.)	Handbuch des Vertriebsrechts, 3. Auflage, München 2010
Maunz, Theodor/ Dürig, Günter (Begr.)	Grundgesetz, Loseblatt-Kommentar, Stand: Mai 2011
McIntyre, Michael J.	Comments on the OECD Proposal for secret and mandatory arbitration of international tax disputes, Florida Tax Review 2006, S. 622 ff.
Merz, Siegfried/ Sajogo, Dirk	Aktuelle Entwicklungen bei internationalen Verständigungs- und Schiedsverfahren, PIStB 2010, S. 44 ff.

	Das Verständigungs- und Schiedsverfahren nach Art. 25 OECD-MA als „letzter Ausweg“, PIStB 2010, S. 185 ff.
Morgan, James	Arbitration Clauses in International Tax Treaties Could Benefit Developing States, Tax Notes International 2003, S. 681 ff.
	New Developments in the Resolution of International Tax Disputes, Tax Notes International 2006, S. 77 ff.
Mössner, Jörg	Internationale Streitbeilegung und internationals Steuerrecht, RIW 1983, 360 ff.
Mössner, Manfred u.a. (Hrsg.)	Steuerrecht international tätiger Unternehmen – Handbuch der Besteuerung von Auslandsaktivitäten inländischer Unternehmen und von Inlandsaktivitäten ausländischer Unternehmen, 4. Auflage, Köln 2012
Mühlhausen, Dieter	Das Verständigungsverfahren im deutschen internationalen Steuerrecht, Diss., Berlin 1976
Nientimp, Axel/ Tomson, Susanne	Das verbindliche Schiedsverfahren nach dem neuen OECD-MA, IStR 2009, S. 615 ff.
Obser, Ralph	§ 8a KStG im Inbound-Sachverhalt – Eine EG-rechtliche Beurteilung, IStR 2005, S. 799 ff.
Owens, Jeffrey	Die Vorschläge der OECD zur Verbesserung des Verfahrens zur Beilegung von Streitigkeiten im Zusammenhang mit DBA, IStR 2007, S. 472 ff.
Pahlke, Armin/ Koenig, Ulrich (Hrsg.)	Abgabenordnung Kommentar, 2. Auflage, München 2009
Park, William W./ Tillinghast, David R.	Income Tax Treaty Arbitration, Amersfoort 2004
Pechstein, Matthias	EU-Prozessrecht, 4. Auflage, Tübingen 2011

Peters, Holger M./ Haverkamp, Lars H. — Verbesserte Möglichkeiten zur Beseitigung von Doppelbesteuerung – Vergleich des Schiedsverfahrens nach Art. 25 Abs. 5 OECD-MA und des EU Schiedsverfahrens, BB 2011, S. 1303 ff.

Portner, Rosemarie — Besteuerungen von Abfindungen auf der Grundlage der DBA mit Belgien und den Niederlanden, IStR 2008, S. 584 ff.

Puls, Michael/ Nientimp, Axel — Das neue Schiedsverfahren nach dem DBA-USA, RIW 2006, S. 673 ff.

Randenborgh, Lucas/ Seidenfus, Valentin — Vermeidung der Doppelbesteuerung durch DBA-Verständigungsverfahren, INF 1996, S. 481 ff.

Rengeling, Hans-Werner/ Middeke, Andreas/ Gellermann, Martin (Hrsg.) — Handbuch des Rechtsschutzes in der Europäischen Union, 2. Auflage, München 2003

Ribes Ribes, Aurora — Compulsory Arbitration as a Last Resort in Resolving Tax Treaty Interpretation Problems, European Taxation 2002, 400 ff.

Ring, Diane — Who is making International Tax Policy?: International Organizations as Power Players in a High Stakes World, Fordham International Law Journal 2010, 649 ff.

Rodemer, Ingo — Advance Pricing Agreements im US-amerikanischen und im deutschen Steuerrecht, Köln 2001

Rosenbach, Georg — Verständigungsverfahren – Rechtsschutzmöglichkeiten gegen Verständigungsvereinbarungen in der Praxis, PISTB 2002, S. 148 ff.

Runge, — Ein Plädoyer für das Verständigungsverfahren, in Der Fachanwalt für Steuerrecht (Festschrift 50 Jahre Arbeitsgemeinschaft der Fachanwälte für Steuerrecht/ 50 Jahre Steuerrechtliche Jahresarbeitstagung) 1999, S. 139 ff.

Rütters, Stefan — Die neue Schiedsklausel in Art. 25 Abs. 5 OECD-MA, Steuer und Studium 2010, S. 23 ff.

Saß, Gert	Zum EG-Abkommen über die Beseitigung der Doppelbesteuerung (Schlichtungsverfahren) im Falle einer Gewinnberichtigung bei Geschäftsbeziehungen zwischen verbundenen Unternehmen, DB 1991, S. 984 ff.
Schaumburg, Harald	Internationales Steuerrecht, 3. Auflage, Köln 2011
Schaumburg, Harald/ Piltz, Detlev (Hrsg.)	Betriebsprüfung internationaler Sachverhalte – Prüfungsschwerpunkte in Deutschland und USA, Internationale Sachaufklärung, Köln 1998
Schmidt, Tobias	Die gesetzlichen Grundlagen von Verständigungsverfahren und Schiedssprüchen sowie deren Umsetzung nach § 175a AO, Steuer und Studium 2010, S. 60 ff.
Schnitger, Arne	Streitbeilegung für Konflikte der DBA im Wege des Schiedsverfahrens, IWB 2002, Fach 10, Gruppe 2, 1577 ff.
Schön, Wolfgang	WTO und Steuerrecht, RIW 2004, S. 50 ff.
Schönfeld, Jens	Das neue Verständigungs- und Schiedsverfahren nach Art. 25 DBA-USA, Ubg 2009, S. 544 ff.
Schröder, Holger	Die auslegende Konsultationsvereinbarung am Beispiel des Besteuerungsrechtes für Abfindungszahlungen, IStR 2009, S. 48 ff.
Schwarz, Bernhard (Hrsg.)	Kommentar zur Abgabenordnung: AO, Loseblatt Kommentar, Freiburg, Stand: August 2011
Schweisfurth, Theodor	Völkerrecht, Tübingen 2006
Semler, Franz-Jörg	Schiedsverfahren im Rahmen von Investitionsschutzabkommen der Bundesrepublik Deutschland, SchiedsVZ 2003, S. 97 ff.

Sieker, Klaus	Zur Beilegung von Verrechnungspreisstreitigkeiten zwischen US-amerikanischen und deutschen Finanzbehörden – Plädoyer für die Einführung eines obligatorischen Schiedsverfahrens, RIW 1995, S. 578 ff.
Stein, Thorsten/ von Buttlar, Christian	Völkerrecht, 12. Auflage, Köln 2009
Streinz, Rudolf (Hrsg.)	Kommentar zum EUV/ EGV, Vertrag über die Europäische Union und Vertrag zur Gründung der Europäischen Gemeinschaft, München 2003
	Kommentar zum EUV/ AEUV, Vertrag über die Europäische Union und Vertrag über die Arbeitsweise der Europäischen Union, 2. Auflage, München 2012
Strunk, Günther/ Kaminski, Bert/ Köhler, Stefan (Hrsg.)	Außensteuergesetz, Doppelbesteuerungsabkommen, Loseblatt, 1. Auflage, Stand: Oktober 2011
Stumpf, Christoph A.	Alternative Streitbeilegung im Verwaltungsrecht, Schiedsgerichtsbarkeit – Schiedsgutachten – Mediation – Schlichtung, Tübingen 2006
Thiele, Alexander	Europäisches Prozessrecht, Verfahrensrecht vor dem EuGH, München 2007
Tipke, Klaus/ Kruse, Wilhelm (Begr.)	Abgabenordnung – Finanzgerichtsordnung, Kommentar Loseblatt, Köln, Stand: Juli 2011
Tipke, Klaus/ Lang, Joachim	Steuerrecht, 21. Auflage, Köln 2013
Turner, Geoffrey S.	Canada-U.S. Competent Authority MOU: First Steps to Mandatory Arbitration?, Tax Notes International 2005, S. 1223 ff.
Valentin, Achim	Anmerkungen zum Urteil des FG Hamburg vom 13.7.2000 V 2/97, EFG 2001, S. 29 f.

van Herksen, Monique/ Fraser, David	Comparative Analysis: Arbitration Procedures for Handling Tax Controversy, International Transfer Pricing Journal 2009, S. 143 ff.
Verlinden, Isabel/ Swenson, David/ Nauheim, Steve	Mandatory Binding Arbitration: A New Avenue for Dispute Resolution?, Tax Notes International 2008, S. 655 ff.
Vogel, Klaus	Internationales Steuerrecht, DStZ 1997, S. 267 ff.
	Transnationale Auslegung von Doppelbesteuerungsabkommen, IStR 2003, S. 523 ff.
Vogel, Klaus/ Lehner, Moris (Hrsg.)	Doppelbesteuerungsabkommen: DBA, Kommentar, 5. Auflage, München 2008
Vögele, Alexander/ Borstell, Thomas/ Engler, Gerhard	Verrechnungspreise, Betriebswirtschaft – Steuerrecht, 3. Auflage, München 2011
Vögele, Alexander/ Forster, Florence	Das EU-Schiedsübereinkommen, IStR 2006, S. 537 ff.
von der Groeben, Hans/ Schwarze, Jürgen (Hrsg.)	Kommentar zum Vertrag über die Europäische Union und zur Gründung der Europäischen Gemeinschaft, Baden Baden 2003
von Mangolt, Hermann (Begr.)/ Klein, Friedrich (Fortgef.)/ Starck, Christian (Hrsg.)	Kommentar zum Grundgesetz: GG, 6. Auflage, München 2010
Wägenbaur, Bertrand P.	EuGH VerfO – Satzung und Verfahrensordnung des EuGH / EuG, Kommentar, München 2008
Wichmann, Michael	Anmerkungen zur deutschen Abkommenspolitik, FR 2011, S. 1082 ff.
Wingert, Karl-Dieter	Neuere Entwicklungen auf dem Gebiet der deutschen Doppelbesteuerungsabkommen, RIW 1990, S. 207 ff.

Zacherl, Peter — Der Entwurf des Doppelbesteuerungsabkommens Österreich-Deutschland aus der Sicht der österreichischen Wirtschaft, SWI 1999, S. 53 ff.

Züger, Mario — The ECJ as Arbitration Court for the New Austria-Germany Tax Treaty, European Taxation 2000, S. 101 ff.

Die Zuständigkeit des EuGH im neuen DBA Deutschland-Österreich, IWB 1999, S. 755 ff.

Schiedsverfahren für Doppelbesteuerungsabkommen, Diss., Wien 2001

Der EuGH als Schiedsgericht im neuen DBA Österreich-Deutschland, SWI 1999, S. 19 ff.

Die Zuständigkeit des EuGH im neuen DBA Deutschland-Österreich, IWB 1999, Fach 5, Österreich Gruppe 2, S. 463 ff.

Das Schiedsverfahren nach dem neuen DBA Österreich-Deutschland, in: Gassner/ M. Lang/ Lechner (Hrsg.), Das neue Doppelbesteuerungsabkommen Österreich-Deutschland, 1999, S. 245 ff.

Mutual Agreement and Arbitration Procedure in a Multilateral Tax Treaty, in: Lang u.a. (Hrsg.), Multilateral Tax Treaties, 1997, S. 153 ff.

Der Einfluss des Schiedsverfahrens vor dem EuGH auf das Abgabenrecht, in: Houlobek/ Lang (Hrsg.), Das EuGH Verfahren in Steuersachen, 2000, S. 301 ff.

Finanz- und Steuerrecht in Deutschland und Europa

Herausgegeben von Klaus-Dieter Drüen, Hanno Kube
und Rainer Wernsmann

Band 1 Gordon Dreher: Das Alterseinkünftegesetz. Systematische Darstellung und verfassungsrechtliche Zweifelsfragen. 2007.

Band 2 Nils Meyer-Sandberg: Die Duale Einkommensteuer als Modell ungleicher Besteuerung von Arbeit und Kapital. 2008.

Band 3 Alexander Pfab: Die Behandlung von Bildungsaufwendungen im deutschen Einkommensteuerrecht. 2008.

Band 4 Christian Johannes Müller: Einnahmeverzicht im Einkommensteuerrecht – insbesondere durch verbilligte Wohnungsüberlassung an nahe Angehörige. 2009.

Band 5 Melanie Falkner: Die Einkunftserzielungsabsicht als subjektives Besteuerungsmerkmal. Eine Analyse subjektiver Tatbestandsmerkmale im Steuerrecht. Zugleich ein Beitrag zur Liebhaberei im Steuerrecht. 2009.

Band 6 Steffen Ott: Die Vertreterbetriebsstätte nach OECD-MA. 2009.

Band 7 Christoph Wagner: Steuergleichheit unter Standortvorbehalt? Verfassungsrechtliche Grenzen einer ungleichen Einkommensbesteuerung von Kapital und Arbeit. 2010.

Band 8 Andreas Goetze: Die Ersetzung der sieben Einkunftsarten des EStG durch eine einzige. Zur Gleichheit aller Erwerbsgrundlagen in einem vereinfachten Steuerrecht. 2010.

Band 9 Hanno Kube: Der bundesstaatliche Finanzausgleich. Verfassungsrechtlicher Rahmen, aktuelle Ausgestaltung, Entwicklungsperspektiven. 2011.

Band 10 Katharina Brauer: Abgrenzung der Lebensmittellieferung von der Restaurationsdienstleistung im Umsatzsteuerrecht. 2011.

Band 11 Marc Schubert: Die Verfassungswidrigkeit der Erbschaft- und Schenkungsteuer und die verfassungsrechtlichen Anforderungen an eine Neuregelung. 2011.

Band 12 Martin Rehberg: Der Zuzug und Wegzug von Kapitalgesellschaften in gesellschafts- und steuerrechtlicher Hinsicht. 2011.

Band 13 Dirk Wünschig: Perspektiven eines europarechtskonformen Gemeinnützigkeits- und Zuwendungsrechts. Eine Untersuchung nach „Stauffer" und „Persche" bei gleichzeitiger Kritik an der Neufassung des Gemeinnützigkeitsrechts nach dem Jahressteuergesetz 2009. 2011.

Band 14 Sebastian Grimm: Die negative Konkurrentenklage im Steuerrecht. 2011.

Band 15 Arne von Freeden: Minder- und Mehrabführungen nach § 14 Abs. 4, § 27 Abs. 6 KStG. Ausgleichspostenlösung und Einlagelösung. 2011.

Band 16 Anne Keller: Rechtsschutz gegen Maßnahmen der steuerlichen Außenprüfung. 2011.

Band 17 Larissa Maier-Bledjian: Sondervermögen des Bundes. 2011.

Band 18 Philipp Riedl: Die internationale Doppelbesteuerung im EU-Binnenmarkt. 2012.

Band 19 Anna Schwarz: Die Pensionszusage an den Mitunternehmer der Personengesellschaft im Einkommensteuerrecht. 2012.

Band 20 Carsten Höink: Nichtsteuerbare Vermögensübertragungen im Umsatzsteuerrecht. Eine rechtssystematische Analyse der Entwicklung des Rechtsinstituts der Geschäftsveräußerung im Ganzen. 2013.

Band 21 Christian Kniese: Europarechtlicher Rahmen einer steuerlichen Förderung von Forschung und Entwicklung. 2013.

Band 22 Katarina Günther: Vertrauensschutz bei Angaben Dritter im Umsatzsteuerrecht. 2013.

Band 23 Andreas Königer: Ertragsteuerrechtliche Behandlung grenzüberschreitender Spaltungen von Rechtsträgern. Unter besonderer Beachtung der Vorgaben des Unionsrechts. 2014.

Band 24 Matthias Diete: Das obligatorische Schiedsverfahren in der deutschen DBA-Praxis. Erweiterung des zwischenstaatlichen Rechtsschutzes bei Doppelbesteuerungskonflikten. 2014.

www.peterlang.com